企业新型学徒制培训教材

饮食业基础知识

人力资源社会保障部教材办公室　组织编写

中国劳动社会保障出版社

图书在版编目(CIP)数据

饮食业基础知识 / 人力资源社会保障部教材办公室组织编写. -- 北京：中国劳动社会保障出版社，2019

企业新型学徒制培训教材

ISBN 978-7-5167-3877-1

Ⅰ.①饮⋯ Ⅱ.①人⋯ Ⅲ.①饮食业-基本知识-职业培训-教材 Ⅳ.①F719

中国版本图书馆CIP数据核字(2019)第031921号

中国劳动社会保障出版社出版发行

(北京市惠新东街1号　邮政编码：100029)

*

北京市艺辉印刷有限公司印刷装订　新华书店经销
787毫米×1092毫米　16开本　12.25印张　283千字
2019年3月第1版　2019年3月第1次印刷

定价：38.00元

读者服务部电话：(010) 64929211/84209101/64921644

营销中心电话：(010) 64962347

出版社网址：http://www.class.com.cn

版权专有　　侵权必究

如有印装差错，请与本社联系调换：(010) 50948191
我社将与版权执法机关配合，大力打击盗印、销售和使用盗版
图书活动，敬请广大读者协助举报，经查实将给予举报者奖励。

举报电话：(010) 64954652

企业新型学徒制培训教材
编审委员会

主　任：张立新　张　斌
副主任：王晓君　魏丽君
委　员：王　霄　项声闻　杨　奕　蔡　兵
　　　　刘素华　张　伟　吕红文

前　言

为贯彻落实党的十九大精神，加快建设知识型、技能型、创新型劳动者大军，按照中共中央、国务院《新时期产业工人队伍建设改革方案》《关于推行终身职业技能培训制度的意见》有关要求，人力资源社会保障部、财政部印发了《关于全面推进企业新型学徒制的意见》，在全国范围内部署开展以"招工即招生、入企即入校、企校双师联合培养"为主要内容的企业新型学徒制工作。这是职业培训工作改革创新的新举措、新要求和新任务，对于促进产业转型升级和现代企业发展、扩大技能人才培养规模、创新中国特色技能人才培养模式、促进劳动者实现高质量就业等都具有重要的意义。

为配合企业新型学徒制工作的推行，人力资源社会保障部教材办公室组织相关行业企业和职业院校的专家，编写了系列全新的企业新型学徒制培训教材。

该系列教材紧贴国家职业技能标准和企业工作岗位技能要求，以培养符合企业岗位需求的中、高级技术工人为目标，契合企校双师带徒、工学交替的培训特点，遵循"企校双制、工学一体"的培养模式，突出体现了培训的针对性和有效性。

企业新型学徒制培训教材由三类教材组成，包括通用素质类、专业基础类和操作技能类。首批开发出版《入企必读》《职业素养》《工匠精神》《安全生产》《法律常识》等16种通用素质类教材和专业基础类教材。同时，统一制订新型学徒制培训指导计划（试行）和各教材培训大纲。在教材开发的同时，积极探索"互联网＋职业培训"培训模式，配套开发数字课程和教学资源，实现线上线下培训资源的有机衔接。

企业新型学徒制培训教材是技工院校、职业院校、职业培训机构、企业培训中心等教育培训机构和行业企业开展企业新型学徒制培训的重要教学规范和教学资源。

本教材由潘娟、马晨、黄兴主编，由夏辉婷审稿。教材在编写中得到北京市职业能力建设指导中心和北京轻工技师学院的大力支持，在此表示衷心感谢。

企业新型学徒制培训教材编写是一项探索性工作，欢迎开展新型学徒制培训的相关企业、培训机构和培训学员在使用中提出宝贵意见，以臻完善。

人力资源社会保障部教材办公室

目 录

第 1 章
饮食业概述

第 1 节　饮食业概念与分类 / 002
第 2 节　饮食业特点与经营特性 / 007
第 3 节　饮食业现状与发展趋势 / 011

第 2 章
现代烹饪基础

第 1 节　中国烹饪与西方烹饪 / 014
第 2 节　烹饪原料 / 023
第 3 节　烹饪技术 / 026
第 4 节　美食鉴赏 / 033

第 3 章
原材料管理

第 1 节　原材料采购 / 044
第 2 节　原材料验收 / 050
第 3 节　原材料储藏与保管 / 054
第 4 节　原材料发放 / 058

第 4 章
厨房生产

第 1 节　厨房生产的特点与作用 / 062
第 2 节　厨房布局 / 065
第 3 节　厨房设备 / 074
第 4 节　厨房管理 / 085
第 5 节　厨房安全管理 / 100

第 5 章
餐厅服务

第 1 节　餐厅种类与布局 / 110
第 2 节　餐厅用具与设备 / 117
第 3 节　餐厅服务 / 123
第 4 节　餐厅管理 / 131

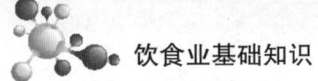

| 第 6 章
饮食成本核算与控制 | 第 1 节　饮食成本核算意义与作用 / 136
第 2 节　厨房生产成本管理 / 138
第 3 节　餐厅服务成本管理 / 147 |

| 第 7 章
饮食业相关标准与
法律法规 | 第 1 节　《中华人民共和国劳动法》/ 160
第 2 节　《中华人民共和国劳动合同法》/ 164
第 3 节　《中华人民共和国食品安全法》/ 168
第 4 节　《餐饮业和集体用餐配送单位卫生规范》/ 173
第 5 节　《餐饮服务食品安全监督管理办法》/ 174
第 6 节　《饮食业环境保护技术规范》/ 176 |

附录

参考文献

第 1 章

饮食业概述

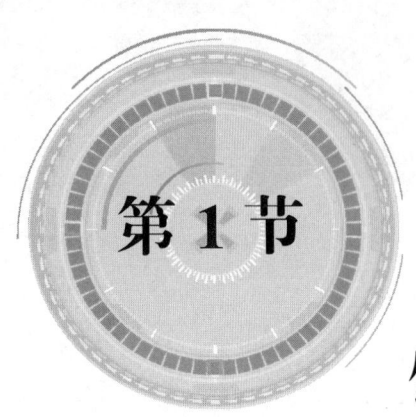

第 1 节 饮食业概念与分类

一、饮食业的概念

1. 饮食业的定义
饮食业是指利用餐饮设备、场所和餐饮原料，从事饮食烹饪加工，为社会生活服务的生产经营性服务行业。

2. 饮食业的特征
从饮食业的概念来看，饮食业有如下特征。

第一，饮食业要具备一定的场所和相应的设备、设施。餐饮企业要有固定的场所，提供食品和服务，无论当场消费或外卖，都必须有设备、设施才可以进行生产。

第二，饮食业提供餐饮食品和服务。餐饮企业提供的商品包括餐饮食品和服务两个部分，越是高档的酒店、餐厅，提供的产品中服务所占的比例越大。

第三，饮食业的经营以产生利润为目的，是一种经济行为。餐饮业生产的目的是获得相应的生产利润。

3. 饮食业涉及范围
饮食业的范围广阔，经营形式多样，一般包括各种类型的餐馆、酒楼、面食店、小吃店、冷热饮店、酒吧、咖啡厅、早点铺、夜宵店、流动饮食摊，以及宾馆、饭店、招待所、度假村、娱乐场所等单位中的饮食部门。这些商业性饮食企业或饮食部门主要以营利为经营目的，并以此获得生存与发展，它们是饮食行业的主体。

从广义上讲，饮食业还应包括以后勤保障为主要目的的饮食服务部门，如学校、医院、疗养院、各类社会团体、企事业单位的食堂。由于经济发展水平和饮食经营与消费方式的差异，不同国家和地区对饮食业的统计范围有一定的差别。我国目前对饮食业的统计范围主要是各类商业性饮食企业和饮食部门。随着我国经济体制改革的逐步深入，越来越多的事业性饮食服务部门正在走向市场，饮食业的范围和规模正在迅速扩展。

二、饮食业业态的分类

国内饮食业的分类主要是为了便于进行餐厅评估、方便督导而形成的，大致可分为旅游饭店、传统餐厅、自助餐厅和快餐店、冷饮店、摊贩及外卖六大类，现将其主要内容及特色分述如下。

1. 旅游饭店

旅游饭店可分为国际旅游饭店和一般旅游饭店。其中,国际旅游饭店除了为国外游客提供住宿服务外,还以其高雅的格调、精美的餐具、世界的饮食观和完善的服务,吸引大量的本地客源。国际旅游饭店的场地大、设备齐全、员工专业水准高,因此可同时兼具美食宴会、婚丧喜庆、展示会议等其他功能,充分发挥饮食的边际效用,引导饮食潮流的盛行。

2. 传统餐厅

传统餐厅是指一般大众外出正式用餐的场所。依产品口味的不同,可分为中餐厅、西餐厅两种。

(1) 中餐厅(见图1—1)。中餐厅是指提供中式菜点、饮料和服务的餐厅。中国幅员辽阔,因地理、气候、习俗、特产的不同形成了不同地方风味的菜系。如川菜,以麻辣、鱼香、家常、怪味、酸辣、椒麻、醋椒为主要特点,代表菜有鱼香肉丝、麻婆豆腐、宫保鸡丁、樟茶鸭子等;粤菜,以选料广泛,讲究鲜、嫩、爽、滑、浓为主要特点,代表菜有龙虎斗、脆皮乳猪、咕噜肉、大良炒鲜奶等;鲁菜,选料精细、刀法细腻、注重实惠,花色多样,善用葱姜,代表菜有糖醋鱼、锅烧肘子、葱爆羊肉、葱扒海参等;苏菜,制作精细,因材施艺,四季有别,浓而不腻,味感清鲜,讲究造型,代表菜有淮扬狮子头、叫花鸡、松鼠鳜鱼、盐水鸭等。

图1—1 中餐厅示例

(2) 西餐厅(见图1—2)。西餐厅是指装潢西化、供应欧美饮食及以西式服务为主的餐厅。为方便大量不了解西餐的消费者,大部分的西餐厅都供应套餐,如A餐和B餐,其顺序大致是汤、沙拉、主菜、甜点及饮料。有些西餐厅为吸引更多的顾客,还会供应排骨饭、鸡腿饭等中式菜品让顾客选用。

3. 自助餐和快餐店

(1) 自助餐(见图1—3)。自助餐的宗旨是以低廉的价格快速供应营养丰富、菜式多样的饮食。目前自助式餐饮除了广泛应用于学校、机关等团体外,还被一般商业型餐厅普遍接受。

图 1—2　西餐厅示例

图 1—3　自助餐厅

　　自助餐可以分为两种形式：一种是顾客自行至餐台取菜，而后凭所取样数付账；另一种也是顾客自行取菜，但是一次性付费后可以任意取食。两种方式都是自助型或半自助型，在人工费用昂贵的当今社会，这种服务方式是一种发展趋势。

　　（2）快餐业。我国的快餐业起步较晚，自1987年美国肯德基快餐连锁店在中国落户，现代快餐的概念才被引入到中国。三十余年间，中国快餐业呈现出传统与现代、中式与西式、高档与低档快餐竞争与并存的市场格局。目前，中国快餐业的发展尚在初创阶段，还处于借鉴、模仿和积累的发展模式中，没有形成体系和规模。但快餐的消费市场与供应市场已基本形成，在沿海与内陆的一些大中型城市、旅游城市和经济较发达地区，快餐已成为出差、旅游、商务往来等流动人口，以及工薪阶层、学生等人群在外活动不可缺少的一种就餐形式。

4. 冷饮店

炎热的夏天，最吸引人的莫过于清凉的冷饮了，因此冷饮业的市场迄今屹立不倒。冷饮业的销售形式有传统的冷饮店（见图1—4），供应各式各样的冷饮；也有近年来风行的自动售货机；甚至还有从国外引进的冰激凌、酸乳酪店，提供较为卫生、昂贵的冷饮。目前的冷饮店一改传统冷饮店的弊病，以格调高雅的装潢或是连锁的经营方式，呈现出崭新的经营风貌。

图1—4　传统冷饮店

冷饮业最大的问题是卫生，如果冷藏设备不够，将食物原材料置于室温下，很容易引起细菌滋生繁衍，造成食物污染。

5. 摊贩

摊贩是我国饮食文化的一部分。要了解中国饮食文化的特点，必先品尝街头摊贩小吃的美味（见图1—5）。只要是人流聚集处就会有摊贩，而且大部分的摊贩都在售卖食物，这或许与我国传统的"走到哪儿，吃到哪儿"的饮食习惯有关。摊贩的性质和欧美的快餐车类似，它们以提供简便快速的食物为主，如热狗、茶叶蛋、羊肉串、鸡蛋饼、饮料等，食物品种丰富，能够充分利用极小的空间，用最少的人力、物力创造最大的利润，而其合理的价格和方便的地点，也能吸引大量消费者。

摊贩业面临的主要问题如下。

（1）难以合法化。大半的摊贩业者无正规营业执照。

（2）卫生问题。摊贩多采用露天开放式经营，灰尘、蚊虫随时侵入，容易造成卫生问题，以致影响消费者的健康。

（3）环境脏乱。摊贩一般常设点在居民区附近，如果生活垃圾及污水排放未能得到有效处理，周围环境脏乱，就会影响顾客的用餐体验。

（4）食品质量难以保证。摊贩通常只有简陋的厨具，同时又缺乏专业的厨师，因此无法保证食品质量。

图1—5　摊贩

由于摊贩具有传统饮食文化的特色，且方便大众，因此不能完全否定其存在价值。对于摊贩业现存的问题，监督机构应找出具体可行的办法，或集中管理，或开办讲习班培训从业人员，或研究开发新的经营制度，以保证摊贩业健康发展。

6. 外卖

随着我国互联网技术的不断发展，物流业务的不断发达，近年来，外卖已经成为一种新的饮食业业态。由于其具有方便、快捷、低成本等特点，外卖已经成为人们一种非常重要的生活方式，足不出户，便可以享用到各种美食。目前已经发展出了一大批的外卖送餐公司，如美团、饿了么、百度外卖等，作为第三方企业，为各大餐饮业提供了订送餐平台。顾客和商家都可以通过平台实现买卖和服务的行为。

外卖行业是伴随着互联网技术的发展不断发展起来的，发展时间不长，但却非常迅速，虽然存在着用户信息安全与食品安全等方面的问题，但随着这种饮食业态的不断成熟，将会有越来越多的法规和技术来完善和解决现存的问题。

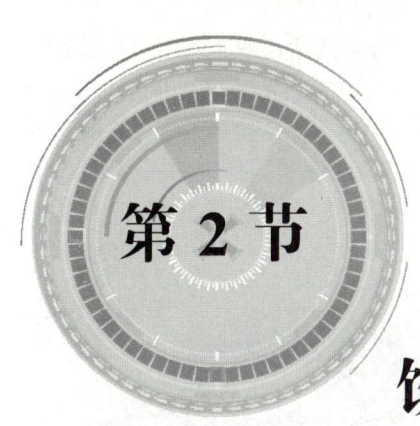

第 2 节 饮食业特点与经营特性

饮食业不同于一般的专门从事生产的食品厂或专门从事销售的食品店，也不同于单纯提供服务的娱乐服务业，它具有区别于其他行业的基本特征与经营特性。

一、饮食业的特点

1. 技艺性

饮食业为顾客提供优质的菜点和优良的服务。饮食业的劳动需要一定的物质基础，但是在目前条件下还是以手工操作为主。因此，讲究技艺性是饮食业区别于其他行业的一个重要特征。中国烹饪是一种传统的技艺，讲究选料、加工、火候、调味，讲究菜点的色、香、味、形等，如图1—6所示的花色冷盘就是中国烹饪的一种传统技艺。中国烹调方法有几十种，品种之多、技艺之高，令人赞叹。因此，饮食业在经营活动中要十分重视技艺，对技艺精益求精，不断提高技艺水平，使精美的菜点与周到的服务互为条件，达到完美的统一。

图1—6 花色冷盘示例

2. 地域性

饮食业是在长期的历史发展过程中，随着人类对饮食的不断追求而逐步发展的。不同国家，不同地区，不同民族的地理、气候和生活环境、生活习惯不同，各地饮食业在菜肴制

作、服务方式等方面也都形成了自己的特色和风格，使饮食业的经营活动具有较强的地域性。例如，在菜系的分类上，西餐有法式、美式、俄式、英式之分；中餐有鲁菜（见图1—7）、淮扬菜（见图1—8）、川菜（见图1—9）和粤菜（见图1—10）等不同风味，并在口味上形成了"南甜、北咸、东辣、西酸"的风格。因此，在饮食业经营活动中，要根据地区特点，因地制宜，保持风味特色，并设置有特色的服务项目，才能富有吸引力和竞争力。

图1—7　鲁菜

图1—8　淮扬菜

图1—9　川菜

图1—10　粤菜

3. 文化性

饮食产品不仅在风味上具有地域性的差异，而且也反映出不同地区人们的生活习惯、消费行为、宗教信仰等文化的差异。可以说，饮食产品所包含的文化内容具有历史的追溯性和时代的延续性。人们在消费菜品和饮料的同时，能享受和了解到一个特定地区、特定时代的风俗和礼仪。如图1—11所示即为具有浓厚江南文化特色的"龙井问茶"点心套餐。

饮食本身的色、香、味、形、器、名等因素具有丰富的文化内涵。从菜品本身来讲，它的起源、烹制、风味都具有一定的文化背景。尤其是一些传统菜品，其历史典故更具有深厚的文化内涵。就餐环境也是饮食文化的组成部分之一。餐厅的设计装潢、功能布局、装修装饰风格都体现出一定的文化主题和内涵，与其所经营的菜系相协调、相匹配。餐厅的服务思想、经营理念则从更高层次上展现了饮食文化。

饮食产品的文化性，使饮食企业经营的饮食具有一定的文化附加值。饮食产品的文化特征使饮食企业有明显的经营特色。独有的文化特色是饮食企业融入不同文化地区的基础，是饮食企业的精髓所在，也赋予了其较强的生命力。

图1—11 "龙井问茶"点心套餐

4. 多功能性

饮食产品除有满足人们基本生理需要的功能之外，还具有社交功能，借助于就餐，人们可以增加相互交流的时间和机会。在饮食消费过程中人们谈天论地，说古道今，使素不相识的人互相交流，使朋友之间的友谊加深，使分歧变共识。另外，饮食产品还具有休闲功能，和谐雅致的就餐环境可以使人情绪舒缓、精神愉快、身心放松。同时，人们可以从菜名、菜品的典故和寓意中增长知识。此外，饮食产品还具有商业功能，餐厅可以作为人们谈生意的场所，有无数商业协议在这里签约完成。所以，饮食企业要为工作节奏快、生活紧张的人们创造良好的就餐环境，使人们在享用精美食品的同时得到休息，恢复体力和精力。

5. 可组合性

饮食产品的可组合性体现在以下三个方面：第一，饮食原材料的可组合性；第二，饮食菜品的加工方法、服务方式的可组合性；第三，菜品、饮料、环境、服务等综合的协调性。饮食产品的可组合性要求饮食企业不断地加强产品的开发创新，不仅要适时推出新品种，而且还要在保持传统风格的基础上，不断提高老品种的生产工艺和产品质量，精益求精。

二、饮食业的经营特性

1. 行业周期性

饮食业的经营活动受到季节、气候、节假日、企业地理位置、交通条件等多种因素的影响，特别是旅游业的发展程度及季节的变化必然使饮食业的经营活动呈现出一定的波动性。因此，饮食企业应在旺季充分发挥自己的优势，满足消费者的多样需求，不断提高经济效益；淡季到来时，努力开展营销攻势，提供多种服务，刺激消费，力争淡季不淡。同时，要根据业务活动间歇的变化规律，做好人力资源的调配和劳动组织，提高劳动效率和服务质量，降低成本。

2. 行业集中性

在许多城市，餐馆往往有一定的集中性。在餐馆密集的地方，往往会出现"商业吸引商业，人流吸引人流"的现象，经过一段时间后，人们会习惯性地把该地区看作饮食和娱乐的聚集地，从而形成一方繁荣的局面。但在这类地方办餐馆，饮食企业一定要有自己的风味特色，餐馆之间既有竞争又要有配合，只有这样才能取得成功。

3. 要素密集性

饮食业集生产、销售、服务、消费于一体。它不同于工业，处于生产领域，加工生产产品；又不同于商业，处于流通领域，组织商品销售；也不同于服务业，专门为消费者提供劳务，而是兼有生产、销售和服务三种职能。可以说，它包括了再生产的全过程。饮食业所提供的饮食产品是边生产、边销售、边消费，生产、销售和消费的过程都很短，且紧密相连，这种情况决定了饮食业在生产和服务过程中分工细、工种多，各环节之间联系性、依赖性和制约性强。因此，饮食业在经营过程中要求管理精细，分工明确，组织严密，调度科学。

4. 经营风险性

饮食企业在经营过程中难免会遇到各种各样的风险，如资金不足或占压、原材料价格上涨、菜品降价损失、菜品不受欢迎、设备陈旧落后、服务质量低劣、企业内部管理松弛等。为此，饮食企业应预见、正视各种可能存在的风险，想方设法采取措施防范风险，弥补风险造成的损失，保证饮食企业不断壮大。

一般来说，对于刚刚起步或初次进入一个新市场的饮食企业，首先应采取投石问路的方法，尝试多种促销手段，尽管这样做当下的利益并不大，但权衡全局，它有利于饮食企业脚踏实地地向经营目标推进。其次，要多观察和注意同行业其他企业的做法。当发现其他企业在产品、服务或经营措施等方面有新举措时，就要深入进行调查研究。对其优点，要善于借鉴，还要有自己的创新；对其缺点，则要分析应采取的改善措施及实施结果，然后拟订一套超越同行的行动方案。

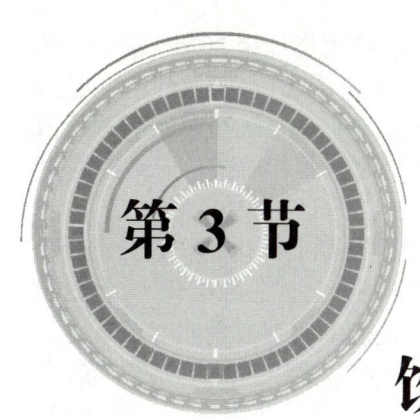

第 3 节

饮食业现状与发展趋势

饮食业是国民经济中一种特殊的行业,它不同于商业,又不同于工业,也不同于纯服务业。饮食业是为人民群众饮食消费服务的,是我国现代化建设的重要组成部分。搞好饮食业,对繁荣经济、活跃市场、丰富人民生活、发展旅游事业都具有重要意义。

一、我国饮食业的现状

我国饮食业的现状呈现出以下特征:一是行业规模大,市场前景好。目前,我国饮食消费额每年以较快的速度递增,发展潜力巨大。二是以大众消费为主,市场贴近百姓生活。近年来,在大众化经营的潮流下,一些家常菜馆、火锅店、小吃街、美食广场、快餐厅、外卖店等发展势头良好。三是现代经营方式和先进营销理念为传统饮食业带来强大生命力。据不完全统计,近几年全国百强饮食企业中,近半数实行的是连锁式经营。四是饮食品种兼容并蓄,饮食市场百花齐放。如在生猛海鲜、重庆火锅风靡不衰的时候,杭州菜取各家之长,逐渐成为创新菜的精品,并在沿海城市成熟走俏。五是市场竞争激烈,要求饮食业将多样化和个性化结合起来。在国内饮食企业中,经营较好的企业仅占三成,可见竞争的激烈程度。在这样的情况下,不少城市饮食开始进行市场细分和定位,以适应家庭、假日、休闲、会展、旅游等多种消费需求。

二、现代饮食业的发展趋势

经监测,2012 年后餐饮企业中中式快餐的销售增速比中式正餐的增速高出 6.3 个百分点。2016 年,大众餐饮消费已经成为餐饮收入最主要的部分,占比为 70%~80%。餐饮原本两极分化的"哑铃"形结构(环境奢华、价格高的高端餐饮+环境粗糙、价格低的刚需低端餐饮)逐渐转化为以大众餐饮为主的"纺锤"形结构。

80 后、90 后渐渐成为主力消费群体,更追求性价比和情调,更重视食材和饮食文化内核。因此,对高端餐饮的"包装""服务"等需求并不强烈。高端餐饮在业态、服务模式、品牌定位和新品牌扩张上均有所调整。

目前,受益于高端餐饮供给端的大幅调整(餐厅数量、品类、目标客群定位),同质化竞争减少,高端餐厅密度大幅降低,客流和利润率都有所回升,尤其在西餐、日料、海鲜等品类上更显著。与此同时,在之前普遍表现为苍蝇馆子、监管困难、卫生服务条件差

的低端餐饮企业，随着消费者更加注重健康和食品安全卫生、经营场地租金成本不断上扬、城市管理和卫生管理等监管体系的不断完善，大多被迫或主动停业或转型升级。高端餐饮的"降维"（减少流程、包装、人工服务、营业面积、装修装潢）叠加低端餐饮的"赋值"（改良小吃口味，提高店面、服务形象），两端向中端挤占，最终形成"纺锤"形结构。

  大众餐饮兴起的重要表现是进入门槛低、需求特征明显的品类（如小吃、简快餐、面包甜点）进入者多，店铺密度高。不仅如此，具备一定社交属性的甜品店、烧烤店数量也较多，从供给端反映出休闲场景的需求较大。大众餐饮的另一个重要特征是产品标准化、口味接受度和普及度高、目标市场年轻化。因此，甜品、火锅、川菜、烧烤的店铺数量都较为可观。

  综合来看，大众餐饮成为主流也解释了当前餐饮业最为显著的两大经营模式：一是以简快餐、外卖业务为核心的产品模式；二是主打环境和情调，以社交、休闲为核心的体验模式。前者解决了大众生理上的饮食需求，后者则对应大众心理上的社交需求。

  餐饮企业是个显著的长尾化行业，不仅表现在品类众多，并且行业集中度很低。目前没有寡头竞争的市场状态，营业额占比在1%以上的品类就有18个，火锅是最大品类，日韩料理的市场占有率上升较快，已经进入和粤菜、杭帮菜、湘菜等传统菜系正面竞争的状态。

  以目前中国餐饮第一大品类火锅为例。2016年火锅占餐饮总营业额的22%，是在分散、长尾的餐饮业中唯一超过20%的品类并且远远领先于其他品类。根据数据，2015—2020年我国火锅市场规模年复合增长率达到10.2%。火锅的市场集中度极低，目前没有火锅企业能够突破1.5%的市场占有率，如此低的市场集中度也说明这一行业还未达到成熟期，其内部本身就存在替代效应，企业间的竞争、兼并、整合、淘汰依然会持续较长的一段时间。

  小吃正餐化是长尾品牌化趋势中最显著的代表。过去小吃具有鲜明的区域特征，随着我国跨区域的大范围人口流动和融合，逐渐在全国推广和渗透，但依然处于极端长尾的状态。小吃也是低端餐饮的典型品类，环境、口味、服务差异度很高。目前，小吃快餐的人均消费额提升明显。

第2章

现代烹饪基础

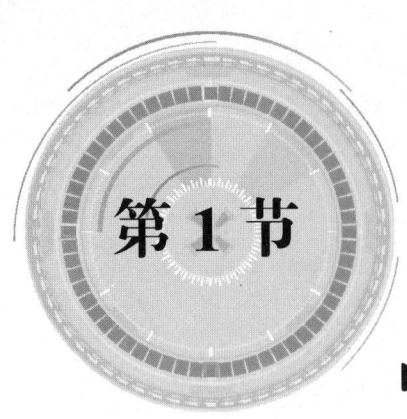

第1节 中国烹饪与西方烹饪

人类懂得用火熟食、开始烹饪之后,随着生产力、生产关系等的发展与变化,在世界上又逐渐出现了不同的国家和地区。而这些国家和地区的烹饪则因为各自地理、气候、物产和政治、经济、文化等方面的差异,形成了不同的发展状况和特点。中国烹饪和西方烹饪就以其截然不同的发展历史和众多鲜明的特点,跻身世界著名的三大烹饪流派之中,这里仅从烹饪发展历史、烹饪技艺特点、烹饪科学思想等方面对其进行简要阐述。

一、中国烹饪和西方烹饪发展历史

1. 中国烹饪发展历史

中国的饮食烹饪历史从总体上看呈现出大一统式的发展格局,各主要地区的饮食烹饪在每一重要历史阶段的发展都较为平衡,由于各地自然条件不同,各地人民对饮食滋味的要求各不一样,"物无定味,适口者珍"。如黄河流域的人民普遍喜爱腌制品,口味较重,以齐鲁饮食文化为代表;而长江流域的饮食口味与之却大相径庭,以荆楚饮食文化为代表,大体遵循"大苦咸酸,辛甘行些"来调和五味。这种不同地区的口味偏差成为中国饮食格局构建的基础。

根据历史文献的记载,中国饮食调制的地方风味差异形成时间可追溯到先秦时代。《礼记·内则》详细介绍"八珍"的烹饪方法,是目前能见到的中国北方菜的最早食谱,其用料多为陆产,属黄河流域地方风味;《吕览·本味》《楚辞·招魂》所创的菜肴,用料多为水产类,属长江流域地方风味;两汉以后,西南部的巴蜀、益州及东南部的吴越广陵等地经济、文化空前繁荣,富饶的物产资源得以更好地开发利用。及至唐代,中国的饮食调制方法传承在南方形成三大各具特色的区域:西南长江中上游的川菜,中南长江中下游的淮扬菜,岭南珠江流域和闽江流域的粤闽菜。到了宋代,"川食""虏食""南烹"正式见于典籍,川、鲁、苏、粤四大风味菜系已基本形成。元明清三代,特别是清代,各地方风味有明显发展,在四大菜系的基础上,增加了闽菜、京菜、徽菜等菜系。下面具体介绍鲁菜、川菜、苏菜、粤菜的发展历史。

(1)鲁菜的发展历史。鲁菜,又称山东菜。山东是中国古文化的发祥地之一,早在春秋战国时代,孔子就提出了"食不厌精,脍不厌细"的饮食观,并在烹饪的火候、调味、饮食卫生、饮食礼仪等方面提出了自己的主张。到汉魏南北朝时,山东的烹饪技术有了极大的提高，贾思勰的《齐民要术》记载了当时黄河中下游，特别是山东地区的菜点食品有上百种，从中可以看出当时的烹调方法已有蒸、煮、烤、酿、煎、炒、熬等十余种，可以说此时的山东菜已初具规模。唐宋时期，山东菜有了新的发展。它与黄河流域的其他地区一起依靠独特的物产，即大量出产的粟麦和牛羊肉，形成了与长江流域的饮食特色极不相同的"北食"，并在北宋的开封和南宋的杭州饮食市场上占据重要的地位。明清之际，山东菜不断丰富和提高，在用料上讲究广泛、精细，在调味上注重纯正醇浓，在烹饪方法上擅长爆、扒、熘等法，在菜点品种上善制海鲜、汤品和面点，由此别具一格，最终形成了稳定的地方风味流派，不仅进入宫廷，而且影响了整个黄河流域及其以北地区。

（2）川菜的发展历史。川菜，又称四川菜。据三星堆等遗址出土的文物证实，早在五千年前的新石器时代，四川地区就已有了早期烹饪。从春秋战国时期到秦朝，川菜逐渐进入启蒙时期，尤其是秦始皇统一中国后，许多中原富豪迁徙到蜀地，他们不仅带入了中原较为先进的烹饪技术，而且由于其对饮食的极力追求，促进了川菜的发展。到汉魏南北朝时，川菜已形成初期轮廓。汉代扬雄和晋代左思的《蜀都赋》都描写了巴蜀独特的烹饪原料和盛大的筵席，晋代常璩的《华阳国志》则首次记叙了巴蜀人"尚滋味""好辛香"的饮食习俗和烹调特色。唐宋时期，四川富甲天下，有"扬一益二"之誉，川菜跨越了巴蜀疆界，以浓郁的乡土气息进入京师，在北宋的开封和南宋的杭州饮食市场上与"北食"和"南食"鼎足而立。明清时期，四川菜已使用辣椒调味，继承和发扬了巴蜀人"尚滋味""好辛香"的调味传统，形成清鲜醇浓并重、善用麻辣的调味特点，清朝中晚期形成独特而稳定的格局。

（3）苏菜的发展历史。苏菜，又称江苏菜、淮扬菜。据淮安青莲岗、吴县草鞋山等新石器时代的出土文物表明，早在五六千年前，江苏先民就已使用陶器进行烹饪。到春秋战国时期，江苏的烹饪技艺已颇为高超，出现了鱼炙、吴羹和讲究刀工的鱼脍等许多名菜点。到汉魏南北朝时期，尤其是南朝建都建康（今南京）以后，江苏菜更是得到空前的发展，面点、素食和腌菜类食品有了长足进步，能将一种蔬菜制成几十种素食品种。隋唐、两宋之时，江苏的饮食烹饪出现了新的局面，许多海味菜、糟醉菜被列为贡品，赢得了"东南佳味"的赞誉。此时的江苏风味菜更显出精细的刀工和其他烹饪技术的精湛。据《清异录》记载，厨师们制作出了号称"建康七妙"的七种精美菜点和扬州缕子脍、苏州玲珑牡丹及金齑玉脍、镂金龙凤蟹等名品。明清时期，由于经济的繁荣和商业的发达，加上清代康熙、乾隆的多次南巡，更促进了江苏菜的飞速发展。不仅刀工精湛无比，而且在用料上广泛而精良。在调味上注重清鲜平和；在烹饪方法上擅长炖、焖、蒸和泥煨、叉烤等；在菜点制作上善烹江鲜、家禽，善制花色菜点，从而形成了一个风格独特、格局稳定的地方风味流派。

（4）粤菜的发展历史。粤菜，又称广东菜。广东的饮食烹饪历史发展稍显缓慢，但在中原和江南饮食文化的影响下没有出现阶段性的本质差异。在秦朝以前，广东境内为百越人居住，擅长渔猎农耕，喜欢杂食。秦始皇统一中国后，遣数十万人至岭南，使汉、越融合，广东菜受中原饮食文化影响而逐渐进入文明的新阶段。到汉魏南北朝时期，由于中原战乱频仍，岭南较为安定，汉人纷纷南移，使广东腹地得到初步开发，广东菜也在接受中原饮食烹饪文化的同时结合当地特有的物产，形成了初期轮廓。唐代以后尤其是南宋之时，随着中国经济、文化中心的南移，黄河、长江中下游地区的烹饪技术和名菜点部分传入广东，加上南宋的末代皇帝南逃，导致大批御厨流落到广东民间，同时也把杭州的饮食烹饪文化

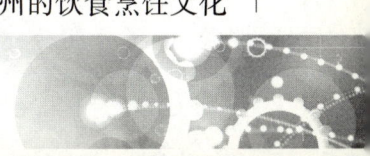

和宫廷名肴传到广东，促使广东菜朝着制作精细的方向发展。明清时期，广东腹地得到进一步开发，广州成为中西海路的交通枢纽，商贾云集，饮食市场异常繁荣，外地及西方国家的烹饪技艺和菜点不断传入，促进了广东风味日趋完善。到清代末年，广东菜兼收并蓄，在广采中原、江南地方风味和西餐烹饪之长的基础上自成一体，用料广而精，调味清而醇，擅长煲、焗、扒、软炒、软炸等烹饪方法，善烹生猛海鲜、善制精美点心，最终形成了稳定的地方风味流派格局。

2. 西方烹饪发展历史

西方各国在经济和文化上既相互独立又密切联系，但是始终无法求得相对统一而平衡的发展，整个西方的经济、文化中心不断迁移。这在很大程度上导致了西方饮食烹饪历史呈现出板块移动式、不平衡的发展格局，各主要国家的饮食烹饪在各个重要历史阶段的发展极不平衡，具体表现在西餐历史上出现了由意大利菜、法国菜、美国菜等风味流派发展而成的三个高峰。

（1）意大利菜的发展历史。意大利菜源于古希腊和古罗马，是西餐中历史最悠久的风味流派，也可以说是西餐的鼻祖。直到16世纪末以前，意大利菜都十分兴盛，并且凭借着自身古朴的风格成为古代西餐中当之无愧的领导者。

远古时期，意大利一直是古罗马的中心，而古罗马在政治和军事上征服了古希腊，却在文化等方面被古希腊征服，因此意大利菜的形成也直接受到古希腊和古罗马的决定性影响。如在正餐及宴会的格局与组成上，公元前4世纪时在雅典精心制作的正餐第一道菜由各种开胃食物和调料组成；第二道菜，食物中或许多加了一些牡蛎、海胆、金枪鱼、龙须菜、橄榄等海产品和蔬菜水果；第三道为主菜；第四道是餐后甜点。这个格局几乎是后来所有西餐风味流派的正餐与宴会格局的蓝本，如今的西式正餐基本格局大多是开胃菜、汤、主菜、甜点等。此外，在烹饪风格上，尽管元老们呼吁人们保持严肃、简朴的传统道德，但是大多数古罗马人仍然极力向古希腊学习，形成了粗犷与精细兼有、朴素与奢华并存的烹饪风格。当时的宴会几乎就是豪华、奢侈的代名词。

古罗马帝国灭亡后，意大利烹饪摒弃奢华而继承了朴素之风，并且在15世纪以前就拥有了独特的烹饪风格。《牛津食物指南·意大利》指出，虽然意大利从中世纪早期到19世纪中期都处于分裂状态，但这"并没有阻止它成为文艺复兴时期文化艺术包括烹饪艺术的摇篮"。文艺复兴时期，意大利的烹饪艺术家不仅制作出了品种丰富、样式多变的菜肴，也制作出了以著名的通心粉和比萨饼为代表的众多面食品，并最终形成了意大利烹饪独有的古朴风格，强调选料清鲜、烹饪方法简洁，注重原汁原味、菜式传统且有浓厚的家庭风味。用最简单的烹饪工艺制作出最精美、最丰富的菜点，成为意大利人对美食的理解与追求。15世纪至16世纪，意大利烹饪已呈现出繁荣兴盛的局面，并强烈地影响着其他西方国家，成为古代西方饮食烹饪的领导者和鼻祖。如美第奇家族的凯瑟琳公主嫁给法国的王储亨利二世时，以50名私人厨师作陪嫁，把意大利先进的烹饪方法和新的原料带到法国，极大地影响和促进了法国烹饪的发展。意大利烹饪的这种繁荣兴盛局面和强大的影响力一直保持到16世纪末。但是，到16世纪末、17世纪初时，"那些在很多领域包括在厨艺上都展现了天赋才华的意大利艺术家们开始现出疲态，甚至可以说江郎才尽……大约就是那个时候，欧洲烹饪艺术的领导地位开始从阿尔卑斯地区转移到法国去了"。

（2）法国菜的发展历史。法国菜也是西餐中历史悠久的重要风味流派之一。它深受意大利烹饪的影响，在极大地吸收意大利烹饪特色的基础上结合自己的优势发展壮大，最终形成了有别于意大利的法国特色,并青出于蓝而胜于蓝,成为17世纪到19世纪西餐的绝对统治者,可以称为西餐的国王。

法国菜从一开始就深受意大利菜的影响。在古代,法国人的祖先高卢人在向古罗马人学习后逐渐脱离了原始烹饪状态,讲究以大取胜。到中世纪时,法国烹饪在意大利菜的影响下用料非常广泛,烹饪日趋精致,开始追求滋补与欣赏的双重目的。14世纪末,国王查理五世的首席厨师古叶劳姆·蒂雷尔首次整理、总结法国烹饪,口授了一本名为《食物供应者》的烹调书。不过,这一时期的法国菜基本上受意大利菜的影响,亦步亦趋,还没有多少自己的特点。直到17世纪时,法国菜才有了飞速发展。一方面它仍然大量地吸取意大利烹饪的精华,另一方面则结合自身的优势进行改革、发展、创新,拥有了自己独特的烹饪风格,从而与意大利烹饪彻底地"分道扬镳"。

法国烹饪的发展、壮大在很大程度上要归功于两件事:一是16世纪时意大利美第奇家族的凯瑟琳等两位公主先后嫁给法国的两位王储,带来了意大利厨师和先进的烹饪方法及新原料,在宫廷内外掀起了一股强大的学习意大利烹饪之风。到16世纪末,在两位公主的大力推动下,意大利菜肴和面食被大量引入法国,最优秀的意大利厨师也向法国人传授众多烹饪技艺,极大地促进了法国烹饪的发展。二是法国一直有一个美食之都——巴黎,不但聚集着全国各地的优质烹饪原料,而且拥有许多重视美食且具备高超鉴赏能力的美食家,更有工作认真且具备改革与创新精神的烹饪制作者,使得法国烹饪在广泛吸收意大利烹饪精华的基础上,逐渐形成了精致、华美的烹饪风格,强调选料精细、味美形佳,菜点豪华繁多。它的标志是1651年出版的《法国厨师》一书,书中指出了此时法国烹饪的许多变化,最显著的是对中世纪的辣味的放弃而偏重于以本地香料作为调料,还记录了许多菜单,其菜品组合繁多、十分豪华。

到了18世纪和19世纪,法国菜已十分成熟,在西方国家极负盛名,影响遍及欧洲各个角落。当时,法国厨师被西方各国高价聘请,各国厨师纷纷到法国学习烹饪。一时间,法国菜成为西餐的绝对统治者,是西方人饮食生活中最热门的话题。20世纪以后,法国菜的声誉更是遍及全世界,成为举世闻名的西方重要风味流派,法国菜和法国餐厅也成为高级烹饪的代名词。

(3)美国菜的发展历史。美国菜主要源于英国菜,但在其发展过程中也受到法国、意大利等国烹饪的影响。美国是一个移民国家,由于早期移民以英国人为主体,生活条件十分艰苦,食物原料相对缺乏,依料烹饪也使他们不得不承袭英国简单、实惠的烹饪风格。到18世纪和19世纪,西方各国的移民大量涌入美国,经济日益繁荣,与欧洲的交流日益频繁,于是在饮食烹饪上也融入了更多的风格,美国的上层社会醉心于欧洲贵族的生活方式,法国菜成为展示地位的标志。可以说,在这一时期,美国烹饪深受英国、法国、意大利烹饪的多重影响,是积极的学习者。

当20世纪到来以后,美国从农业社会转型为工业社会,机器加工和科学技术使得美国经济出现了飞速发展,美国烹饪脱颖而出,形成了自己鲜明的特色,即简单、方便、快捷,而最具代表性的就是工业化生产的现代快餐食品、速冻食品等。以现代快餐为例,在20世纪50年代出现了麦当劳、肯德基等快餐。它们集现代科学与机器加工技术于一身,以标准化、规模化、工业化的手段,制作出简单、方便、快捷的食品,极大地满足了当时人们的需要,发展十分迅速。麦当劳从1955年建立第一家快餐厅开始,到1960年的几年时间里,餐厅数量就增加到280家。此外,各种小的厨房机器(如电动搅拌器、绞肉机、榨汁机等)

也层出不穷，使手工烹饪变得较为简单。随着时间的推移，美国成为世界政治、经济等方面的超级大国，所有带有浓厚美国特色的烹饪成品和机器也在美国经济强大实力的支持下，逐渐成为西方饮食烹饪的重要组成部分，并且极大地影响西方各国的烹饪，使美国烹饪跻身于当今西方烹饪领导者行列。

二、中国烹饪技艺与西方烹饪技艺特点

1. 中国烹饪技艺的特点

（1）用料广博，物尽其用。中国幅员辽阔，物产丰富，食物原料品种之多，涉及面之广，在世界上没有一个国家能与其相比。此外，中国人开发食物原料之多，也是世界上其他民族所罕见的。面对丰富的食物原料，中国厨师在使用过程中不是大手大脚，而是精打细算、物尽其用，主要表现为一物多用、废物利用和综合使用。

（2）切割精工，刀法多样。中国厨师刀工技艺精湛，能够把食物原料切得薄如纸、细如发，而且速度极快。如一只北京烤鸭，一般要求片108片，而且应在3 min内完成，大小均匀，薄而不碎，形如柳叶，片片带皮。此外，中国的刀工技艺发展到今天，仅刀法名称就已达二百余种。以片为例，就有刨花片、鱼鳃片、骨牌片、灯影片、梳子片、月牙片、象眼片、柳叶片、指甲片、雪花片、凤眼片、斧头片等十余种。

（3）调味精巧，味型多变。中国调味技艺的精巧、讲究，而且擅长在加热过程中调味，将各种主料、辅料和调料有序有别地汇于一炉，进行有机组合，"有味使之出，无味使之入"，达到"五味调和"的境界，创造出众多美味的菜肴。

调味料是味型变化的基础。中国不仅拥有丰富、独特的天然调味料，如汉源花椒、二金条辣椒，还有众多品质优良、独具特色的加工性调味料，如郫县豆瓣、保宁醋、山西老陈醋等。中国厨师以它们为基础精心调制，使中国肴馔在调味上具有了味型多变的特点。如用辣椒、花椒与其他调味料组合，调制出的味型有红油、麻辣、酸辣、胡辣、陈皮、鱼香、怪味、家常、椒麻、椒盐、芥末、蒜泥、姜汁等十余种。

（4）用火精妙，尤其擅长以油为传热介质的烹饪法。对于油温的测试，中国厨师凭借经验，通过观察、手烤等方法，就可迅速判断出油温的大致度数。如爆三样中的猪肝、腰花、鸡肫，虽然都是动物内脏，但其成熟程度却有相当大的区别，必须用不同的火候分别烹饪至半熟或断生状态，然后再放入同一锅内烹制调味后方能成菜。

在烹饪方法中，最难掌握的是以油为传热介质、旺火速成的烹饪方法，因为用火稍有偏差就会严重影响菜品质量，但是这类烹饪方法也是中国最擅长的。最典型的例子是中国使用最多、最有特色的炒法。如炒虾仁、爆肚仁等，只有准确掌握火候、动作敏捷、手法利落，才能使菜品呈现出鲜、嫩、脆、软的风格特色。

（5）装盘讲究和谐，注重意境。一道美食，需要有一个与之相协调的器具盛装。只有美食与美器完美地结合，才能各显其美，相得益彰。中国烹饪的美器之美不仅表现在器物本身的质、形、饰等方面，也表现在它与菜肴的和谐搭配上。意境是中国美学体系中非常重要和独特的范畴，是作品中描绘的生活图景和表现的思想感情融合一致而形成的一种艺术境界。中国厨师常常通过精雕细琢、刻意拼摆来模仿、再现自然景物和美好生活，在盘中创造出有情有意并且具体生动的特殊图画，形成美妙的意境。如"华夏之魂"，先在盘中用南瓜、萝卜和青菜叶等堆摆出起伏的山峦，用南瓜刻出雄伟壮丽的长城摆在山峦上，然后镶上用大红薯整雕出的龙头，使龙与长城融为一体，生动形象地表现出中华民族独特的精

神风貌。

2. 西方烹饪技艺的特点

（1）选料严格，讲究新鲜，奶制品多。西方烹饪对原料的选择十分严格，不仅注重原料自身的品质、特点，还要根据成菜特色、烹饪方法来选择原料，基本上不使用头、蹄、爪、内脏、尾等副产品。只有法国等少数国家，使用动物原料的副产品，如鸡冠、鹅肝、牛肾、牛尾等。此外，西方烹饪对原料新鲜度的要求非常高，同时，奶制品的种类也非常多，仅奶酪就有上百种之多。

（2）刀具众多，成型简单。西方烹饪常常根据原料的特点、成型要求选择、使用不同的刀具，如有专门切肉的刀、去鱼骨的刀、切蔬菜和水果的刀，还有专门切熟食的刀、切面包的刀，不仅便于操作，也使原料成型规格更加整齐。由于西方人习惯使用刀叉作为进食工具，原料在烹调后食者还要进行第二次刀工分割，因此，西方烹饪对许多原料尤其是动物原料的刀工处理较简单，原料成型较大、几何形为主，具有简洁、大方的特点。此外，西方烹饪还大量使用现代化设备来完成原料的成型。如切片机、切块机等自动化或半自动化刀工设备，用于蔬菜类原料的切割，使原料成型的规格更加统一。

（3）调味上重视沙司（Sauce）制作，讲究加热后调味，广泛使用酒与香料。沙司是专门制作的调味汁，由液体原料、增稠原料和调味料构成，具有不同色泽、稠度、形状、特色，能够丰富菜肴的味道，增加菜肴的滑润感，美化菜肴。菜肴的调味一般有加热前调味、加热中调味、加热后调味。而沙司作为西方烹饪重要的调味料，由厨师单独制作，一般不与主料、配料一同加热，只在装盘时浇在主料上，或者装在沙司斗中与主料一同上桌，因此，西方烹饪在调味上更注重的是加热后调味。此外，由于西方饮食中大量使用腥、膻等异味较重的动物原料，因此，在调味上也十分注重用酒与香料来去异增香。

（4）制熟工具多样且现代化，以分别烹制为主，擅长以空气传热的烹饪方法。西方的制熟工具在数量、品种和规格上都较多，而且常常是专用。如有专门用于煎制原料的各种规格的煎盘，有专门用于制作沙司的各种规格尺寸的沙司锅，还有专门用于制作基础汤的汤锅等。此外，西餐的大多数设备都有可以操纵温度和时间的旋钮，机械化、自动化程度较高，比较容易操作。

在西方烹饪中，主料、配料（配菜）、沙司（调味汁）在许多情况下是分别烹制的，先将主料、配料（配菜）、沙司分别烹调成熟，然后放在一个盘子中，将它们组合到一起。此外，西方比较擅长以空气传热的烹饪方法，尤其是常见的烤、焗和铁扒等。

（5）装盘主次分明，造型简洁明快，讲究突破与回归自然。西方在菜肴装盘时强调其中的主料与配料层次分明，并且常常利用点、线、面进行几何造型，追求简洁、明快的风格。同时，采取各种方法打破整齐划一、对称有序的装盘常规，从平面到立体，将菜肴的美感与动感结合起来全面展示，使菜肴的造型更加鲜活、美妙。此外，还使用天然的花草树木作为点缀物，并且遵从点到为止的装饰理念，力求回归自然。

三、中国烹饪和西方烹饪科学思想

烹饪科学思想深受自然科学、社会科学，尤其是哲学的影响，不同的哲学思想及由此形成的文化精神和思维模式将产生不同的烹饪科学。

1. 中国烹饪科学思想

中国哲学的核心之一是讲究"气"与有无相生，注重整体功能，由此形成的文化精神和

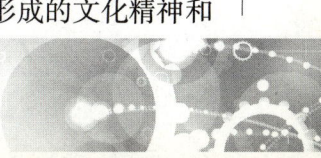

思维模式是讲究天人合一，注重整体思维，强调平衡和谐。受这种文化精神和思维模式的影响，中国产生了独特的烹饪科学思想。

（1）天人相应的生态观念。它是指人取自然界的食物原料烹制肴馔来维持生命、营养身体，必须适应自然、适应环境，在宏观上加以控制，保持阴阳平衡，使人与自然相适应。具体表现在食物的选择上，是从天人合一的角度出发，认为人的生命过程是人体与自然界的物质交换过程，人体的健康状况与所处的自然环境密切相关，不同气候、不同季节、不同地域对人体会产生不同的作用，进而影响人体对饮食的需要。强调人的饮食选择不仅要满足人体自身的需要，还必须满足人体因自然、环境因素而产生的需要，适应自然、适应环境，做到四季不同食、四方不同食。

（2）食治养生的营养观念。它是指人的饮食必须有利于养生，以食治疾，辨证施食，饮食有节，以此保正气、除邪气，达到健康长寿。具体表现在食物的配搭上，是从天人合一与整体功能出发，强调辨证施食、饮食有节。

辨证施食，是指将食物的性能和作用以性味、归经的方式加以概括，并根据人体的特点和各种需要，恰当地配搭食用不同种类和数量的食物。其中，性味，指的是食物的性能，包括四气五味。四气，又称四性，指食物具有的寒、凉、温、热四种性能。五味指食物具有的甘、酸、苦、辛、咸五种味道，有"甘缓，酸收，苦燥，辛散，咸软"之说。无论是动物性食物原料还是植物性食物原料，都可以划分出各自的性味。如蔬果类，生姜、荔枝性温，味辛或甘；丝瓜、柿子性凉或寒，味皆为甘。归经是指食物的作用，常常根据食物对脏腑的作用来划分，并以相应脏腑的名称命名。如梨有润肺、止咳作用，则称其"入肺经"。此外，饮食有节，不仅包括饮食数量的节制，也包括质量的调节和寒温的调节。

（3）五味调和的美食观念。它是指通过对饮食五味的烹饪调制，创造出合乎时序与口味的新的综合性美味，达到中国人认为的饮食之美的最佳境界——"和"，以满足人的生理与心理双重需要。具体表现在以下两个方面。

一是菜肴的组成、制作上，强调菜点由主料、辅料和调料组成并合烹制成。正因为是合烹成菜，所以烹制菜肴最主要、最常用的炊具是半球形的圆底铁锅，最具特色、最常使用的烹饪方法是炒。

二是菜肴的风格特色上，讲究内容与形式的调和统一，在味道上强调貌神合一，在形态上强调美术化，追求意境美。味道上的貌神合一，主要通过两种方式来实现：第一种方式是味的组合，即将主料、辅料和各种调料放在一起，通过调味料的化学性质进行组合，把单一味变成丰富多样的复合味。如咸甜酸辣兼备、姜葱蒜香浓郁的鱼香味型，是由泡红辣椒、食盐、酱油、醋、白糖、姜、葱、蒜等多种调料调制而成。第二种方式是味出与味入，即通过调味和其他技术手段，特别是加热手段，使有自然美味的原料充分表现出美味，使无味或少味的原料入味，最终创造出全新的美味，并使这种美味均匀地渗透在各种原料之中。如麻婆豆腐是味道上貌神合一、渗透均匀的佳品。形态上的美术化、意境美，主要是通过刀工、造型、菜肴命名、餐具配搭等手段来实现。如推纱望月，以鱼糁制成窗格外形，以熟火腿丝、瓜衣丝嵌成窗格线条，以鸽蛋为月，以竹荪为纱，灌以清澈透明的清汤为湖水，构成一幅窗前轻纱飘逸，窗外皎月高悬、湖水静谧的美妙画面，大有"闭门推出窗前月"的意境。

2. 西方烹饪科学思想

西方哲学的核心之一是讲究实体与虚空的分离与对立，注重个体作用，由此形成的文化精神和思维模式是讲究天人分离，注重个体思维，强调对立统一。受其文化精神和思维模式影响，西方的烹饪科学思想有着自己的内容和特点。

（1）天人相分的生态观念。它是指人在摄取自然界的食物原料制成肴馔来维持生命、营养身体时，必须适应和满足人体自身的需要，不必刻意适应自然环境。具体表现在食物的选择上，是从天人分离的角度出发，将人体的生存、健康与自然环境割裂开来，认为人的生命过程是从自然界摄取食物的过程，人体对饮食的需要主要受性别、年龄、体重、劳动强度等人体自身因素的影响，很少受气候、季节、地域等自然环境因素的影响，强调人的饮食选择只需适合人作为独立体的需要，即应该全力满足人体自身的需要，随性别、年龄、生理条件、健康状况和劳动强度等因素的不同而不同，而不必刻意适应自然环境。为此，西方营养学家制定出了《每日膳食中营养素供给量表》，主要是根据人的性别、年龄、生理条件和劳动强度等因素，提出并推荐相应的每日膳食中营养素供给量。

（2）膳食均衡的营养观念。它是指将食物的结构组成以营养素的方式加以概括，并根据人体各部分对各种营养素的需要来均衡、恰当地配搭食物的种类和数量，以使人健康长寿。具体表现在食物的配搭上，是从天人相分与个体作用出发，着重强调合理配膳。

在西方人看来，合理配膳的关键之一是分析和了解食物的营养组成，即营养素及其对人体的作用。西方国家的一些人常常将《每日膳食中营养素供给量表》与营养学家研究、提供的《食物成分表》组合使用。首先了解进餐者的性别、年龄、生理条件、健康状况和劳动条件等，其次依据《每日膳食中营养素供给量表》来确定进餐者对热量和营养素的需要量，再次按照《食物成分表》和供热比例等计算出对各种食物的需要量，最后对食物原料进行合理而准确的搭配，很少有随意性。但需要指出的是，这种准确、合理地搭配食物通常是相对的，有一定局限性，因为它立足于"人是机器"，对人进行机械和孤立的认识与研究，而实际上人是具有动物性和社会性的复杂有机体，与周围世界息息相关、互相影响。

（3）个性突出的美食观念。它是指通过对食物原料的烹饪加工，更加突显各种原料特有的美味，创造出西方人认为的饮食之美的最佳境界——"独"，重在满足人的生理需要。主要表现在以下两个方面。

一是在菜肴的组成与制作上，强调菜肴由主菜、配菜和沙司构成，经分别烹制后组装而成。其中，主菜、配菜和沙司都有各自不同的原料与调味料。这样的菜肴组成与制作方式在西方国家菜点中随处可见。正因为是分别烹饪、组装成菜，所以西方人烹制菜肴最主要、最常用的炊具是平底煎盘（或称煎锅），最具特色且经常使用的烹饪方法是煎。

二是在菜肴的风格特色上，讲究内容与形式的对立统一、简约自然，在味道上常常是貌合神离，在形态上强调图案化，追求形式美。味道上的貌合神离，是指同为一款菜肴但味道大不相同。它主要是通过调味和其他相应手段来实现，即先将主菜、配菜和沙司分别用各自相应的原料和调味料烹制好，再放入同一盘中，最后将主菜的沙司和配菜的沙司分别浇淋在相应之处而成为一道菜。这时，主菜的沙司和配菜的沙司难以完全渗透到主菜、配菜之中，而整个菜肴的总体味道是主菜、配菜及其相应沙司的味道相加之和，能够有所分离。如将烟熏鲑鱼和用洋葱、酸青瓜等原料制作的沙拉放在同一个盘中，组成一道法式菜肴，虽然表面味道相接，实质却各有不同。

形式美是西方美学体系中非常重要的范畴，指客观事物和艺术形象在形式即组织方式和表现手段上的美，主要包括对称、平衡、和谐、多样统一等。任何事物都有自己的形式，音调、旋律是音乐的形式，语言、结构是文学的形式，菜点的形式则主要是形状和色彩。

形态上的图案化、形式美，是指菜肴中的各种原料通过点、线、面、体构成规则的几何图案画面，使菜肴具有形式美。它主要是通过刀工、造型等手段来实现，即通过对烹饪原料进行刀工处理，创造出由点、直线、曲线和圆形、三角形、方形、菱形等构成的几何图案，制作出形式美观的菜点。如法国名菜炭烤小羊腿，将炭烤的暗红色小羊腿肉切成圆形大块，放在盘子的一边，另一边交叉放几根绿色的长条芦笋，再在羊腿肉上和盘中浇褐色沙司来调味和点缀，使整个菜肴通过形状和色彩的对比表现出和谐的形式美。

相关链接

现代意义的工业烹饪与手工烹饪

现代意义的工业烹饪，是指用现代高科技设备和生产技术生产各种食品，其特点是用料定量化、操作标准化、生产规模化、科学卫生、方便快捷，如生产各种快餐食品和方便食品等。它主要是满足人的生理需求，但也不能忽视人的心理需求，应在注重科学卫生的基础上辅以艺术，在保证高效稳定的前提下让人们愉快地食用。

现代意义的手工烹饪，是指利用现代科学理论与方法，对传统手工烹饪进行改革式继承与发扬，生产出个性化的特色食品，其特点是个性化、创造性。它重在满足人们的心理需要，但也不能忽视人们最基本的生理需要，将在注重艺术性的基础上辅以标准化，力求在特色突出的前提下让人们吃得更科学卫生。

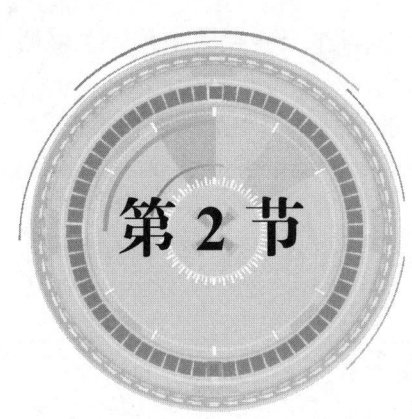

第 2 节　烹饪原料

烹饪原料，是指符合饮食要求，能满足人体的营养需要并通过烹饪手段制作各种食品的可食性食物原材料。可以用于烹饪的原材料十分广泛，包括山珍野味、海产珍稀、禽畜水产、蔬菜水果、野菜菌类，可谓选料广博、品种繁多。为了能系统、全面、有条理地了解烹饪原料，需要对烹饪原料繁多的品种进行分类。烹饪原料的分类方法很多，按烹饪原料的自然属性来源划分为动物性原料、植物性原料、矿物性原料、人工合成原料四大类，每类又细分为若干小类别；按加工方法划分为鲜活原料、干货原料和复制品原料三大类；按原料的商品种类划分为粮食、蔬菜、肉类及肉制品、禽及蛋品、水产品及水产制品、干货及干货制品、果品、调味品；按原料在菜肴中的地位划分为主料、辅料和调味料三大类。若按照生物学的分类体系，同时结合烹饪原料的商品属性及其在烹饪中的作用可将烹饪原料主要分为六大类，即蔬菜类、果品类、畜肉类、禽肉类、水产动物类、调料。本教程即按这六大类烹饪原料进行简要介绍。

一、蔬菜类

"菜"是蔬类植物的总称，凡可做菜的植物统称为蔬菜。蔬菜的种类很多，如叶类蔬菜、根茎类蔬菜、瓜果类蔬菜、花菜类蔬菜、蔬菜制品及食用菌类等。

蔬菜作为使用广泛的烹饪原料，核心问题是保鲜，防腐烂，防变色。蔬菜的储藏保鲜主要有常温保管、冷藏保管和浸泡保鲜三种方式。例如，冬季可置于通风防晒处进行常温保管；夏季时，则用保鲜膜封好进行冷藏保管，冷藏室的温度控制在 7℃ 左右。

二、果品类

果品一般指木本果树和部分草本植物所产的可以直接生食的果实，也常包括种子植物所产的种仁。果品包括水果、干果和果品制品三大类。其中，含水分较多的植物果实为水果，如桃、梨、苹果等；外有硬壳而水分含量较少者为干果，如花生、核桃、板栗等；晒干了的水果为果品制品，如柿饼、葡萄干、干桂圆，也称干果或果干。

果品在烹饪中应用比较广泛，可作为菜肴的主料，多用于甜菜的制作，如雪耳梨脯、拔丝香蕉等；还可以作为菜肴的配料，如果香三文鱼、香煎鳕鱼配牛油果等；也可以利用某些色彩鲜艳的果品作为菜肴的点缀、围边、装饰，如柠檬、樱桃、猕猴桃等在菜肴的围边

装饰中经常用到；在面点制作中用于馅心的配制或点缀，如榴莲酥、青稞香蕉蛋糕、枣泥糕等；某些果品还是食物雕刻的重要原料。此外，果品还常用于药膳及保健粥品中，《黄帝内经》中有"五谷为养，五果为助，五畜为益，五菜为充"的记载。因果品类多质柔而润，富含液汁，多具有补虚、养阴、生津、除烦、消食开胃、醒酒、润肠通便等功效，对体虚、津伤烦渴、食欲不振等，有一定的保健疗效。

我国常见的果品种类有苹果、梨、橙、西瓜、桃等。

三、畜肉类

畜肉类是人工饲养的牲畜动物及野生兽类动物可供食用部分的肉及脏器，如猪肉、牛肉、羊肉、兔肉、驴肉、鹿肉和野生动物肉及其内脏等。在我国，大多数人以食猪肉为主，有一些少数民族地区则以牛肉或羊肉为主，兼食狗肉、马肉、驴肉、鹿肉和野生动物肉。为保护野生动物，现代人只食用人工饲养牲畜动物。

1. 我国常见的畜肉种类

（1）猪肉。猪肉为我国日常食用肉量最多的一种，质地细嫩，腥臊味淡，滋味鲜美。猪肉的瘦肉部分为淡红色，但因年龄、部位、品种的不同，色泽有深浅之别，质地细嫩而柔软；肥肉部分为白色，质地细腻。猪肉是日常生活中的主要副食品，具有补虚强身，滋阴润燥、丰肌泽肤的作用。烹调食用方法为：猪肉适宜于各种烹调方法，不同部位的猪肉，其肉质有一定的差异，在使用时，应按照猪肉的部位及特点选择相应的烹调方法，以达到理想的成菜效果。在中餐制作中，猪肉可作主料，也可作配料，适于各种调味，广泛用于菜肴、主食、小吃、面点、加工品的制作。

（2）牛肉。在我国消费的肉类食用量中牛肉仅次于猪肉。牛肉质地较粗糙，香味浓郁，有一定的膻味，享有"肉中骄子"的美称。牛肉的瘦肉含水量高，呈红至暗红色，结实油润，肌纤维长且较粗糙，不同部位的称呼也不一样，如西冷、肉眼、牛柳、牛腱子等。牛肉蛋白质含量高，而脂肪含量低，所以味道鲜美。烹调食用方法为：牛肉在烹调中作为主料使用，适于多种烹调方法和多种调味，可作为主食、菜肴、小吃的用料，尤为清真菜系所常用，在烹制时需注意去除膻味。

（3）羊肉。羊肉有山羊肉、绵羊肉、野羊肉之分。羊肉肉色红润，肉质细嫩，肌纤维细嫩柔软，脂肪白色，质地坚脆。它既能御风寒，又可补身体，最适宜于冬季食用，故被称为冬令补品，深受人们欢迎。由于羊肉有羊膻味，烹调时若放入适量甘草、料酒和生姜，便能去其膻气又可保持其羊肉风味。烹调食用方法为：适宜于多种烹调方法，可制作多种菜品、小吃、加工制品等，为清真菜的基本原料。

（4）兔肉。兔有野兔和家兔之分，烹调用兔多为家兔。兔肉色浅，肌纤维细嫩，滋味鲜美，略带草腥味，是著名的美容食品。烹调食用方法为：广泛用于热菜和冷菜的制作，适合炒、熘、爆、拌、蒸、烧等多种烹制方法，很易被调味料或其他鲜美原料着味。

2. 畜肉的品质鉴别

目前餐厅对畜肉的品质主要采用感官鉴别法来进行鉴定，依靠眼看、鼻闻、手摸等来进行简易的检验，判定其新鲜程度及质量是否合乎卫生标准、是否达到食用的要求，其检验主要从色泽、黏度、弹性、气味及煮沸后的肉汤等方面来进行鉴别。

四、禽肉类

禽肉类是人工饲养或野生的鸟类食物。"禽"为鸟类的通称,烹饪中通常用来作菜肴的有鸡、鸭、鹅、雀、鸽、鹌鹑等。

五、水产动物类

水产动物主要包括淡水鱼、海水鱼类和甲壳类、蛙、蛇等类。餐饮中的所谓海味都属于此类,在中餐烹调中广泛运用。

我国常见的水产动物种类有淡水鱼类、海水鱼类、虾蟹贝类和龟鳖蛙类四种。

淡水鱼类:如草鱼、鲤鱼、鲫鱼、青鱼、鲢鱼、鳙鱼、鲶鱼、江团、乌鱼、鳜鱼、鳝鱼、鳟鱼、鲟鱼等。

海水鱼类:如比目鱼、三文鱼、鳕鱼、金枪鱼、黄鱼、带鱼等。

虾蟹贝类:如中国对虾、基围虾、龙虾、中华绒螯蟹、海蟹、扇贝、鲍鱼、牡蛎等。

龟鳖蛙类:如乌龟、甲鱼、牛蛙等。

六、调料

调料是指在加工主、辅食品的过程中使用量较少,但对食品的色、香、味、质等风味特点起着重要调配作用的一类原料。调味品是形成主、辅原料的口味特点,在食品制作中起着重要作用的辅助用品。它能给本身不显味的原料赋味,确定食品的口味,矫除原料的异味,美化菜肴的色彩,增加食物的营养,同时还有杀菌、消毒、延长保存期、增进食欲、利于消化吸收等优点。

我国常用的调味原料有食盐、酱油、食醋、味精、鸡精、白糖、料酒、胡椒、泡辣椒、花椒等。

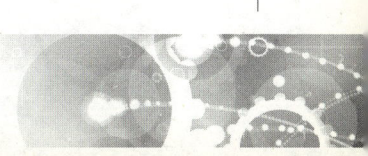

第3节 烹饪技术

烹饪是我国灿烂文化遗产的一个重要组成部分，是以一定方式、一定技术加工可食之物使之成熟的过程。食品的加工技术即烹饪技术，烹饪技术包括原料切配技术、烹调技术。

一、切配技术

切配技术包括刀工技术和配菜技术。

1. 刀工技术

刀工，是指根据烹调和食用需要，使用不同的刀具，运用不同的刀法操作，将烹饪原料或半成品切割成不同形状的操作技术。其目的是对完整原料分解切割，使之成为组配菜肴所需要的基本形状。刀工是烹调工艺中的一项重要内容，是每个厨师必须熟练掌握的基本功。

刀工技术决定着原料的成形，影响着菜肴的色、香、味、形和卫生，以及顾客的食欲。刀工的基本要点体现在运刀技术，即刀法上。

（1）刀具和砧墩。切配的主要工具是刀具和砧墩。

1）刀具。刀具主要有片刀、切刀和砍刀三种。片刀的特点是刀轻而薄，刀刃锋利，使用灵活方便，主要用于"片"，也可用于嫩脆原料的"切"等，但是不可切带骨的或坚硬的原料，否则易伤刀口。切刀的特点是刀背较厚、刀口较薄、刀刃锋利，用于切丝、丁、块、末或略带碎骨和质地比较坚韧的原料，也可"片"。砍刀的特点是刀身宽厚、体重，适用于砍切带骨的和质地坚硬的原料。

刀的种类很多，除上述之外，还有一些专用刀具，如弯刀、尖刀、镊子刀、刮刀、刨刀、牛角尖刀、剪刀等。

刀是刀工运用技术的主要工具。烹调人员不仅要了解刀的特点和用途，还必须善于使用、爱护和保养，才能顺利地进行操作。因此，使用刀时应该注意两点，一是操作时要小心谨慎，爱护刀刃，落刀时遇到阻力，如顶刀、夹刀等，应该另选部位，重新落刀，否则会伤刀刃。二是刀具使用以后必须用洁净的布揩干水分，特别是切带有咸、酸味或带有黏性的原料，附在刀面的无机盐、酸、碱、草鞣酸等物质容易使刀变黑或锈蚀。使用后，要用洗洁精水溶液洗去油污杂质，再用清水洗净，并揩干水分，存放在固定地点或刀架上。长期不用，可在刀表面涂一层油脂，防止生锈。

2）砧墩。砧墩又称砧板、菜墩、墩子等，是对原料进行刀工操作的衬垫工具。菜墩的质地有木质和塑料两种，形状有圆形和方形。新购进的木质菜墩，应用浓盐水或植物油涂浸，使用菜墩时要视情况转动墩位，保持墩面平整。如果出现凹凸不平，可用铁刨刨平或用刀砍平或用电刨机刨平。每天使用结束时，应清洗干净，竖立放置，通风晾干。

（2）刀法。刀法，是指使用不同的刀具将原料加工成一定形状时采用的各种不同的运刀技法。根据烹调和食用的要求，原料需加工成一定的形状，如丝、丁、片、块、条等，都需要经过刀工处理。

刀法的种类很多，各地的刀法、名称和操作方法也各有差异。根据刀与砧墩（或原料表面）接触所组成的角度与运刀方向来划分，可分为直刀法、平刀法和斜刀法三大基本类型。

1）直刀法。是运刀方向与砧板成直角的刀法。直刀法可分为切、砍、剁三类。每类根据运刀的方向及力度又可细分为多种刀法。如切分为直切、推切、拉切、锯切、铡切和滚切六种，砍分为直刀砍、跟刀砍和拍刀砍三种，剁分为单刀剁和双刀剁两种。

2）平刀法。又称片刀法，是指刀面与菜墩呈平行状态，刀刃由原料一侧进刀，再向内片进，使之成薄片的一种刀法。一般用于无骨的韧性、软性原料或煮熟的脆性原料，这类刀法可分为三种：平刀片、推刀片、拉刀片。

3）斜刀法。斜刀法与平刀法相比，其特点是刀身运动方向与原料成一定斜角，又分为斜刀片和反斜刀片两种。

（3）原料成形。原料成形，就是指通过刀工处理，使原料成为各种不同的基本形状。中式菜肴品种繁多，不同菜肴对原料形状的要求也各不相同。常见的原料成形有丝、片、块、条、丁、粒、米、末及花形等。

1）丝。丝的切法是先将原料片或切成片状，再切成丝。常见的形状有头粗丝、二粗丝、细丝、银针丝。

2）片。片的切法也有两种：切和片。常见的形状有柳叶片、骨牌片、二流骨牌片、牛舌片、菱形片、指甲片、麦穗片、连刀片、灯影片。

3）块。块的切法主要有两种：切和砍。常见的形状有菱形块、长方块、滚料块、正方块、梳子块。

4）条。条的切法与丝相同。常见的形状有大一字条、小一字条、筷子条。

5）丁、粒、米、末。丁、粒、米、末的成形通常采用切和斩的方法。常见的形状有大丁、小丁、豆粒状、绿豆状、米粒状、末。

6）花形。主要有十字花形、眉毛花形、凤尾花形、鸡冠花形、菊花花形、麦穗花形、鱼鳃花形七种。

2. 配菜技术

配菜技术又称配料技术，是指根据菜肴的质量要求，把各种加工成型的原料加以适当配合，供烹调或直接食用的技术。配菜是在刀工以后、烹调之前的一道重要工序，它在一定程度上确定着菜肴的质和量，确定着菜肴的色、香、味、形特点，确定着菜肴的营养价值，确定着菜肴的成本。配菜有许多讲究和要求，基本原则如下。

（1）数量的配合。包括两个方面：菜肴的单位数量和主辅料的比例。菜肴由一种原料构成，无任何配料的，要求主料选样精细、新鲜、细嫩，数量要恰当。菜肴由两种或多种原料构成的，要突出主料的比例。

（2）质量的配合。原料的质地指老嫩、粗细、软硬、脆韧、绵酥等不同，配料时要讲究

质地的搭配，突出各种原料的特性。注意两方面：第一，菜肴的各种原料质地相近（同），如三菌熘鸡丝、火爆双脆。配料时要遵循软配软、硬配硬，这样才便于烹调。第二，菜肴的各种质地不相同。如宫保鸡丁，主辅料质量需有差别，但烹调后要起到相反相成的效果；又如萝卜烧牛肉，要求配料时配料分开放置，考虑原料本身的性质，采用火候来调节成熟程度。

（3）色的配合。色彩是反映菜肴质量的重要内容，菜的卫生、营养、风味等都或多或少地通过其色彩被客观地反映出来。色对人的食欲也有直接影响，俗话说"秀色可餐"，鲜艳的颜色能刺激食欲。菜肴的色泽也是衡量一道菜肴质量的重要标准，色、香、味、形，色排第一位。正常的、和谐的色彩是优质菜肴的标志之一。常见的菜肴色彩有白色、红色、黄色、绿色、茶色、黑色、紫色。

色的配合常见方法如下。

1）顺色配。菜肴中的各种原料颜色相同或相近。

2）异色配。色彩多样，如五彩鱼丝，主料与配料的颜色差异要大，以主料色为主，辅料只起衬托、点缀作用，这样色彩分明、美观，可增进食欲。

（4）香的配合。要熟悉原料的特点，了解原料烹调后能产生什么香味，如葱、蒜、姜、洋葱、蒜薹、芹菜、青椒等各有什么香味，哪几种原料的香味结合在一起会更好，哪些香味不宜配在一起。

（5）味的配合。味的配合要注意以下四点。

1）以主料鲜味为主、辅料为辅的配合，使鲜味显得更突出，如蘑菇炖鸡。

2）主料本味淡，要配比主料鲜香味好的原料，增加主料的鲜香味，如干货原料。

3）主料滋味过浓，应加辅料冲淡它的浓度，如萝卜烧羊肉。

4）各种滋味都很好，综合在一起，使它们的滋味相互融合，成为一种混合型的鲜味，吃起来更舒服，如坛子肉、佛跳墙、八宝素烩。

（6）形的配合。形的配合要注意以下六点。

1）主辅料形状相适应。相似相配：块配块，丝配丝。

2）辅料衬托主料。主料要稍大于辅料。

3）主辅料的形状一定要适应加热的需要。

4）特殊情况下，主辅料形状也要顺其自然。

5）花形原料，剞刀后也要顺其自然。

6）营养成分的配合。

二、烹调技术

烹调是成菜过程，选料、切配都是为烹调做准备工作，完成了烹调过程，原料就变成了"菜"，即可食用。烹调从属于烹饪，它既是一门技术，又是一门艺术，与菜肴的色、香、味、形密切相关，对菜肴的品质有着非常重要的作用。

1. 码味、上浆、挂糊、勾芡、制汤

（1）码味。码味又称着味，就是按成菜的要求，在菜肴烹制前，对原料加入一定量的调味品进行基础调味的操作技术。码味有渗透入味，除异增鲜，保持原料细嫩、鲜脆，增加色泽，不易粘锅的作用。码味的种类有食盐码味，食盐和料酒码味，食盐、料酒、姜、葱码味等。

（2）上浆。上浆又称码芡，是指在原料表面裹上一层薄薄的水淀粉、蛋浆等原料的过程，以增加滑嫩和起保护作用的一种技法。对原料起到保护，对成品起到滑爽的作用。浆的种类有水淀粉浆、蛋清淀粉浆、全蛋淀粉浆和苏打浆。

（3）挂糊。挂糊又称穿衣，是指在原料表面裹上一层较厚的糊状物，以增加质感和起保护作用的一种技法。糊比浆厚，对原料的保护性更强，挂糊经受热后，形成软松、酥脆的质感，与原料内部的软熟、细嫩形成对比，丰富了触觉，广泛用于炸、煎、熘、烤、烹等类菜肴。糊的种类有蛋清糊、全蛋糊、蛋泡糊、湿淀粉糊、发酵糊、脆糯糊和拖蛋糊等。

（4）勾芡。勾芡，是指在菜肴接近成熟时，将水淀粉芡汁淋入锅内，使淀粉糊化后黏附于原料上的一种方法。勾芡的作用是能使菜肴更加入味，增加菜肴的光泽，突出菜肴的风格特点，保持菜肴的温度。芡汁种类有包芡、糊芡、流芡、米汤芡四种。

（5）制汤。制汤，又称吊汤、汤锅等，将富含蛋白质、脂肪和鲜味的动植物原料放在水中加热较长时间，使其所含的有效成分水解后溶于沸水中，成为鲜醇之味的汤，供烹调菜肴使用。汤的种类有一般鲜汤、特制奶汤和特制清汤。

2．火候与油温

（1）火候。火候，是指在烹调中所用的火力大小、加热时间长短与原料受热至成熟的关系。与热源、传热介质、原料的性质和周围的环境有密切的关系。在烹制原料过程中，火候对菜肴的质感、软硬度、风味、营养等都有直接的影响，火候是烹调技术的核心，是烹饪工艺的基本功，也是烹调人员必须掌握的技能之一。烹调用火的来源，即热源种类有木柴、木炭、煤、天然气、电、微波、远红外线等。

烹调用火使原料受热至成熟，是通过传热介质的热传递完成的。烹调中常见的传热介质有水、油、蒸汽和空气等。

烹调用火技术的关键是火候的掌握。掌握火候的原则：一是必须适应烹调方法的需要确定火候；二是根据原料种类及性质确定火候；三是同一种原料加工形态不同，火候也不同；四是投放原料的数量不同，火候也不同；五是根据饮食习俗不同而确定火候。

（2）油温。油温，是指食用油在锅中受热所达到的温度。用油作为传热介质，可利用的温度范围宽，烹调中的有效油温为 60~220℃，用不同的油温烹调，原料的质感也不一样。要正确烹制菜肴就必须正确识别油温。为了便于识别油温的高低，烹调中将油温大致分为温油、热油和旺油三大类型。

油温的掌握是一项经验型的技术，需要从工作实践中认识、总结，在烹调时要考虑的因素有火力的大小、油温的高低、原料的数量、原料的质地、烹调方法及油量的多少等。

3．原料的初步熟处理

初步熟处理，是指经过加工后的原料，根据菜肴的需要在水、油、蒸汽中进行初步加热，使之成为半熟或刚熟的半成品，为正式烹调做好准备的工艺操作过程。其主要作用是除去原料的异味，增加和保持原料的色泽，从而达到原料在正式烹调前所需要的质感和成熟度，为正式烹调制作做准备，缩短正式烹调的加热时间。初步熟处理的方法有焯水、水煮、走红、过油、汽蒸等。

（1）焯水。焯水，又称氽水、泹水、飞水等，是指经过初加工的原料，放入水锅中略加热成半熟或刚熟的半成品。焯水的作用：一是可以使菜肴色泽鲜艳，味美鲜嫩；二是可以使肉类原料排除血污，以除去腥腻；三是可以调整不同性质原料的加热时间，使其在正式烹调时成熟时间趋于一致；四是可以缩短正式烹调时间；五是可以使原料便于去皮或切配

加工。焯水的方法有冷水锅焯水和沸水锅焯水两种。

（2）水煮。水煮，是指将整只或大块的动物原料，在焯水后或直接放水锅中煮至所需要的成熟度，为正式烹调做好准备的熟处理方法。水煮的作用：一是适应烹调菜肴的需要；二是便于直接食用；三是除去原料的异味，增加鲜香味；四是缩短烹调时间。水煮的方法是将原料洗净，放入锅中加热（异味重的原料可先焯水），煮至原料所需要的成熟度，捞出备用。

（3）走红。走红，又称酱锅或红锅，是指对半成品原料进行上色的一种熟处理方法。走红可以增加原料的色泽，增香味、除异味，使原料定型。走红的方法有卤汁走红和过油走红两种。

（4）过油。过油，又称"油锅"，是指将已加工成形的原料，在油锅内加热至熟或炸制成半成品的熟处理方法。过油的作用是使原料成菜后有滑嫩、酥脆或外焦里嫩的质感，保持或增加原料的鲜艳色泽，丰富菜肴的风味，能保证原料形整不烂。过油的方法有滑油和走油两种。

（5）汽蒸。汽蒸，是指将已加工整理的原料，入笼内采用不同火力蒸制成半成品的熟处理方法。其作用是保证原料形整不烂，酥软滋润，并保证原料的营养和原汁原味，能缩短烹调时间。汽蒸的方法有旺火沸水长时间蒸和中火沸水短时间蒸两种。

4. 调味

调味就是调和滋味，是指通过各种调味品的组合运用来影响原料，使菜肴具有多种复合味的一项操作技术。调味的作用为确定滋味，增加滋味，协调滋味，除去异味，突出地方风味，美化菜肴色泽。调味的方法有一次性调味和多次性调味两种。

调味的基本原则如下。

（1）根据进餐者口味，相宜调味。

（2）按照烹调技术要求，准确调味。

（3）掌握调味品的特点，适当调味。

（4）根据原料性质调味。

（5）适宜各地不同的口味调味。

（6）结合季节的变化，因时调味。

5. 热菜烹调方法

烹调方法，是指经初加工和切配后的半成品或原料通过加热和调味，制成不同风味菜肴的制作工艺。常见的热菜烹调方法有炒、爆、熘、煸、烧、烩、煨、煮、炖、蒸等。

（1）炒。炒，是将切配后的小型原料入锅，用旺火快速加热、调味成菜的一种烹调方法。炒主要是用少量油，以旺火速成，成菜无汤汁，亮油光泽饱满，口味变化丰富。根据工艺特点和成菜风味不同，炒可以分为生炒、熟炒、滑炒、软炒四类。

（2）爆。爆，是将加工成小型的原料，经优化处理，用旺火热油快速加热，再调味收汁、快速成菜的一种烹调方法。其成菜特点是形态美观、质感嫩脆、紧汁亮油。

（3）熘。熘，是将加工成形的原料，经过熟处理加热成熟，再粘裹或浇上调味芡汁成菜的烹调方法。熘又分为鲜熘、炸熘和软熘三种。

（4）煸。煸，又称干煸、干炒，是指将切配后的原料，以少量油、中火或旺火热油，翻拨至现油不见汁时，加入调辅料，煸至干香滋润成菜的一种烹调方法。其成菜特点是干香滋润或酥软或脆嫩，味感浓厚，亮油无汁。

(5)烧。烧,是将切配后的原料放入加有调味料的汤汁中,加热至熟软的一种烹调方法。成菜具有色泽美观、亮汁亮油、质地软糯、味道鲜香醇厚等特点。烧根据工艺和成菜风味的不同可分为红烧、白烧、生烧、熟烧、葱烧、酱烧、家常烧和干烧等。

(6)烩。烩,是将两种或两种以上的原料入锅,在加有调味料的汤汁中加热烹制成半汤菜的一种烹调方法。其成菜特点是味感清淡,质地柔软或细嫩。

(7)煨。煨,是将经过加工成形的原料熟处理后放入汤汁中,微火长时间加热至软糯成菜的一种烹调方法。其成菜特点是质地软糯,味道浓厚。

(8)煮。煮,是将加工成形的原料放入多量水或汤中,用中小火加热成熟的一种烹调方法。其成菜特点是汤菜合一,口味清鲜。

(9)炖。炖,是将经加工处理后的大块或整形原料放入多量水中,小火进行长时间加热至熟软成菜的一种烹调方法。其成菜特点是熟软、汤鲜、味醇、可口。

(10)蒸。蒸,是指利用蒸汽对原料进行加热至熟成菜的一种烹调方法。其成菜特点是原汁原味、原形原色。

6. 凉菜烹调方法

(1)凉菜常见烹调方法

1)拌。拌,是将生原料或晾凉的熟原料加工成形,用调味料拌制成菜的烹调方法。拌根据原料选用分为生拌、熟拌、生熟拌,根据拌前对原料的加工处理分为直接拌、腌拌、煮拌、烫拌、炸拌、蒸拌、烧拌等。其成菜特点是原料广泛,形状多样,味型丰富。

2)炸收。炸收,是指将原料清炸后,加水、调味料加热至汁干亮油的一种烹调方法。其成菜特点是干香滋润,香鲜醇厚。

3)卤。卤,是将处理后的原料放入卤水锅中,加热卤熟入味的一种烹调方法。其成菜特点是色泽美观,香味醇厚,软熟适口。

(2)凉菜装盘。凉菜装盘,是指将已烹制成熟的凉菜按照要求装入盛器里的一种操作技术。由于装盘后就直接食用,故需要注意清洁卫生。又因冷菜最先上桌,食者往往凭借感官来衡量菜肴的质量并决定是否取舍,故冷菜的色泽组配和工艺造型对人们评价整桌菜肴的制作水平有较大的影响,所以凉菜非常讲究装盘的工艺造型。

1)凉菜装盘的基本要求。

第一,清洁卫生。菜肴装盘后直接上桌食用,必须符合食品的基本卫生要求,菜肴应当无毒、无害,符合应当有的营养要求,具有相应的色、香、味等感官性状。在操作时要使用清洁消毒的刀具和案板、一次性抹布或纸巾或已消毒的抹布,因为菜墩、刀具、抹布是传播细菌的重要途径,必须在使用前清洁消毒。在个人卫生方面要用洗手液或消毒液洗手消毒,生病期间严禁上岗。在原料处理上,荤素应分别放置,生菜直接食用的都要经过消毒处理。

第二,造型美观。凉菜作为第一道菜肴,必须给人留下好的印象,起到先声夺人、突出主题、形象生动、赏心悦目、增加食欲等作用,而造型是最能体现作用的因素之一。一组造型美观的凉菜,能促进人的食欲,使人精神愉快,给人以美的享受,在精神上得到满足。

第三,刀工整齐。凉菜一般都是先烹调后切配再装盘,装盘要规范、整齐、美观。刀工上不论是切丝、片片、斩条,都要做到长短、粗细、厚薄整齐一致,不连刀,不重刀,干净利落。

第四,调味正确。有两个方面的含义,一是指所调的菜肴复合味正确,符合复合味的要求。二是指调味装盘的方式正确，讲究拌味均匀，入味效果好的需拌味装盘，比较讲究造型的凉菜要装盘后淋味。

第五，色彩和谐。凉菜在色彩上搭配得好，不仅有助于形态美，在视觉上也能吸引人的眼球。和谐的色彩组合是优质宴席的标志之一。一般而言，色泽相近的凉菜不宜摆放在一起，中间可用其他色彩的菜肴将其间隔开来，使色调分明悦目，同时也能突显菜肴的个性。

第六，盛器协调。菜肴制作好后都需要用盛器盛装才能入桌，凉菜也不例外。不同的盛器对菜肴的品质会产生一定的影响，合适的盛器可以将菜肴衬托得更加美观，故在装盘时要讲究盛器的协调，应使用各式各样精致的盛器来盛装食物。

第七，用料合理。由于原料的部位、质地不同，其形状、品质也有所差异，装盘时要将形态好、品质高的作为刀面原料，形态不好、品质稍差的用来垫底，做到物尽其用，节约成本，合理用料。

2）凉菜装盘的种类。凉菜装盘的种类有单盘、拼盘和花色冷盘三种。

3）凉菜装盘的步骤。凉菜装盘的步骤有垫底、围边和盖面三步。

4）凉菜装盘常用的手法。凉菜装盘常用的手法有排、堆、叠、围、摆和扣等，并且几种手法常常同时配合使用，使凉菜造型达到较为理想的工艺效果。

5）常见凉菜单盘的造型。常见凉菜单盘的造型有一封书、三叠水、和尚头、风车形、扇面形和花瓣形等。

①一封书。凉菜原料切成长短一致、厚薄均匀的长方片，按刀口朝一个方向摆成阶梯形，然后放入尺寸相当的盘中，整齐排列成两边低中间高，形状相似于翻开的书页。

②三叠水。凉菜原料切成长短一致、厚薄均匀的长方片或长方块，按刀口朝一个方向摆成阶梯形，放入盘中摆放成并列两行，再在两行中间覆盖一行即成。

③和尚头。先用边角余料放入盘中堆放成半圆球形垫底，再将形状较好的凉菜原料切成长短一致、厚薄均匀的长方片，均匀地摆放在半圆球形的两侧成阶梯形，最后在两行中间覆盖一行于半圆球形的顶端即成。

④风车形。多种色彩的凉菜原料切成规格一致的长方片，以圆盘的中心为圆心，按顺时针方向一片压着一片摆放在盘中成一个圆圈，摆放时内窄外宽，将不同色彩的荤素原料间隔开，再在中心用另一种色彩的原料盖面，成形似玩具风车。

⑤扇面形。凉菜原料切成规格一致且与盛器相适应的长方片，按刀口顺序从右到左（或从左到右）一片压着一片，摆放成上宽下窄的一个弧形，形状类似于展开的折扇。

⑥花瓣形。凉菜原料切成规格一致的片、丝、丁、马耳朵等形状，按照所摆花形的要求，采用相适宜的装盘手法，将凉菜原料装摆成各种花形。常见的有菊花、高丽花、牡丹花、月季花等。

第 4 节　美食鉴赏

美食鉴赏，从本质上说，就是一种审美活动。美食鉴赏的过程就是对美食的审美过程。在美食鉴赏的实践活动中必然会涉及一系列关于美和审美的问题，如什么是美食，怎样鉴赏美食才能领悟其中的美学意味，获得最完美的审美体验。为了解答这些问题，必须先了解一些美与饮食美学相关的知识。

一、饮食美学概述

1. 美食的含义与本质

美食的含义是什么？对此众说纷纭。其中，两个观点较有影响：一是熊四智先生在《四智论食》中提出的："美食是在一定的时间和空间内，为满足人们的生理需要和心理需要，通过炉灶或作坊、工场制作而成的精细、适口，可以使人身心都获得愉悦的珍美食品。"二是卢一先生在《四川著名美食鉴赏》中所说："美食是能引起人们感官愉悦且营养卫生的食物。简而言之，美食是好吃、好看、有营养、无毒害的食物。"比较而言，前者特别注重美食的时间和空间性，后者着重强调美食的基本要求与功能，两种观点各有侧重，但都不可缺少。由此，这里将美食的含义比较全面系统地表述为：美食是在一定的时间和空间内，为满足人们的生理需要和心理需要，通过适当方法制作而成的，能引起人们身心愉悦且营养卫生和安全的珍美食品。

至于美食的本质，则与美的本质一样，是"人类社会实践的历史产物""自然的人化"或"人的本质力量的对象化"（马克思《1844年经济学哲学手稿》）。需要指出的是，美食是珍美食品，它不等同于食品、食物或菜点。《现代汉语词典》言：食品是"用于出售的经过加工制作的食物"，而食物是"可供食用的物质（多指自然生长的）"。菜点的含义较为模糊，是指主要通过手工烹饪而来的食物成品。可以说，美食一定是食品、食物或菜点，但并非所有的食品、食物或菜点都是美食。

2. 美食的特性及其表现形式

根据美食的含义，并且对现实饮食活动中众多美食进行深入分析研究，可以发现美食是一种社会的客观存在，是主客观结合、统一的结果，是人的本质力量对象化并且按照社会的客观规律运行，由此，美食具备了时间性、空间性、社会性、科学与安全性、文化与艺术性五种特性，并且通过丰富多样的形式加以表现。其中，最重要、最直接的表现形式则

是色、香、味、形、质、器、养、名、趣、境十个方面之美，统称为"十美"。

（1）时间性及其表现。美食因时间而异。随着时间的推移，人们对美和美食的判断标准也会发生变化。美食的时间性不仅表现为历史、现在和未来，也表现为一年四季和一日之中的早晨、中午和傍晚。仅以历史而言，"环肥燕瘦"，汉朝以瘦为美，唐朝以丰腴为美，反之则不会被视为美，美食也是如此。许多美食如果离开了原来特定的时间就可能不再是珍美之食。如用猪项圈肉制作的项窟、面团发酵制作的开花馒头，在晋朝时被认为是皇帝、王公贵戚才能享用的美食，珍美无比，但如今却是极其普通的食物。

（2）空间性及其表现。美食因地域而异。不同的地域环境内，气候、物产、饮食习俗、爱好等各不相同，人们对美和美食的判断标准也会有所不同。美食的空间性主要表现为地域的差异。俗话说，"靠山吃山，靠水吃水"。如四川地处内陆盆地，家禽家畜、山野蔬菜丰富，凉拌折耳根是众多四川人喜爱的乡土美食，但川外的许多人却觉得难吃甚至不吃；沿海地区人们常常喜欢将牡蛎、海胆等食物生食，以为最具有鲜美之味，许多四川人却认为应当将它们熟制后才是美食，才喜欢食用。

（3）社会性及其表现。社会是由众多人群构成的，他们有着不同的民族属性、阶层、职业和年龄，这些因素都影响着人们对美食的判断。美食的社会性主要表现为不同民族、阶层、职业、年龄等的差异。仅以阶层和职业为例，从事体力劳动的劳动者多以大鱼大肉为美食，因为体力劳动需要大量的能量来补充机体的营养，但从事脑力劳动的劳动者则常常以清水白菜为美食，因为脑力劳动需要大量的维生素来补充机体的营养。如果让他们错位选择食品，则美食可能就不美了。

（4）科学与安全性及其表现。人最基本的属性首先是自然属性，其生命过程是人体与自然界的物质交换过程，必须通过营养丰富、卫生安全的饮食维持基本生存和健康发展，这是人的生理需要，也是人对食品及美食的最基本要求。美食的科学与安全性主要表现为食品的营养、卫生和安全方面。以营养而言，美食常常能够提供养生健身所需要的丰富的营养素，如蛋白质、维生素、无机盐、碳水化合物、膳食纤维、脂肪和水等；以卫生、安全而言，美食应是干净清洁、无毒害的。如果一个食品营养素含量过低或者食品添加剂过量，污染和农药残留严重，即使味道很好，也不能算美食。

（5）文化与艺术性及其表现。人除了自然属性之外，还具有重要的社会属性，希望通过人类创造的饮食获得美感享受，这是人的心理需要，也是人对食品尤其是美食的另一个重要甚至不可缺少的要求。事实证明，色、香、味、形、质、器、名、趣、境等方面俱佳的美食是人类在烹饪实践中创造的物质财富，能够更好地满足社会人的心理需要。

美食的文化与艺术性既表现为味觉艺术，也表现为味外之味。味觉艺术是美食艺术性的核心，主要表现为味的珍美、适口。宋朝苏易简言："物无定味，适口者珍。"所谓味外之味，又称为味外之美，通常指食品除味道之外的其他方面，包括色、香、形、质、器、名、趣、境8方面之美。在美食艺术性的各种表现形式中，味道美、香气美、质地美与科学性的表现形式以及营养卫生安全之美一起构成美食所必需的内在美，色泽美、形状美、器具美构成美食最基本的形式美，名称美、意趣美和环境美则是构成美食意境美不可或缺的要素，它们密切配合、相互映衬，从而增加美食的美感。如把形式与内在皆美的美食配上美妙的名称，放在精心选择或巧妙布置的美好环境中，那么人们在进食时既可饱眼福、口福，也能够获得更为广阔深远的美的享受。

3. 饮食美学

（1）饮食美学的含义。饮食美学作为应用美学的一个重要分支学科，初创于20世纪80至90年代，是一门新兴学科，关于饮食美学的含义至今还没有公认的定论。这里从饮食美学与美学的关系出发，以前面所述美学含义为依据，将饮食美学的含义表述为：饮食美学是研究人对现实中饮食的审美关系的一门科学。具体而言，它是以人对现实中饮食的审美关系为中心，以一切关于饮食的审美活动现象为对象，系统研究并阐释饮食审美对象、审美意识和审美实践的本质特征、存在形态及其发生发展演变规律的科学理论体系。

（2）饮食美学的研究内容、对象。从饮食美学与美学的共性和个性的角度出发，饮食美学的研究内容和对象应该是以人对现实中饮食的审美关系为中心的一切审美现象，主要包括饮食审美对象、饮食审美主体、饮食审美关系和饮食审美实践等方面。

饮食审美对象，或称饮食审美客体，是指美食，主要研究自身包含的美的属性。饮食审美主体，是指美食鉴赏者或美食家，主要研究审美心理、审美观念及能力素质等。其中，饮食审美主体的心理对饮食美感有极大影响。饮食审美关系，主要指餐饮从业人员与美食鉴赏者之间的关系，包括服务方式、服务质量，这种关系在美食鉴赏过程中有着极为重要的作用。饮食审美实践，是指人在物质和精神层面对饮食美的创造、发现、体验和欣赏活动，主要包括饮食审美创造、饮食审美欣赏和饮食审美教育。

4. 中国美食的基本美学原则

美食在饮食美学和具体的饮食审美活动中都是重要的饮食审美对象，具有美的属性，遵循着基本的美学原则，而中国美食又是在中国传统文化的美性精神滋养下产生的，因而具有一些特殊的美学原则。从中国美食所表现出的色、香、味、形、质、器、养、名、趣、境10个方面之美综合观察、分析，可以看出中国美食所遵循和具备的基本美学原则主要有以下3种。

（1）形式美与内在美的统一。中国美食讲究表里如一。它的色泽美、形状美、器具美等是外在的形式美，并且遵循着对称与均衡、变化与统一、重复与节奏、对比与调和等形式美法则；它的味道美、香气美、质地美以及营养、卫生和安全，则是内在的品质与功能美。一款色香味美的食物，必须同时是营养丰富、卫生安全的食物，两者统一才能称为美食。从实用与审美的角度看，它也意味和体现出科学性与艺术性的统一。

（2）自然美和艺术美的统一。中国烹饪非常注重选择优良的食物原料，讲究本味为美、天然雕饰。许多食物原料在烹饪加工之前都有着天然美好的色泽、形态、质地和自然美味，可谓"天生丽质"，如蔬菜、水果、海鲜、水产等。本味为美，是指在烹饪调制时尽力让食物原料的自然美味得到充分展示，去除其中的不良异味，创造出新的美味。天然雕饰，是指在造型、色泽的搭配上尽力突出原有的美形、美色，虽经适当美化却不露痕迹。这样制作出来的美食必然是自然美和艺术美的统一。

（3）实物美与意境美的统一。意境是中国传统美学思想的重要范畴，通常指艺术作品在情与景高度交融、虚实相生后所体现出来的艺术境界和审美想象空间。美食作为可食之物，是以实物的形态出现，拥有自身的形式美与内在美；但中国美食又不是普通的食品、实物，它受中国传统美学思想的影响，不仅讲究色、香、味、形、质、器、养的美妙，还常常用美名、美景与意趣等来配合、映衬，让进餐环境的时、空、人、事之美来烘托、映衬美食，虚实相生、情景交融，从而实现意境美。由此可见，中国美食是实物美与意境美的统一。

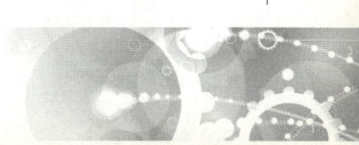

二、美食鉴赏

1. 美食鉴赏的含义与基本模式

（1）美食鉴赏的含义。简单而言，美食鉴赏是对美食的评鉴、欣赏活动和过程。从本质上说，美食鉴赏是一种审美活动，是人通过感性活动（如感觉、知觉、表象等）对美食进行的一种感知活动，包括审美对象（美食）、审美主体（美食鉴赏者或美食家）和美感三要素。

（2）美食鉴赏的基本模式。美食鉴赏作为一种审美活动、感知活动，是审美价值判断和审美心理活动的统一，必然按照普遍的审美运行机制进行审美。因此，美食鉴赏的基本模式可以分为以下3个阶段。

1）美食审美准备阶段。这是进入饮食审美状态的初始阶段，可以是审美主体积极、主动和自觉的行为，也可能是审美主体无意识、不自觉的行为，主要涉及审美主体的饮食审美经验、饮食审美品位和饮食审美理想三个方面，对饮食审美实践具有非常重要甚至是方向性的指导作用。

饮食审美经验是指保留在审美主体记忆中的，对饮食审美对象以及与其相关的外界事物的印象和感受的总和，通常是在多次反复的饮食审美实践中形成、积淀和保存下来的，并成为未来饮食审美活动的基础和前导。如品尝过多种火锅的人，就有了对火锅的审美经验，当他到四川品尝毛肚火锅时就会比其他人更能体会其中的滋味。饮食审美品位是指审美主体对于不同层次的饮食之美感受的深度和强度，常常因文化素质的高低和饮食审美经验的丰富与否而有所不同。饮食审美理想是对饮食审美最高境界的一种追求，是饮食审美的至高标准，受时代、社会、经济、政治等多种因素的影响。如在温饱难以维系的年代，人们的饮食审美理想或是崇尚丰腴、肥美，但进入小康社会以后则有所不同。

2）美食审美实践阶段。这是一种对美食展开积极心理活动的高潮阶段，又称即时欣赏阶段。在这个阶段，饮食审美感知、饮食审美想象、饮食审美情感和饮食审美理解四个重要的心理要素交错融合、共同参与饮食审美实践，使审美主体获得包括粗浅的快乐体验、深层的愉悦体验和高度的超越体验等在内的多层次、多方位的饮食审美体验。

饮食审美感知是指审美主体通过感觉、知觉对饮食审美对象形成的初级审美认识，常常通过视觉、嗅觉、味觉、触觉甚至听觉等感官来感知美食的最初美感。饮食审美想象是指审美主体在饮食审美对象表象的刺激下，回忆或联想其他事物而产生心境和情感的心理活动，常常来自以往的饮食审美经验和各种知识的积累。联想和想象是审美的关键，它可以使感知超出自身，通过情感构造出一个更加美好的幻象，从而更深入地理解审美对象的内在意义。饮食审美情感是指审美主体对饮食审美对象的一种主观情绪反应，通常是与饮食审美感知和审美想象活动相伴产生的。审美感知和想象的审美实践活动必然伴随着一定的感受和感动，表现出体验美的快乐，使审美主体产生强烈的美感。饮食审美理解是与感知、想象、情感交织在一起的一种感性理解活动，是在审美直觉基础上形成的一种审美领悟。如品尝端午节粽子时，人们首先感受到的是粽子的甜美、软糯，然后会产生审美想象，想到爱国诗人屈原的故事，体味到粽子所具有的丰富的内在意义和魅力，进而产生缅怀之情、激发爱国之意，在饱眼福、口福的同时，获得了更为广阔深远的美的享受。

需要特别注意的是，在审美主体进行美食审美实践时，美食的创造者或提供者如厨师、服务员应当进行适当的饮食审美引导，通过图文并茂的菜单、简明扼要的讲解等方式介绍美食的特点及亮点，如菜点的来历、原料、制法、风味特色、营养及独特吃法等，激发审美主体的审美兴趣，使其更深入、全面、准确地欣赏饮食之美。但是，审美引导必须以适度、够用为原则，重点帮助审美主体了解和掌握美食的特点、亮点以及品味、体会的方法，因为饮食审美要靠审美主体用心品味和体会，过多的讲解反而不利于饮食审美。

3）美食审美回味阶段。这是饮食审美效果延续阶段，也是饮食审美实践应有或必然的结果，又称追思回忆阶段。当饮食审美实践结束后，审美主体常常通过回味来延续和加深美感体验，而真正的美感体验也只有通过对饮食审美活动的回味才能得到升华。如人们在品尝美食之后常常有齿颊留香、回味无穷之感，这种饮食审美回味将进一步增强美食的美感。

2. 美食鉴赏实践的内容、方法及标准

美食鉴赏实践是美食鉴赏的核心，饮食审美感知、饮食审美想象、饮食审美情感和饮食审美理解四个重要的心理要素交错融合、共同参与，缺一不可。但这里为了力求叙述的清晰、简洁、易学易用，便删繁就简，以美食具有的"十美"为基础，将美食鉴赏实践的内容与方法归纳为五点，即赏环境、观色形、闻香气、品口味、感意境。

（1）赏环境

1）餐饮环境之美的内容。餐饮环境之美是指进餐环境通过恰当选址、设计和装饰、陈设以及营造所呈现出来的美，主要有四种：一是餐厅的室外环境之美，体现在自然风光、交通条件、建筑风格、餐厅名称等方面；二是餐厅的室内环境之美，体现在餐厅的整体装修风格，大厅、廊壁及其装饰物，包间名称及装饰、陈设，室内色彩、灯光、家具等方面；三是餐桌布置之美，体现在餐巾、餐具、菜单及其他装饰物、用具等的选择、设计和摆放等方面；四是餐饮服务之美，体现在服务人员的着装、礼仪、语言、服务态度和服务技能等方面。秀丽的自然风光、优美的室内环境、良好的餐桌布置以及优质的餐饮服务，能够使人们在进餐前就产生美好的心情，激发人们对美食的审美兴趣和情感，取得"未成曲调先有情""未尝美味先得意"的审美效果。

2）餐饮环境之美的鉴赏方法与标准。对餐饮环境之美的欣赏是美食鉴赏活动的第一步，常常通过远观、近看和体会等审美感知活动来进行。至于如何判断、评价餐饮环境之美，特别是餐厅的室外与室内环境之美，并无固定的模式和统一的风格标准，总体上以恰当、和谐为美。如高档餐厅的环境或典雅或华丽，中档餐厅的环境有着浓郁民俗特色、乡土风情，低档餐厅简洁、清新，都不失为美。一般而言，中国人在设计和创造餐饮环境之美时常常受传统美学思想的影响，将时、空、人、事等因素综合起来考虑，讲究良辰、美景、可人、乐事的有机结合，追求恰当、和谐。正如万建中在《中国饮食文化中的艺术魅力》中所言："吉日良辰、触景生情，可增进饮食的情趣；敞厅雅座、山涧水边得高贵典雅之熏陶，抑或自然清静之野趣，皆畅饮嚼味之佳处。天伦至亲、良师益友席间便谈、海阔天空，皆美食之妙境。"

（2）观色形

1）菜点色彩与形状之美的内容。菜点的色彩之美不仅指菜点的原材料自然本色之美，更重要的是指原材料通过烹饪、调和与搭配后呈现出来的色彩美，主要有四种：一是同类色的配合之美，即色相性质相同的颜色搭配，如橘红、桃红、朱红等之间的配合，或一种颜色的明度即深、中、浅的变化配合，有清淡、雅致之感。如银芽鸡丝，色泽近似、鲜亮

明洁。二是类似色的配合之美，即色相性质类似的颜色搭配，如红与橙、黄与绿等，因比较容易调和统一，又称调和色的配合，具有朴素、明朗之感。如口蘑扒油菜，口蘑的浅黄色与油菜的青绿色搭配，色彩相近、色调统一。三是对比色的配合之美，即色相性质对比强烈的颜色搭配，如红与绿搭配，具有愉快、热烈的气氛和色彩丰富、绚丽之感，其关键是主次分明。如金银虾片，以虾片的红、黄两色为主，配以青菜的翠绿为辅，醒目而热烈。四是多种色彩的配合之美。用多种色彩搭配而成的菜点数量众多，其关键是必须保持主色调的统一，使色彩丰富但不凌乱。此外，也有学者将菜点的色彩搭配之美简洁地归纳为两种，一是顺色或同色搭配之美，二是异色或岔色、花色搭配之美。

　　菜点的形状之美不仅包括菜点的原材料通过切割、烹调和搭配、造型后呈现出来的自身形态美，而且包括菜点与盛装器皿搭配所呈现出来的美。菜点自身形态美主要有三种：一是自然形态之美，是指原材料固有的原始形态或稍加刀工等手段处理的自然形态，具有形象完整、饱满大方的特点，如烤乳猪、葱酥鲫鱼等；二是几何形态之美，是指将菜点的原材料按照一定规律来排列、组合，从而形成几何图案，如圆形、方形、三角形、梯形等，具有形状规则整齐、简洁大方的特点；三是象形形态之美，是指将菜点的原材料通过适当处理后模仿动物或其他事物、场景等创造而成的形态，常具有形象生动、形神兼备的特点，艺术性极强，如熊猫戏竹、孔雀开屏等菜肴。菜点与餐饮器具的搭配之美也有三种：一是古朴之美，主要通过使用陶质、木质、竹质等餐具盛装菜点来实现，如砂锅米线、砂锅雅鱼、砂锅豆腐等都用砂锅作盛器，自然、古朴；二是精巧之美，主要通过使用形态特别、制作精细、质地贵重的餐具盛装菜肴来实现，如生鱼片、生龙虾等菜肴都配搭使用特制的船形餐具，精巧别致；三是和谐之美，其范围最广，主要通过餐具的大小与菜点的数量以及餐具与菜点的形状、色彩、质地、风格等方面的恰当配合来实现。如咸烧白常常用土陶碗盛装，鱼翅菜常常用镶金边的高级瓷器盛装，表现出和谐之美，若将餐具互换则显得不伦不类。

　　2）菜点色彩、形状之美的鉴赏方法与标准。菜点的色和形是其视觉特性的表现，菜点的色美和形美都必须通过眼睛来观赏，并且常常是"远看色，近看形"。在鉴赏之时，不仅要观赏单一菜点的色彩、形状及其与餐具的配合，也要观赏一组菜点（筵席）的色彩、形状及其与餐具的配合，其鉴赏标准以恰当、协调为最佳。一桌美食，有五彩缤纷的颜色，有形态各异的形状，只有与恰如其分的餐具相配合，高低错落、大小适宜、形色协调，才能产生丰富的美感。清代袁枚在《随园食单》中论及美食与美器的配合时说："古语云：美食不如美器。斯语是也……惟是宜碗者碗，宜盘者盘，宜大者大，宜小者小，参错其间，方觉生色。"他还指出："大抵物贵者器宜大，物贱者器宜小。煎炒宜盘，汤羹宜碗。"

　　（3）闻香气

　　1）菜点香气之美的内容。香气有狭义和广义之分。狭义的香气是指食物进入口腔之前，食物中的呈味物质（通常具有挥发性）对嗅觉器官（鼻子）的刺激而引起的感觉，即通常所说的食物的香气，如肉香、菜香、酒香、果香、花香等，一般所说菜点的香主要是指这种香气。广义的香气，除了包括狭义的香气外，也包括香味，即食物进入口腔后在咀嚼、吞咽过程中的呈香物质对嗅觉器官（舌后部和鼻腔相连处）的刺激而引起的感觉，如芥末、冲菜、酒进口后的刺激。美食不仅有香气而且有香味，但不应该有任何腥臭之气和异味。

　　菜点的香气之美内涵丰富、种类较多。除了以其作用于人的嗅觉器官的先后顺序而言有香气、香味之别以外，还常常用两种方式进行分类：第一，根据香的来源分为天然香和烹调香。天然香是指菜点的原材料自身具有或经成熟而挥发出的天然香气、香味,如肉香、谷香、蔬香、果香、花香等;烹饪香是指原材料经过烹饪加工后产生的特殊香气、香味,如红烧菜常常产生浓香,烧烤菜常常产生焦香等。第二,根据香气、香味本身的差异和人的心理感受分类,主要包括浓香、鲜香、清香、芳香、醇香、异香、甘香、幽香等。其中,浓香,其香浓厚、强烈,如红烧肉;清香,其香清新、质朴,如白油芦笋;异香,其香怪异独特,如怪味鸡片。

2)菜点香气之美的鉴赏方法与标准。对菜点香气之美的鉴赏是以鼻来嗅闻,可以分为两步:首先是远闻,感受菜点的香气、香味,判断有无异味;其次是近嗅,仔细品评和鉴别菜点香气、香味的特色,从而确定其类型。至于如何判断、评价菜点香气之美,并无固定模式和统一标准,总体上以美妙宜人为佳。俗话说:"闻香下马,知味停车。"清代袁枚在《随园食单》中也说:"(佳肴)芬芳之气,扑鼻而来。未必齿决之、舌尝之而后知其妙也。"只有菜点美妙宜人的香气刺激人的嗅觉器官,才能使人产生食欲和快感,进而产生美感,起到"先声夺人"的作用,成为正式品尝美食的引领者。

(4)品口味

1)菜点口味之美的内容。菜点口味之美是指食物原料经过烹饪加工后呈现出来的味道和质地之美。味道之美是指化学味道,包括两大类:一是单一味之美,主要有咸、甜、酸、辣、苦、麻、鲜等;二是复合味之美,是通过使用两种或两种以上的调味料将单一的味有机组合而成,常见的复合味有二十余种,如咸鲜味、酸甜味、酸辣味、麻辣味、香辣味、五香味、怪味等。复合味在中国菜点中占有非常大的比例,也是中国菜在味道上的重要特色和"以味为核心"的重要体现。川菜即是复合味美的典范,它常用的复合味型已达27种之多,有"食在中国,味在四川"之誉。

菜点的质地是指菜点的物理属性,包括两大类:一是机械特性,主要为硬度、弹性、黏性、凝结性、脆性、附着力等,在咀嚼和吞咽过程中,还能感觉到咀嚼性和胶性;二是触觉特性,是指菜点的物质组织结构性能作用于唇、舌、口腔时的感觉,与食物含水量、油脂量、纤维粗细、含空气量有关。菜点的触觉之美包括两个方面:一是单一的质地美,有嫩、脆、软、烂、黏、酥、滑、糯、硬、绵、韧等;二是复合的质地美,有脆嫩、软嫩、滑嫩、酥脆、酥烂、软烂、爽滑等。中国各地菜点大多具有复合质感,如四川名菜东坡肘子,质地酥软不烂;江苏名菜大煮干丝,质地绵软;广东名菜红烧大群翅,质地柔软带爽;山东名菜油爆爽脆,质地脆嫩、爽滑。

2)菜点口味之美的鉴赏方法与标准。菜点口味之美的鉴赏方法是以口品味,主要调动舌、齿、唇及口腔其他部位来多方面品尝、感受菜点的味道和质地,可以分为三步:第一,细嚼,仔细感受菜点对舌、唇和口腔的味刺激和质感、先后顺序及强弱。第二,慢咽,仔细感受菜点的呈香物质对舌根和鼻腔相连处的刺激而引起的香味和回味之感。第三,体会,如果面对一组菜点或一桌筵席,还应当体会一组或一桌菜点之间味道和质地的组合关系,是浓淡相宜、变化有序、形成韵味和旋律,还是杂乱无章、百菜一味、百菜同质。至于如何判断、评价菜点口味之美,也无固定的模式和统一的标准,以适口为美。宋代苏易简说:"物无定味,适口者珍。"所谓适口,是指菜点在味觉和触觉上带给人美好的主观感受。因人、因时、因事、因地等的不同,菜点的味道和质地所引起的美感也不尽相同。但大体而言,菜点的味道之美标准可以归纳为鲜美可口,即"五味调和百味鲜",具体而言,则是咸淡恰当、鲜味突出、酸甜适度、麻辣有序、苦而回甘,且各味调和;菜点的质地之美标准

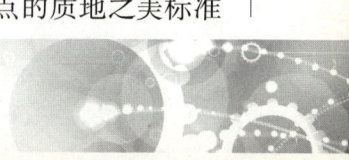

可以归纳为物理刺激适宜，即硬脆适当、黏滑易吞、富有弹性等。

（5）感意境

1）菜点意境之美的内容。菜点的意境之美是指菜点的色、香、味、形、质、器、养与环境、菜名和意趣高度融合、虚实相生后所体现出来的艺术境界。其中，菜点的色、香、味、形、质、器与餐饮环境已经通过视觉、嗅觉、味觉等感官直接感知在前面四个步骤完成鉴赏，这里需要感受、鉴赏的是菜点的营养卫生、名称和情趣之美。

菜点的营养卫生之美主要有两个方面：一是营养之美，表现为菜点所含的各种营养素种类齐全、相互之间比例恰当均衡，适合人体需要，能促进健康、增强体质，不会导致营养缺乏、过剩或其他相关疾病。如一组或一桌菜点中应当含有蛋白质、脂肪、碳水化合物、矿物质、维生素、水和膳食纤维等营养素，并且数量和比例恰当，能够满足人体需要，人们进食后不会导致肥胖、高脂血症、脂肪肝、糖尿病、痛风等疾病。二是卫生安全之美，表现为菜点无化学毒物污染、无致病微生物污染、无腐败变质现象等，不会导致人食物中毒、罹患食源性疾病或其他相关疾病。如菜点中不仅不能有农药、有毒金属、激素、化学致癌物等化学毒物残留，同时不能有致病菌、病毒、食源性寄生虫等，以免损害人体健康。

菜点名称之美也包括两方面：一是写实之美，突出表现为质朴之美，常常是直接使用菜点的原料、烹饪方法、味道、形状、颜色、质地、制作地等来为菜点命名，简洁实用、一目了然。如三色鱼丸、香酥鸭、鱼香肉丝、红烧排骨、合川肉片等。二是写意之美，有三种表现：第一，意趣之美，主要用比喻、祝愿、富有情趣和意境的词语等来命名，使菜点意味深长。如用比喻夫妻成双成对的词语"鸳鸯"命名的菜肴，有鸳鸯鱼片、鸳鸯火锅、鸳鸯包子等；用祝愿吉祥如意、幸福长寿等内容的词语命名的菜肴，有如意蛋卷、富贵乳鸽、吉庆有余、松鹤延年等；用充满趣味和诗情画意的词语命名的菜肴，有子母会、推纱望月等。第二，谐谑之美，用具有特殊意义的人名、事名等来命名，使菜点名称具有幽默、调侃的色彩。如以制作者之姓命名的陈麻婆豆腐、施鸭子等，幽默、调侃寓意其中。第三，奇巧之美，主要根据菜点独特的造型、意境等为菜点命名，具有画龙点睛的奇妙作用。如春色满园、浮波弄影、三峡胜景、石宝风光、金鸡报晓等。

菜点情趣之美，是指菜点在烹饪加工后和食用过程中呈现或营造出来的趣味、气氛和情礼之美，主要包括三个方面：一是饮食趣味之美，常通过菜点造型、引导人们参与体验和歌舞娱乐等方式，产生和增加饮食的趣味。如古代的"以乐侑食"、现代的农家乐等，都是通过饮食与娱乐、游赏的紧密结合，增添了菜点的趣味。二是饮食气氛之美，主要表现为三种：第一，自然和乡土气氛，通过使用天然绿色原料和具有浓郁乡情乡味、土气十足的原料和方法制作菜点来营造，如以野菜入烹，以农家烹制方法成菜；第二，新奇气氛，通过使用新奇特异的原料和方式制作菜点来营造，如用昆虫、花卉、部分中药等为原料制作菜点，在制作方式上以大或小出奇、以巧出奇等；第三，华丽气氛，常常通过使用珍稀原料或精工细作成菜并且与精美华丽的餐具和环境配合而成，如满汉全席的菜点尽显华丽景象。三是饮食情礼之美，包括亲情、友情、爱情、思念缅怀之情和各种礼仪，主要来自历史、文化的积淀，或通过具有特殊意义的原料和菜点造型等方式来实现。如粽子，在端午节时便具有了缅怀爱国诗人屈原的情思。

2）菜点意境之美的鉴赏方法与标准。从审美实践阶段来看，如果说品环境、观色形、闻香气、尝味道主要处于审美感知过程，那么，感意境则进入了审美想象、情感和理解过程。此时，对菜点意境之美的鉴赏不再是表面、直观的感知，而是丰富的想象、情感体验和深入的理解，具体可以分为三步：第一，通过丰富的想象和联想充分认识和体会菜点名称的美学意蕴；第二，通过丰富的情感体验全方位感受菜点的各种情趣；第三，通过理性分析，深入认识和了解菜点的营养卫生内涵及对人体健康的作用。只有这样才能全面、深刻地感受菜点的意境之美。与此相应，菜点意境之美的鉴赏标准也有所不同。以菜点的营养卫生而言，它是美食的基础和前提，其鉴赏标准是营养合理均衡、安全卫生，有益健康，而菜点名称之美和情趣之美是菜点艺术性的集中体现，它们的鉴赏标准则是艺术性强，耐人寻味。

三、影响美食鉴赏的因素

美食鉴赏本质上是一种价值判断和心理活动，具有很强的主观性，而美食作为一种审美对象或客体，具有时间性、空间性和社会性，当审美主体对美食进行鉴赏时必然会受到相应因素的影响。其主要因素如下。

1. 时代与季节

由于经济和自然条件的变化，人们的美食观念也在不断变化。如曾经以"肥腴"为美，肥肉、油腻的八宝鸡、汤圆、月饼等都被认为是美食，但随着人民生活水平的提高，汤圆、月饼仅过节时偶尔食之，肥肉、八宝鸡等不再受大多数顾客的欢迎，反之，野菜、粗粮、凤爪、兔头等逐渐成为更多人欢迎的美食。

人们在四季对食物的喜好各不相同，不合时节的食物常常不再是美食，平常之物却因为合于时节而成为美食。清代袁枚在《随园食单》"时节须知"中说，"冬宜食牛羊，移之于夏，非其时也。夏宜食干腊，移之于冬，非其时也""当三伏天而得冬腌菜，贱物也，而竟成至宝矣。当秋凉时而得行鞭笋，亦贱物也，而视若珍馐矣"。

2. 地域与习俗

由于人们居住、生活在不同的地域，各地不同的自然地理条件（如气候、土壤、温湿度等）导致物产和饮食习俗的不同，也影响了人们对美食的鉴赏。晋代张华《博物志》载："东南之人食水产，西北之人食陆畜。食水产，龟蛤螺蚌以为珍味，不觉其腥臊也。食陆畜者，狸兔鼠雀以为珍味，不觉其膻也。"如今，以全国而言，大致是南甜北咸，四川人喜麻辣，山西人喜欢酸味，山东人喜葱蒜。老北京人喜欢的美食炒肝、豆汁，外地人则大多不以为美。

3. 民族与宗教信仰

不同的民族由于生存条件和历史、文化的差异，大多有自己独特的饮食品种和习俗，并以此为美。如彝族人最爱的美食是坨坨肉、彝家酸菜和咂酒，藏族人最爱的美食是糌粑、牛羊肉和酥油茶，傣族人以竹筒饭为美，白族以三道茶为佳。同时，常常因宗教信仰的不同而有不同的饮食禁忌，也影响着人们对饮食的鉴赏。

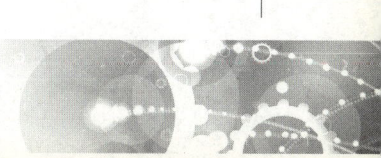

第3章

原材料管理

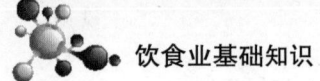

第 1 节 原材料采购

采购是业务经营活动的起点，也是业务经营的首要环节。实践证明，饮食企业采购模式的科学性和先进性是市场竞争力的重要表现。由于企业经营环境不断变化，采购模式也应根据不断变化的企业竞争形势进行相应变化。

一、采购的意义

饮食企业的经营活动是从采购工作开始的。采购为企业经营提供物质基础，保证加工销售和经营活动的正常进行，从而满足顾客的需要。

采购工作直接影响着企业各项经营活动的质量和开展。如厨房烹制菜点所需的原材料、燃料，经营所需的设备、用具、器皿、日常消耗品、布件，商场和小卖部出售的外购商品等，都是通过采购提供的。采购品的质量好坏，规格、价格及数量的差异，都在一定程度上直接或间接地影响着企业的产品质量、产品成本、服务质量，以及经济效益和社会效益。

二、采购的基本要求

采购不是目的，而是为企业的经营、加工烹制和销售服务。企业采购要根据厨房、餐厅、商场等部门提出来的采购清单购买。采购工作应围绕经营活动进行，为各业务部门、生产部门服务，应遵循以下要求。

1. 品种对路

饮食产品生产的花色品种很多，食品原材料构成及其需求比例时常发生变化，采购必须根据业务经营活动的开展和产品花色品种的要求来进行，做到品种对路。对路包括两方面的含义：一是适用，即购进的食品原材料及物资用品适合生产活动的需要；二是适销，即购进的原材料有利于生产出畅销的饮食产品，扩大产品的销路。为此，原材料的采购要"以销定进""以进促销"。

2. 质量优良

食品原材料的质量直接影响饮食产品的质量。因此，采购进来的食品原材料必须质量优良，即鲜活原材料新鲜不腐，干货易于保存，做到货真价实、出品率高。防止购入变质原材料，有利于降低成本，提高产品质量和经济效益。

3. 价格合理

食品原材料以市场调节为主，价格随时处于波动之中，采购要掌握市场行情，掌握供货单位之间的竞争动向，力求做到价格合理。因此，采购过程中要签订业务合同，尽可能批量进货，以降低价格，降低成本。

4. 数量适当

食品原材料以海鲜野味、蔬菜瓜果、鸡鸭鱼肉等鲜活商品居多，不易保存。因此在品种对路、质量优良、价格合理的前提下，还必须合理掌握进货数量，做到既能保证日常业务经营活动的需要，又不会造成人为的库存积压。所以，进货数量适当是库存合理的基础，各企业要根据本单位具体生产经营情况和市场货源情况，正确地确定进货数量，使所进的货物数量适当、库存合理。

5. 到货准时

食品原材料采购需每天进行，其中不少鲜活商品购进后直接投入使用。要贯彻以销定产的原则，就必须根据生产活动的需要，合理组织进货业务，做到准时到货，提高工作效率，防止因进货不及时而影响业务经营活动的顺利开展。

6. 凭证齐全

切实做到每一笔采购都要有单据，都要进行验价格、验质量、验数量等验收环节。经济手续清清楚楚，堵塞各种漏洞，防止原材料不应有的散失和损耗。

三、采购的程序

采购程序是采购工作的核心。实施采购首先应该制定一个有效的工作程序，使从事采购的有关人员都清楚应该怎样做，怎样沟通，形成一个正常的工作流程，也使管理者利于履行职能，知道怎样控制和管理。各饮食企业可根据自己的管理模式制定不完全相同的采购程序，但设计的目的和原理是相同的。整个采购体系的运行过程如图3—1所示。

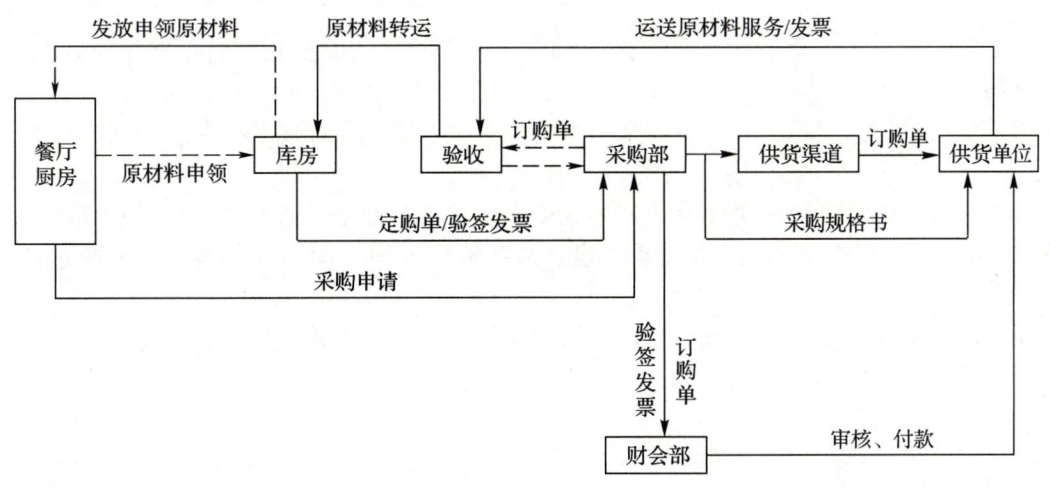

图 3—1　采购程序

餐厅或厨房所需要的食品原材料应凭原材料领料单向储藏仓库申领，库房根据申领手续发放食品原材料。

餐厅、厨房或库房收集需求信息后，可分别通过采购申请单向食品原材料采购部门提出购货要求。通常厨房所提出的购货品种多为新鲜原材料或库房品种以外的原材料品种。而库房订购的各类库存品种，当库存量低于规定数额时，就要提出订购，以补足必要的库存量。

采购部门接受订货申请后，通过正式的订货手续，选择采购渠道，向供货单位订货，进行采购活动，同时给验收部门一份订购单据，以备收货时核对。

订货后供应单位如提供送货服务，则由验收部门验收合格后转运入库。如无送货服务，则由采购部门采运回来，交验收部门验收入库。验收部门接收到厨房订购的鲜品后，应立即通知厨房，通过申领手续及时领取。

验收部门将货物发票验签后，连同订购单交采购部门处理，采购部门再交财会部门审核，然后向供应单位支付货款。

在运行中，企业管理者应严格按采购程序对下属进行督导和管理，明确各部门的责任以保证向各餐厅和厨房及时提供适质、适量的原材料。

四、采购的渠道和方式

为了搞活企业的业务经营，满足消费者的多种需要，使企业所采购的货物品种对路、质量优良、价格合理、数量适当、到货准时，就必须选择正确的进货渠道和采购方式。

1. 采购的渠道

饮食品原材料具有多样性、地方性和鲜活易腐等特点。为使原材料新鲜，物美价廉，品种多样，原材料采购宜多渠道、少环节，就近选择市场，产销直接挂钩。饮食品原材料主要来自以下几方面的渠道。

（1）国有商店。主要采购一些大众化的普通原材料，如粮、油、糖、调味品以及大中城市的肉禽、蛋、水产等食品。由当地商业主管部门与各供货专业公司签订合同，按照国家牌价供应。

（2）当地食品加工厂。主要采购肉食加工制品、乳制品、蔬菜、水果、罐头及酒类等。

（3）农村集市和城市农副产品交易市场。主要采购鲜活原材料、时令产品以及葱、姜、蒜等调料。

（4）贸易货栈和贸易中心。主要采购干货原材料、熟制品原材料、果品以及一部分农副产品。

（5）农副业生产集体或个体专业户。主要采购农场、渔场等农副业生产单位所生产的农副产品，也可以与他们签订产销合同，建立某些鲜活原料、调料的基地，按照规定期限上市和采购。

（6）外地工商企业。主要采购当地市场短缺的或价格比当地低廉的某些原材料。

（7）饮食行业内部。互相调剂。

2. 采购的方式

（1）定时采购。一般有经验的采购人员，在定时采购问题上分两部分进行：一是对可能提前采购的原材料如干货（鱼肚、粉丝、淀粉等）、调味品（番茄酱、干辣椒、白糖等）、烟、酒及备用物品，应在防止过分积压或脱销的情况下，适当提前进货保证库存量。二是保证企业各部门当日所需物品。为保证厨房使用的鲜鱼、蔬菜、豆制品、鲜活海产品等原材料的新鲜程度，必须定时进货。

（2）临时采购。临时进货的采购方法，一般是在正常采购之外，为应对临时出现的特殊情况，必须采取的一种紧急采购方式，在一般中小餐馆中较常见。这里也分两种情况：一是在厨房提前一天的采购清单中忘漏的原材料，或是由于业务变化，上座率提高导致原材料短缺，需要临时采购保证业务正常运转；二是发生特殊情况，急需的原材料或物品，如熔丝熔断导致停电，没有备用的材料。当企业出现此种需临时进货的情况时，采购人员应放下正常的工作，想尽一切办法做好"补救"工作。

（3）电话采购。为了减少采购人员平日亲自去市场或商店采购的压力，除有些货物必须自己经手办之外，可以用打电话的方式进行订货、送货。平时采购人员多选择一些供货商，多记一些供货商的电话、手机号码，并与他们搞好人际关系，在特殊情况下可协助送货上门，以降低采购人员的劳动强度，达到进货及时保证需求的目的。

（4）外出采购。一般较为上档次的餐馆，由于经营的需要，经常要到原材料的原产地进行采购，如较为高档的山珍海味。为了减少中间环节、降低成本，一般到当地采购的机会较多。尤其是大宗的进货，在选择上既直观又可防止假冒，价格上也便宜。这种定期外出进货的采购方式，要求采购人员有分辨和识别原材料的能力和知识，不但要保证原材料的质地，还要了解其出成率的多少。

以上几种都是最为普通的采购方式，根据具体情况的不同，采购人员还可以采取一些特殊的采购方式，如集中采购、联合采购等。另外，采购工作还要根据饮食企业的经营情况进行及时调节，不仅要注意食材的价格和质量，更应该在采购种类和数量上符合经营的需求。

五、采购的管理

采购管理是企业管理的重要一环，要使所购原材料品种对路、质量可靠、价格合理、数量适当、时间准确，必须从以下几方面加强对采购工作的管理。

1. 制定采购员的岗位准则

采购人员在采购工作中的地位十分重要，一个合格的采购人员需要具备以下条件。

（1）人品正直、可靠，发现有舞弊行为的采购人员应立即调离岗位，并进行教育和处理。

（2）具有丰富的商品知识及鉴定能力，懂得如何选择各种原材料的质量、规格和产地，掌握什么季节购买什么产品，什么产品容易存放，什么产品存放时间长质量会下降等。

（3）对供求情况心中有数，掌握主要原材料的生产变化动态。

（4）懂得国家有关法律政策，熟悉饮食企业内部的规章制度。

（5）了解饮食经营与生产，具备一定的烹调知识，懂得各种原材料的损耗情况、加工的难易程度。

（6）熟悉财务制度，能够对采购业务进行科学的计量管理。

2. 制定标准采购规格

标准采购规格是根据菜单的要求对要采购的食品原材料规定详细的质量说明。为使采购的食品原材料达到预期的用途要求，必须对食品原材料制定标准采购规格，作为订货、购买，以及供货单位之间沟通的依据。为避免因口头叙说产生的理解性误差，提高采购的有效性，通常采用书面的形式加以说明，即习惯所称的标准采购规格书。一份实用的标准采购规格书应成为订货的依据、购货的指南、供货的准则、验收的标准。标准采购规格书实例见表3—1。

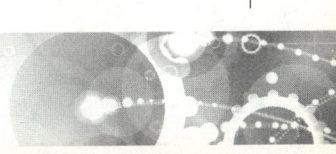

表 3—1　　　　　　　　　　　标准采购规格书实例

品名	产地	部位形状	色泽与外观	气味与味道	产率	发货
比目鱼	上海	整条椭圆形，长约为宽的2倍	鱼肉硬而有弹性，呈白色，色泽明亮而清晰。鱼鳃应无黏液，色泽红粉色，鱼鳞紧贴鱼身	无腐败气味	能生产40%的鱼排	订货后次日交货，鲜鱼交货
葡萄	新疆	中等或大形，椭圆或圆形	紫红色，无可见斑点或皮伤	甜酸适中	—	每日订货，次日交货
青岛啤酒	青岛啤酒厂	易拉罐装	淡黄色液体	略带苦味	净重 355 mL	订货后第三日交货

标准采购规格书是根据菜单提供的菜品要求而编制的。使用固定菜单的餐厅，在一段时间内其产品相对稳定，原材料的采购规格也相对稳定。如果菜单变化或市场条件发生变化，采购规格就应立即调整、修改或重新制定。确定标准采购规格是保证采购产品达到理想标准的一项重要措施。使用标准采购规格书对采购管理的作用如下。

（1）能迫使管理人员根据菜单预先确定各种原材料的质量要求，使菜品原材料的采购质量有保证，避免因采购质量不稳定而引起菜品的质量不稳定。

（2）可避免采购人员与供应商之间对原材料质量发生分歧和矛盾。

（3）可避免每次对供应单位提各种原材料的质量要求，减少工作量。

（4）可作为验收的质量标准，以便严格控制原材料质量。

3. 建立采购计划管理制度

采购计划是采购人员采购各种货品的依据。饮食企业应建立采购计划管理制度。大批采购必须由申请采购的部门提出采购计划，经主管部门批准，采购部门才能按计划进行采购。采购计划一般应包括品名、种类、质量、规格、价格、数量、到货时间等。通过采购计划可控制采购工作的进行，防止采购工作的盲目性与随意性。此外，对企业日常的零星购置也应当有一定的计划性。

4. 健全采购手续制度

为了堵塞漏洞，必须健全采购手续，做到采购单据齐全，经济手续清楚。对于零星采购或农民自产自销的原材料，可采用购买集市贸易原材料证明单，如图 3—2 所示。

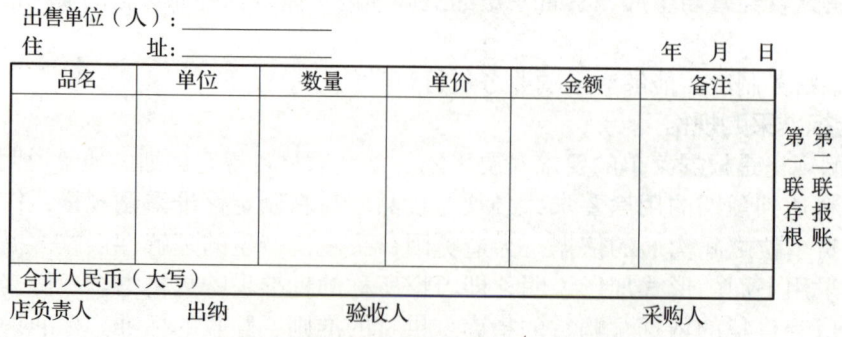

图 3—2　购买集市贸易原材料证明单实例

上述自制凭证只限于集市贸易采购原材料专用,并要严格执行采购人、验收人、企业负责人的"三章"审核制度。

5. 加强采购工作的检查指导

采购是企业经营活动的重要环节,采购工作的成效影响企业的整个经营活动。为了加强采购工作的检查指导,企业业务主管领导必须深入了解采购计划的执行情况,分析库存结构,检查采购工作的进程和质量,及时调整采购计划,实现供需平衡,做到既防止脱销又防止积压。

第 2 节 原材料验收

验收是对采购人员所购买的原材料的品种、数量、规格、质量、价格等方面进行核实检查。采购人员购进的食品原材料，包括直接发放到厨房使用的鲜活食品和需要入库保管的干货原材料，都必须执行严格的原材料验收制度和核查手续。验收是保证饮食原材料质量和控制饮食食品成本的主要环节，在饮食经营管理和成本控制中处于重要地位。验收工作的完善与否跟饮食经营效果是相互联系的，完善的验收虽不足以保证经营成功，但经营有问题的饮食企业则大多有验收不完善的问题。忽视验收或验收不当是经营的重大失误，凡有经验的管理者都把验收视为搞好饮食经营、进行成本控制的重要环节。

一、验收的程序

核实收受项目→检查原材料质量和规格→检查原材料的数量→签字盖章送库储存→填写有关验收报表和记录。

1. 核实收受项目

依据订购单核实收受项目。验收人员在验收过程中必须核实收受的项目是否与订购单相符，凡未办理订购手续的原材料不予受理，以免将不需要的原材料进入库存。

2. 检查原材料质量和规格

根据采购规格书检查原材料质量和规格。为使验收既高效又准确无误，验收人员应备有一份采购规格书，核实原材料规格是否与规格书上的一致，帮助验核对照原材料的质量是否符合规定的质量标准，做到有据可依，保证原材料的质量与规格书相符。

3. 检查原材料的数量

根据供货发票和订购单检查原材料的数量。验收人员要检查原材料的实物与订购单和供货发票上的数量是否相符。供应商送来的发票也有货物的名称和数量，要检查发票上列出的货物是否都收到，数量和重量是否正确。

4. 签字盖章送库储存

相关人员签字盖章送库储存。验收人员在对原材料的名称、质量、规格、数量、凭证等验收完毕后，应在送货发票上签字并加盖发票收讫章。发票的正本送财务部门，副本应退回供应商。收讫章的内容可包括收货日期，验收人员签字，说明货物的品名、质量、规格、数量、价格等。采购人员应签字，目的是让采购人员知道订货原材料已经收到。成本核算员对发票金额确认无误后签字，主管人员根据发票的金额付款后签字，最后送库储存。

5. 填写有关验收报表和记录

验收完毕后要填写验收日报表（见表3—2），其目的是保证购货发票不至于发生重复付款的差错，同时可作为进货的凭证。

表3—2　　　　　　　　　　　　　验收日报表

负责人　　　　　　　　　　　　　　月　日　　　　　　　　　　　　　　　第　页

发票号	品名	数量	发货单位	单价	合计	发送地		
						厨房	库房	加工间
			合计					

有的企业还要求验收人员对送入库房的货物填写验收记录（见表3—3）和货物标签（见图3—3）。

表3—3　　　　　　　　　　　　　验　收　记　录

　　　　　　　　　　　　　　　　　　　　　　　　　　　　　　__年__月__日

品名_____

发货单位_____

地址_____

根据以下理由我店希望：

追加订货_____

调换订货_____

退货_____

其他_____

理由_____

　　　　　　　　　　　　　　　　　　　　　　　　　　　负责人_____

在验收过程中若发现不当或瑕疵品应立即拒收。食材或用品由于品质不良、储存不当、制备过程错误或其他因素，造成腐败、过期、毁损等，应由各使用部门依据事实随时填报，并由所属部门主管负责查证并签名，购入时的价格由会计查填，并作相关账务处理。由于进货过多或食品原材料的保质期将近，餐厅大都会以推出特餐或改变制备方式等来促销。如

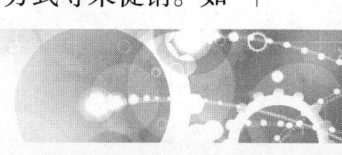

牛排销路不佳，厨师便可将其蒸熟剁碎做成牛肉浓汤，随餐附赠给顾客，或加强牛排特餐促销，以降低牛排逾期报废的耗损率。

二、验收的要求

为使验收程序顺利完成，并确保送到的食品原材料全部符合订货的要求，对验收应提出如下要求。

1. 验收场所和设备的要求

验收的位置和场所的大小直接影响货物交接验收的效率和工作量。理想的验收位置应当位于货物入口的后门与储藏室之间，同厨房和餐厅在同一个区域。这样便于控制运到的食品原材料，同时减少搬运距离和次数，将工作误差减少到最低限度。此外，验收常涉及许多发票账单等，所以要有验收室，并配备一定的办公用具来处理这些事务。

图3—3　货物标签

验收人员为了有效地工作，应当有合适的设备，其中最重要的是称重用的衡器——磅秤。除了磅秤外还需一些其他设备，如开启箱、罐用的小刀和开刀，搬运用的推车，盛装用的网篮和筐箱等。

2. 验收人员的要求

验收人员应受过专门的训练，明确本企业采购原材料的规格和标准，最好备有详细的食品原材料标准采购规格书，以便对食品原材料的质量做出准确的判断。另外，要熟悉企业的财务制度，懂得各种账单处理的方法和程序，并能正确处理。

验收人员应具备优秀的素质，要能秉公验收，始终坚持按制度办理一切验收手续，同时还要有完成职责的能力。做到验收的食品原材料项目与发票和订购单相符，发票上开列的数量和重量与实际验收的食品原材料相符，食品原材料的质量与规格书相符，食品原材料的价格与企业规定的限价相符。

三、验收的方法

饮食经营中的食品原材料验收通常采用下列两种方法。

1. 按发票验收

按发票验收即验收员按发票和订购单核对项目和数量。这种方法方便快捷，使用最为普遍。但对照发票核对食品原材料容易大意疏忽，不能仔细核对其重量和数量。

2. 填单验收

这里指餐厅或厨房自制验收用的空白凭单，验收时按购进的食品原材料分别称重、计数、核价，然后将各项数字填写进凭单。这种方法可减少差错，但比较费时、费工。验收人员根据实收物品的名称、型号、规格、单位、单价、数量、金额填写验收单。验收单一式四份，一份交库房记账，一份交成本会计，一份交采购员保存，一份自存留底。

综上所述，验收工作必须建立有效的程序和制度，保证对食品原材料供应进行最大限度的控制。适宜的验收场所和设备可保证验收工作既方便，又能对食品原材料出入场所进行严格控制。素质高、有能力的验收人员可保证验收工作的质量。若在验收时对食品原材料质量有怀疑,可由厨师长对质量进行技术鉴定,以避免验收中出现失误。由此可见,食品原材料验收不仅仅是在发票上签收,还应该对全部购进食品原材料的质量、数量、价格、重量、规格等进行核实,并对货物场地加以控制。

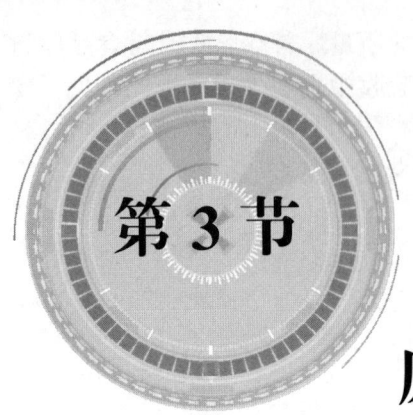

第 3 节 原材料储藏与保管

储藏是收货和生产之间的重要环节，储藏管理得好坏对产品质量有直接的影响，而保管工作则是使储藏管理得以实现的手段。

一、储藏和保管的要求

在储藏和保管工作中，合理的储存规范、有效的安全控制、严格的记账程序是加强储藏管理和保管工作的基本要求。

1. 环境卫生要求

始终保持储存区的清洁，是保证货物质量和延长储存时间的重要措施。货物储存在干净的库房中，可有效地防止各种污染。如果发霉的原材料取走后不及时进行清洁整理，霉菌就会散布在空气里，污染货架和其他货物。因此，对库房卫生应严加管理，保持清洁，管理人员应每天对库房进行整理、清扫，定期清洗冷藏库和除霜，定期清洗货架、盛器等设备，有专人负责杀虫灭鼠、杀菌消毒，负责人经常检查库房卫生，并制定卫生标准。

2. 存放要求

原材料保管存放应做到"四隔离""四定位"。

"四隔离"是指生品与熟品隔离，成品与半成品隔离，性质特殊的原材料与一般原材料隔离，食物与杂物、药物隔离。

"四定位"是指定库、定架、定层、定位。

同时，库存货物要遵循"先进先出，循环使用"的原则。管理员要把新到的货品放在老的货品后面，这样老的货品能先使用。另外货物上最好挂上标签，注明进货日期，管理员可按进货日期的先后发货。

对直接进入厨房生产的鲜活原材料，班组应及时加工处理，当日购进，当日使用，不留存或少留存，并负责将未用完的原材料放入冰箱或放入柜内或加盖加罩，以防鼠啃虫咬。腌制品在缸内必须注意上下翻动，以防变质损坏。

3. 安全要求

（1）对库存区域配备专用锁系统。只要人离开库房就必须上锁，价格昂贵的货物应锁于库房小间或库房分隔间内。钥匙由专人负责，不得随意放置或请人代为开启，上锁后，拿取或存放钥匙应有规定的登记手续。钥匙丢失应立即报告，不得随意配制钥匙。

（2）限制库房进出人员。除库房管理员外，仅允许领料人员、送货人员和有关负责人进入。其他人员，无论什么时候未经许可都不得进入库房。

（3）加强监控。在装有监控系统的企业中，可利用科技手段监视储存区的活动情况。在通常的企业中可采用人工巡视检查，制定有关规定，如货物出门应有出门证明，以及不允许将货物拿至与之无关的区域等。

另外，仓库的设计应符合安全的要求，如门、窗、下水道等设计应符合相关的安全标准，以消除一切不安全的因素和隐患。

4. 记录要求

货物储存相关账目要能正确反映货物在入库、发放、存货三方面的时间、数量、价格等情况。这样将有利于控制存货量，决定定货量，计算发货量，确定成本和审核。因此，应建立明确的货物存货卡登记制度，要求对每种货品的入库和发放正确地做好数量、金额的记录，记载各种货物的结存量。这样可以保证库房采购物资经验收后能及时入库入账，防止丢失。库房的货物都可根据领料单查找去向。便于控制货品的短缺，可为采购管理提供方便。方便库房管理员寻找货品和盘点库存物资。

二、储藏和保管的方法

各类货物特别是食品及其原材料需要用与之相适宜的方法储藏和保管，才能达到储存的目的。最普遍的储藏方法有：常温下储存的"干藏法"；将冷库或冰箱中温度控制在 2~5℃，使食物冷却而不冻结的"冷藏法"；冻藏温度保持在 –18℃以下，使食品完全处于冻结状态的"冻藏法"。另外，还有盐腌、糖渍、酸渍、酒渍、烟熏等储藏方法。

1. 干藏法

食品原材料中的干货、罐头、米面等都可采用这种方法而无须冷藏，这类干藏库房一般不需要供热和制冷设备，其最佳储藏温度为 15~21℃，最高不能超过 37℃。

干货库房应保持相对干燥，否则湿度大货物易变质。库房适宜的相对湿度为 50%~60%。库房的墙壁、地面反潮，管道滴水，液体货物泄漏都会引起仓库湿度增加。为保持库房干燥，库房要保持通风良好。

干藏的具体要求如下。

（1）食品应放置在货架上储存，货架离墙壁至少 5 cm，离地面 15 cm，便于空气流动和清扫，并防止污染。

（2）食品放置不仅要远离墙壁，同时还应远离自来水管道、热水管道和蒸汽管道。

（3）使用频率高的食品，应存放在容易拿到的下层架上；货架应靠近仓库入口处。

（4）重的食品应放在下层货架上，并高度适中；轻物放在高架上。

（5）各种打开的包装食品，应存于贴有标签的容器里，并能达到防尘、防腐蚀的要求。

（6）所有有毒的物品，如杀虫剂、驱虫剂等，与肥皂及清扫用具不准存放在食品储藏室。

2. 冷藏法

冷藏是将冷库或冰箱的温度控制在 2~5℃，使储存的食品冷却而不冻结。这样既控

了微生物的繁殖，保证食品的质量，又使食品不必解冻而取用方便。但由于冷藏对微生物只起抑制和延缓作用，故保持食品质量的时间不像冷冻那样长，控制微生物的效果只能在一定的时间内有效，所以要特别注意储存时间的控制。冷藏的食品既可以是蔬果类，也可以是肉、禽、鱼、虾、蛋、奶和熟食品等。

冷藏的具体要求如下。

（1）通常进行冷藏的食品应经过初加工，并用保鲜纸包裹，以防止污染和干耗。存放时应用合适盛器盛放，盛器必须干净。

（2）熟食品应待凉后再冷藏，盛放的容器须经过消毒，并加盖存放。其目的是防止食品干燥失水和污染，避免熟食品吸收冰箱气味。加盖后要易于识别。

（3）存放中要使食品表面有冷空气自由流动，放置时要距离间隔适当，不可堆积过高，以免造成冷气透入困难。

（4）包装食品储存时不要碰到水，不可放在地上。

（5）易腐的果蔬要每天检查，发现腐烂及时处理，并清洁存放处。

（6）鱼虾类要与其他食品分开放置。奶制品要与有强烈气味的食品分开放置。

（7）存、取食品时需尽量缩短开启门或盖的时间，要减少开启的次数，以免使库温产生波动影响冷藏的效果。

（8）随时或定期关注冷藏的温度变化。

（9）冷藏间的清洁工作要定期进行。

3．冻藏法

冻藏法也叫冷冻法，是采用低温冻结保藏食品的方法。一般将生鲜或经过处理的食品在冻结装置中使水分大部分冻结，然后在 –18℃或更低的温度下进行保藏。这种方法可以有效地抑制微生物、酶类对食品的腐败分解作用，使食物在数月至数年的时间内保持良好的鲜度和品质。

冻藏的具体要求如下。

（1）冰冻食品到货后应及时置于 –18℃以下的冷库中储藏。储藏时要连同包装一起放入，因为这些包装材料通常是防水气的。

（2）所有需冻藏的新鲜食品应先速冻，然后涂上冰层或妥善包裹后再贮存，以防止干耗和表面受污染。

（3）存放时要能使食品周围的空气自由流动。

（4）冷冻库的开启要有计划，所需要的东西一次拿出，以减少冷气的流失和温度的波动。

（5）需除霜时应将食品移入另一冷冻库，以利于彻底清洗冷冻库。通常这种情况应选择库存量最小的进行。

（6）取用应实行先储先提取的原则，轮流交替存货。

（7）任何时候都要保持货架整齐清洁。

（8）定期检查冷冻库的温度情况。

除上述几种方法外，还可采用高温保藏法、脱水保藏法、密封保藏法、盐腌、糖渍、酸渍、酒渍和熏制保藏法等。有些动物性原材料，购进时是活的，因烹调的需要，需在短时间内活养。活养应根据不同的品种采用不同的方法，如淡水鱼、虾应放在清水（最好是河水）里；螃蟹则应用湿蒲包将其扎紧，使其减少活动，否则易消瘦或死亡；海产品的保养更讲究科学，要保持活养水适宜的咸度和含氧量以维持海产品的鲜活。

综上所述，食品原材料的保藏方法很多，管理者可依据这些方法制定储藏工作的准则，以便对储藏工作进行质量检查督导。

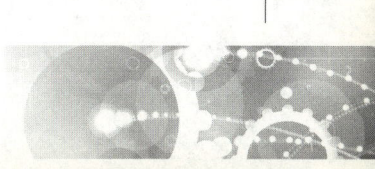

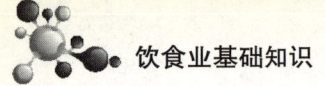

第 4 节 原材料发放

发放是原材料管理中的一个环节，采用一定的食品原材料发放制度，是对食品原材料进行管理的又一个措施。发放要确保能及时地满足生产要求，同时要确保发出的每种食品原材料都有手续和记录，而且发放的数量和所付的金额都准确无误，做到物、账、单三者完全相符。

一、发放管理的目的

原材料的发放出库和验收入库一样，都是原材料管理的重要环节。严格执行原材料的发放及领料手续，对控制厨房用料数量、正确核算产品成本具有重要的作用。发放管理的目的如下。

（1）保证厨房用料供应及时。通过加强原材料的发放管理，保证厨房用料得到及时充分的供应。

（2）控制厨房用料数量。通过严格的领发制度，合理控制厨房的用料数量。

（3）正确记录厨房用料成本。在发放过程中，严格做好原材料的领发记录，以便正确核算产品成本。

二、发放管理的要求

1. 直接采购原材料的发放统计

直接采购原材料主要是指那些立即使用的易坏性原材料。这些原材料进货后经过验收直接发放到厨房，而不经过库房这一环节，其价值按进料价格直接记入当日的饮食成本。饮食成本核算人员在计算当日直接采购原材料成本时，只需抄录验收人员日报表中的直接采购原材料总金额即可。当一批直接采购原材料当天未用完，剩余部分可在第二天、第三天接着用，但要把当天厨房的进料额作为原材料的发放额和成本来计算。

2. 库房采购原材料的发放管理

库房采购原材料包括干货食品、冷冻食品等。这些食品经采购验收后送入库房，其价值计入流动资产的原材料库存项目内，而不是直接算作成本。原材料从库房发出后，其价值计入饮食成本中。每日库房向厨房发出的原材料都要登记在发料日报表上。报表上汇总每日库房发料的品名、数量和金额，并且注明这笔金额分摊到哪个饮食部门的饮食成本上，并注明领料单据的号码，以便日后查对。月末，将库房发料日报表上的发料总额汇总，便得到本月库房发料总额。为搞好库存管理和饮食成本的核算，库房原材料的发放要符合下列要求。

（1）定时发放。为使发料人员有充分的时间整理仓库，检查各种原材料的库存情况，不致因忙于发料而耽误了其他工作，饮食企业应规定每天固定的领料时间。一般酒店规定上午8:00—10:00和下午14:00—16:00为仓库发料时间，其他时间除紧急情况外一般不予发料。还有的企业规定领料部门应提前一天交领料单，使发料人员有充分时间提前准备，以避免和减少差错。这样既节省了领料人员的时间，也使厨房管理人员能对次日的顾客流量做出预测，计划好次日的生产。

（2）凭领料单发放。领料单是库房发放原材料的原始凭证，领料单上正确地记录库房向各厨房发放的原材料品名、数量以及实发原材料的价格和金额。领料单是计算账面库存额、控制库存短缺的工具，可以反映各厨房向库房领取的价值，是计算厨房饮食成本的工具。领料单必须一式三份，一联随发出原材料交回领料部门，一联转交财务部门，一联由库房留存，以汇总每日领料情况。发料人员要坚持原则，做到没有领料单不发放，没有经审批的不发放，有涂改或不清楚的不发放，手续不全的不发放。在发放时，如遇到库房缺货，应在领料单上该原材料旁边注明"缺货"二字，发料人员不得随意涂改领料单。

此外，领料单必须由厨师长核准签字，库房才能发料。库房发料后，发料人和收料人都要签字。领料单不能留下空白处，如有应由领料人当面划掉，以免发料人员私自填写。

（3）做好发放和存货记录。根据领料单做好食品原材料的发放记录和存货记录，使库中的实物与账目一致，使库房的账目与成本控制人员或成本会计手中的账目一致。同时，应如实记录原材料的使用情况。厨房人员经常需要提前几天准备生产所需的原材料，例如，一次大型宴会的菜品往往需要数天甚至更长的准备时间。因此，如果有的原材料不在原材料领取日使用，则必须在领料单上注明该原材料的消耗日期，以便把该原材料的价值计入其使用日的饮食成本中。

此外，发料人员对于长期未使用的库品，应主动提醒主管人员尽快领用，避免造成腐败、变质、过期或死藏，以提高资金的周转速度，充分利用库房空间，提高管理效率。

3. 内部原材料调拨的处理

大型饮食企业和饭店往往设有多处餐厅，因而通常会有多个厨房，有时厨房之间会发生食品原材料的相互调拨。为使各部门的成本核算尽可能准确，企业可以使用食品原材料调拨单记录所有调拨往来。在统计各餐厅的成本时，要减去各部门调出的原材料金额，加上调入的原材料金额，这样可使各部门的经营情况得到正确反映。食品原材料调拨单应一式三份（或四份），调入与调出部门各留存一份，另一份及时送交财务部（有的企业要另送一份给仓库记账）。

第4章

厨房生产

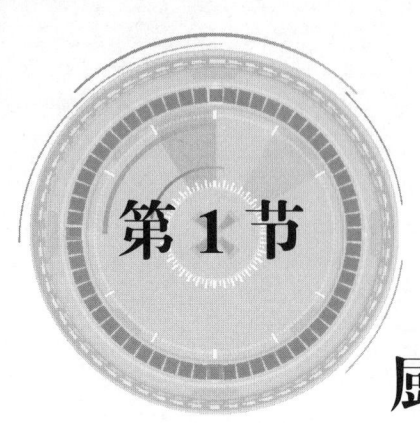

第 1 节 厨房生产的特点与作用

厨房是饭店唯一生产实物产品的部门,而这一实物产品有别于其他的产品,具有一定的特殊性。厨房在饮食经营中所处的特殊位置,决定了它在整个饮食企业的运行过程中发挥着极其重要的作用。

一、厨房生产的特点

厨房生产是指厨房员工运用技术和艺术对各类烹饪原材料按照一定的规格指标和操作程序,进行有计划、有目的的劳动。厨房生产的主要特点如下。

1. 产品为特殊订购生产

一个完善的厨房通常每天需要提供数百种菜点,而这些菜点在内容上、形式上、数量上、制作方法上都不相同。顾客来餐厅就餐,对菜点的需求往往表现为个别定制,菜点内容变化较大,而这正是厨房生产的一大特殊性。

2. 产品生产过程时间短

顾客从进餐厅到离开餐厅,用餐较快的约半小时,用餐较慢的 1~2 h,而在这短暂的时间内,生产、销售、消费三者同时进行。这不仅要求厨房的各项准备工作要充分,还要求厨房的每一位厨师在生产过程中具有丰富的烹饪原材料知识和熟练的烹调技艺。只有这样才能满足顾客的需求。

3. 产品的数量难以预计

厨房生产的产品不同于其他产品,是先有消费者后进行生产,这也是厨房生产的一大特殊性。由于消费者的数量和喜好经常受到天气、季节、交通、节假日等因素的影响,这就使厨房的生产量难以预计,从而给厨房的备料、人员安排和管理上带来一定的困难。这就需要厨房的管理者根据以往的销售资料、生产经验来做出较为准确的估计。

此外,产品的数量也受时间和场所的限制。饮食产品的销售有一定的时间性,这是人们长期生活所形成的饮食习惯。早餐、中餐、晚餐的相对固定的时间段限制了饮食产品的销售数量。与此同时,销售数量也会受生产场所的限制。如果厨房狭小,应有的设备不足,厨房人员相对也不够,在开餐高峰时,菜点的生产量也必定会受到影响。

4. 产品易腐败变质和损耗

多数产品选用鲜活原材料,内含各种营养素,成菜后不易保存,极易腐败变质,且大多数菜点无法二次加工销售，故如不及时销售，一是容易被细菌、灰尘污染；二是如厨房管理不善，容易被内部员工人为损耗。这些都会导致成本提高，利润下降。

5. 产品质量的不稳定性

厨房生产产品的不稳定性主要表现在以下几个方面。

（1）菜点必须因人、因事、因地点、因季节等因素变化而变化。

（2）菜点生产具有一定的协作性，因为一道菜或一道点心并不是一个人所能完成的，它需要由数人来完成。如果上一道工序不合格，就会影响下一道工序，以致影响产品的质量。

（3）由于产品生产是手工操作，每一位厨师的手艺有差异。即使是同一位厨师，在生产制作中也往往会因体力、情绪、环境等因素，而造成产品质量的差异。

（4）同样的烹饪原材料，由于产地的不同、季节的不同，在烹饪生产中也会发生不同的变化。

二、厨房生产的作用

厨房是饮食企业进行菜点制作的场所，是企业内部直接从事生产活动的单位，在饮食企业经营中发挥着重要的作用，主要表现在以下几方面。

1. 厨房的生产质量是企业产品的核心

菜点质量是有形的质量，是饮食企业产品质量的核心部分，是顾客评价饭店服务水平的主要标志。如果一家企业单有豪华的饮食环境、微笑的服务，而没有高质量的菜点，那么其所提供的企业产品也只能归为劣质品，而无法在市场竞争中取胜。在原材料质量、设备水平大体相同的情况下，不同企业的菜点质量主要是由厨房工作人员，尤其是厨师的操作技能水平和发挥程度决定的。因此，厨房工作的好坏将直接影响饮食企业的产品质量。

2. 厨房的成本控制是提高企业经济效益的重要手段

饭店的菜点成本主要是由主料成本、配料成本、调味料成本和燃料成本构成的。厨房消耗主料、配料、调味料和燃料的多少，决定了单位产品的实际成本。计划毛利率能否实现，主要取决于在生产过程中能否严格控制成本，减少损失浪费，而毛利率的高低是影响企业效益的重要因素。一个管理有方、技术稳定的厨房，通过合理降低成本，以价格适宜的美味菜点吸引顾客，扩大餐厅销售，可以为提高饭店经济效益发挥很大的作用。因此，成本控制是饭店获利的根本措施。只有加强厨房成本控制，才能保持稳定的利润。

3. 厨房的生产变化是淡化季节性差异的重要方式

我国大多数饭店、餐馆在经营中有明显的季节性。在旅游旺季，外出旅游的顾客较多，相对来说，饭店、餐馆在这段时间生意往往比较兴隆。在旅游淡季，游客较少，厨房生产的设施和人员往往闲置较多。厨房可利用这一旅游淡季，适时变化厨房的生产品种，如举办一些美食节，推出风味小吃、砂锅自助餐等以招揽顾客，也可制作一些适合于本地居民消费的半成品或外卖食品，以扩大饭店的营业收入，为饭店多创利润，以此来淡化旅游的季节性差异。

4. 厨房是整个饮食经营活动的中枢

饭店或餐馆经营活动的中心任务是为顾客提供饮食服务，而饮食服务的主体是为顾客提

供优质的菜点。如果没有厨房的正常生产，即使餐厅的工作再努力，也无法使餐厅的经营活动正常地开展。由此可见，厨房生产正常与否将直接影响餐厅的营业，厨房生产是企业整个饮食经营活动的中枢。

　　基于厨房在饮食企业经营中的重要地位和作用，必须加强厨房的生产管理。要重视厨房的生产组织、协调、分工，从而实现烹调操作的专业化、标准化、规范化、制度化，以优质的产品质量、周到的服务提高企业的经济效益和社会效益。

第 2 节 厨房布局

厨房生产流程、生产质量和劳动效率在很大程度上受到厨房整体布局的支配。厨房布局是否合理直接关系着员工的工作效率、工作方式和工作态度。科学高效的厨房布局可以减少厨房生产性浪费，降低生产成本，便于管理，有效地提高工作质量和劳动效率。另外，厨房布局还关系到部门之间的关系和投入费用等。

一、厨房布局及其影响因素

1. 厨房布局的概念

厨房布局是指在确定厨房的规模、形状、建筑风格、装修标准，以及厨房内的各部门之间关系和生产流程的基础上，具体确定厨房内各部门位置，以及厨房生产设施和设备的分布。显然，厨房布局受多种因素的影响，其中有直接因素，也有间接因素，在实施布局时，管理者必须掌握厨房规划布局的规律和方法，避免设计布局不当造成生产流程不合理和资金浪费。

2. 影响厨房布局的因素

（1）厨房建筑格局和规模大小。厨房的场地形状和空间，对厨房整体布局构成直接影响。场地规整、面积大，有利于厨房进行规范设计，配备数量充足的设备。

厨房的位置若便于原料的进货和垃圾清运，则为集中设计加工厨房创造了良好条件；若厨房与相应餐厅处于同一楼层，则便于烹调、备餐和出品。反之，厨房场地狭小、不规整，或与餐厅不在同一平面，设计布局则相对比较困难，需要进行统分结合、灵活设计，以减少生产与出品的不便。

（2）厨房的生产功能。厨房的生产功能即厨房的生产形式，如是加工厨房还是烹调厨房，是中餐厨房还是西餐厨房，是宴会厨房还是快餐厨房，是粤菜厨房还是川菜厨房等。一般大中型餐饮企业的厨房往往是由若干个功能独立的分厨房有机联系组合而成的。因此，各分厨房功能不一，设计各异。加工厨房的设计侧重于配备加工器械；冷菜厨房的设计则注重卫生消毒和低温环境的创造；西餐厨房的设计，应配备西餐制作设备。厨房的生产功能不同，其对面积要求、设备配备、生产流程方式均有所区别，设计必须与之相适应。

（3）公用设施分布状况。公用设施分布状况即电路、煤气等管道的分布情况，厨

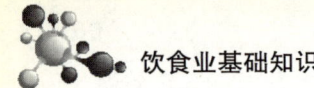

房布局必须注意这些设施的分布。在公用设施不方便接入的地区，布局安装设备开支比较大，所以在布局时，对设备的有效性和生产的安全性必须作估计。考虑能源的不间断供给情况，厨房设计应该采用燃气烹调设备和电力烹调设备相结合的方法，以避免因为任何一种能源供应的中断带来的麻烦。总之，厨房设计既要考虑现有公用设施现状，又要结合其发展规划，制定从长计议的、力推经济先进的、适度超前的设计方案。

（4）法规和有关执行部门的要求。《食品卫生法》和当地消防安全、环境保护等法规应作为厨房设计事先予以充分考虑的重要因素。在对厨房进行面积分配、流程设计、人员走向和设备选型上，都应符合法律法规的要求，避免设计不科学、不安全，设备选配不合理甚至配备的设备不允许使用而造成改造上的浪费和经济损失。

（5）投资费用。厨房布局的投资是对布局标准和范围形成制约的经济因素，因为它决定了用新设备还是改造现有的设施设备，决定了重新规划整个厨房还是仅限于厨房的局部改造。

二、厨房整体布局的要求

厨房整体布局，即根据厨房生产规模和生产风味的需要，充分考虑现有可利用条件，对厨房位置和面积进行确定，对厨房的生产环境及内部区域布局进行综合设计。

1. 确定厨房位置的原则与厨房位置的选择

厨房位置一般是根据整个建筑物的位置、规模、形状等设计确定的。由于厨房生产的特殊性，其生产过程不仅特别强调卫生，而且还有垃圾、油烟、噪声产生，因此在确定厨房位置时要进行综合考虑、合理安排。

（1）确定厨房位置的原则

1）确保厨房周围的环境卫生，附近不能有污染源。

2）厨房须设置在便于抽排油烟的地方。油烟随全年主要风向可能对企业建筑、餐厅及附近居民、周围环境造成不良影响，所以，厨房一般应设置在下风向或便于集中排烟的地方，尽量减少对环境的影响。

3）厨房须设置在便于消防控制的地方。厨房不要建在地下室，厨房位置要确保消防控制的方便。

4）厨房须设置在便于原料运进和垃圾清运的地方。

5）厨房须设置在靠近或方便连接水、电、气等公用设施的地方，以节省建设投资。

6）若餐厅、饭店运货梯位置、格局已定，厨房位置还应兼顾餐厅的结构，考虑上菜方便，所以厨房应设置在紧靠餐厅并方便原料运送的地方。

（2）厨房位置的选择。在大型综合型饭店或高层建筑的饭店，厨房多设在主楼或辅楼；在普通餐馆、酒楼或其他低层建筑的饭店，厨房多与餐厅紧密相连，处于建筑物的重要位置。不管厨房设在哪个位置，都有其利弊之处。

1）设在建筑物低层。绝大多数饭店和餐饮企业将厨房设计在建筑物低层（一般是三楼以下），这种设置不仅方便原料运进，也便于垃圾清运。同时，也有利于厨房用能源的连接，对企业的安全生产和卫生控制非常有利。低层的厨房与餐厅紧密相连，顾客入店用餐方便。但不足之处是，低层厨房对抽排油烟不太方便，往往需要高管导引，以减少对低层及附近环境造成的污染。因此，在可能的条件下最好将厨房设在主楼下风向的单独辅楼内，以减少厨房生产对周围环境的影响。

2）设在建筑物上部。当饭店顶部设有便于观光的餐厅，或饭店高层设有高级套间（里面配有餐厅），为了保证其餐厅出品质量，往往在高层建有相应的厨房。设在建筑物上部的厨房，职能有限，通常只具有烹调或装盘功能，大量的加工或前期准备工作需要设在低层的其他厨房协助完成，这样可减少上部厨房的工作量和垃圾产生。设在上部的厨房与其辅助厨房之间应有方便的垂直运输渠道。厨房的加热能源既要安全，又要卫生，因此多选用电加热。

3）设在地下室。少数企业由于用房紧张，通常将厨房设在地下室。将厨房设在地下室，最大的困难是原料的运入与垃圾的运出。需要有方便原料和成品传输的垂直运货电梯才能确保工作效率不受影响，同时，从安全角度考虑，许多地区规定设在地下室的厨房不得使用管道煤气和液化气。所以，企业宁可把办公室设在地下室，也要确保将厨房设在方便的位置。

2．厨房面积及内部环境布置

（1）确定厨房面积的考虑因素

1）原材料加工程度的不同。西式烹饪所使用的食品原料的加工已实现社会化服务，如猪、牛等按不同的部位及用途做了规范、准确、标准的分割，按质按需定价，餐饮企业购进原料无须很多加工，便可直接使用。而国内的中餐原料市场供应不够规范，规格标准大多不一，原料多为原始、未经加工的"低级原料"，原料购进之后，大都需要进一步整理加工，加工工作量大，生产场地也要相应增大。

2）经营的菜式风味。中餐和西餐厨房所需面积要求不一，西餐相对要小些。一方面是因为西餐原料供应规范，加工精细程度高，同时，西餐在国内经营的品种也较中餐要少得多，原料品种范围和作业量都可以较为准确预测和准备。另一方面即便是同样经营中餐，所需厨房面积也不尽相同，如淮扬菜厨房就相对比粤菜厨房要大些，因为淮扬菜在加工、生产等方面工作量大，火功菜多，炉灶设备也要多配一些。又如，同是面点厨房，制作山西面食的厨房就要比粤点、淮扬点心的厨房大，因为山西面食的制作工艺要求有大锅、大炉与之配合才行。

3）厨房生产量的大小。生产量大小是根据用餐人数确定的。用餐人数多，厨房的生产量就大，用具设备、员工等都要多，厨房面积也就要大些。而用餐人数既与企业的市场影响、规模、餐厅服务的对象有关，又与是自助餐经营还是零点或套餐经营等服务方式有关。由于用餐人数常有变化，一般以最高数作为计算生产量的依据。

4）设备的先进程度与空间的利用率。厨房设备革新、变化很快，设备先进，不仅提高工作效率，而且功能全面的设备可以节省不少场地。如冷柜切配工作台，集冷柜与工作台于一身，可节省不少厨房面积。厨房的空间利用率也与厨房形状及大小很有关系。厨房高度足够，且方便安装吊柜等设备，可以配置高身设备或操作台，则可在平面用地上有很大节省。厨房平整规则，且无隔断、立柱等障碍，为厨房合理、综合设计和设备布局提供了方便，也为节省厨房面积提供了可能。

5）厨房辅助设施状况。在进行厨房设计时必须考虑配合和保障厨房生产的辅助设施。辅助设施如员工更衣室、员工食堂、员工休息间、办公室、仓库、卫生间等，一般都应在厨房之外进行专门安排，厨房面积可以得到充分节省。这些辅助设施，除了员工生活用房外，还有与生产紧密相关的煤气表房、液化气罐房、原料库房、餐具库等。

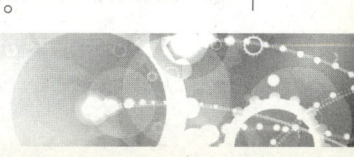

（2）厨房面积的确定方法

1）根据不同经营类型的餐位数计算厨房面积。按餐位数计算厨房面积要与餐饮店经营方式结合进行。一般来说，供应自助餐的厨房，每一个餐位所需厨房面积为 0.5～0.7 m^2；供应咖啡厅和快餐厅制作简易食品的厨房，由于出品要求快速，故供应品种相对较少，因此每一个餐位所需厨房面积为 0.4～0.6 m^2。风味厅、正餐厅所对应的厨房面积要大一些，因为供应品种多，规格高，烹调、制作过程复杂，厨房设备多，所以每一个餐位所需厨房面积为 0.5～0.8 m^2。

2）根据餐厅与厨房之间的比例确定厨房面积。餐厅与厨房的比例是指餐厅面积与厨房面积的比例关系。对于一般酒店来说，餐厅与厨房的比例应为 1∶1.1。这一比例中厨房的面积为菜肴加工场所的面积、初加工间的面积和食品仓库的面积之和。一般情况下，星级饭店的餐厅与厨房的比例为 1∶（0.4～0.5），这是因为在星级饭店中，许多场所是共用的，这样就可以把厨房面积降到最小。这一比例中餐厅面积应为餐位数与餐位面积的乘积。餐位数应与餐厅客容量相匹配。餐厅面积决定了厨房面积的大小。

3）根据厨房员工数量确定厨房面积。厨房面积的大小涉及厨房的生产能力与员工的劳动条件和生产环境。为此，在厨房设施的规划中，应配置足够的厨房面积保证经营需要，同时也有利于提高劳动效率和菜肴出品质量。依据国家有关规定，厨房员工占地面积不得小于 1.5 m^2/人。因此，如果按照厨房员工的人数来确定厨房的面积，只要用每人应占有的面积乘以厨房员工的总人数即可。如某厨房有厨师 50 人，那么该厨房的总面积（不包括厨房辅助性设施的面积）就是 50 人乘以 1.5 m^2，即为 75 m^2。

4）根据餐饮总面积来计划厨房面积。厨房的面积在整个餐饮面积中应有一个合适的比例，餐饮部各部门的面积分配应做到相对合理。一般来说，厨房的生产面积占餐饮总面积的 21%，仓库占 8%。在市场货源供应充足的情况下，厨房仓库的面积可相应缩小一些，厨房的生产面积可适当大一些。餐饮部各部门面积比例可参考表 4—1。

表 4—1　　　　　　　　　　餐饮部各部门面积比例

各部门名称	所占的百分比（%）
餐饮总面积	100
餐厅	50
客用设施	7.5
厨房	21
仓库	8
清洗	7.5
员工设施	4
办公室	2

5）以餐厅就餐人数为参数来确定。使用这种方法，一般要预测就餐人数的多少，通常供餐规模越大，就餐者人均所需面积就越小，见表4—2。

表4—2　　　　　　　　根据就餐人数确定厨房面积的参考标准

餐厅就餐人数（人）	就餐者人均所需的厨房面积（m²）
100	0.697
250	0.480
500	0.460
750	0.370
1 000	0.348
1 500	0.309
2 000	0.279

（3）厨房内部环境布置。厨房内部环境布置主要包括厨房高度、墙壁、顶部、地面、门窗等细节的设计。

1）厨房的高度。厨房高度一般不应低于3.6 m。厨房高度不够，容易使人感到压抑，也不利于通风透气，并容易导致厨房内温度升高。但一般也不宜高于4.3 m，这样便于清扫，能保持空气流通，对厨房安装各种管道、抽排油烟罩也较合适。

2）厨房的墙壁。墙体最好选用空心砖，因为空心砖有吸音和吸潮的效果。在墙体的处理上，应在离地面约1.5 m处以下进行墙体的防水处理。无论厨房设在哪个楼层，都应进行防水处理。

根据旅游宾馆、饭店星级评定要求，三星级以上的饭店厨房在墙壁的处理上必须用瓷砖从墙脚贴至天花板。瓷砖处理过的墙体由于反光作用，使厨房显得亮洁和宽大。

3）厨房的顶部。顶部处理可采用耐火、防潮、防滴水的石棉纤维或轻钢龙骨板材料进行吊顶处理，最好不要使用涂料。天花板应力求平整，不应有裂缝。暴露在外的管道、电线要尽量遮盖，吊顶时要考虑排风设备的安装，留出适当的位置，防止重复劳动和材料浪费。

4）厨房的地面。地面通常要求耐磨、耐重压、耐高温和耐腐蚀。因此，厨房的地面处理有别于一般建筑物的地面处理。厨房的地面应选用大、中、小三层碎石浇制而成，且地面要夯实。目前，饭店厨房地面一般都是选用耐磨、耐高温、耐腐蚀、不积水、不掉色、不打滑又易于清扫的防滑地砖。地面的颜色不能有强烈的对比色花纹，也不能过于鲜艳，否则易使厨房人员感到烦躁、情绪不稳定，易产生疲劳感。

5）厨房的门窗。门应考虑方便进货，方便人员出入。厨房应设置两道门，一是纱门，二是铁门或其他质地的门，并能自动关闭。厨房的窗户既要便于通风，又要便于采光。若厨房窗户不足以通风采光，可辅以电灯照明、空调换气。在进出厨房的门头安装空气帘，以防止蝇虫进入，同时可防止厨房内温度受室外温度变化的影响。

厨房对外连通的门宽度不应小于 1.1 m，高度不低于 2.2 m，以便于货物和服务推车等进出；其他分隔门宽度也不能小于 0.9 m。

3. 厨房各部门区域布局

厨房生产区域的合理划分与安排是指根据厨房生产的特点，合理地安排生产先后顺序和生产的空间分布。一般而言，综合性厨房根据其菜品烹制加工的工艺流程，生产场所大致可以划分为以下四个区域。

（1）原料筹措区域。原料是厨房生产的基本条件，该区域包括原料进入饭店后，处理加工前的工作地点，即原料验货处、原料仓库、鲜活原料活养处等。

原料购进之后，经过验收工序，除本身处于冰冻状态的原料需要入冷冻库存放外，大批量购进的干货和调味品原料需要进入仓库保管，厨房日常生产使用数量最多的各类鸡、鱼、肉、蛋、瓜、果、蔬菜等鲜活原料，一般要直接进入厨房区域，供随时加工、烹制。

（2）原料加工区域。原料加工是厨房进入正式生产的必要基础工作。这一区域包括原料领进厨房期间的工作地点和对原料进行初步加工处理等地点。在这一区域进行的操作包括对原料进行初步择拣、宰杀、洗涤、整理的初加工和对原料进行刀工处理的深加工及随之进行的浆腌等工作。与原料入店相似，原料进出厨房或加工间的工作量很大，因此，加工与原料采购、库存同属一个区域是比较恰当的。

（3）菜点生产区域。这一区域通常包括热菜的配份、打荷、烹调，冷菜的烧烤、卤制和装盘，点心的成形和熟制等地点。菜点生产区域是厨房设备配备密集、设备种类最为繁多的区域。一般可相对独立地分为热菜配菜区、热菜烹调区、冷菜制作与装配区、饭点制作与熟制区四个部分。

（4）菜点销售区域。菜点销售区域介于厨房和餐厅之间，该区域与厨房生产流程关系密切的地点主要是备餐间、洗碗间、明档，以及水产活养处等。

备餐间对菜点出品秩序和完善出品有重要作用，有些出品的调料、作料、进食用具等在此配齐，缺则为次品；洗碗间的工作质量和效率，直接影响厨房生产和出品，位置多靠近厨房，这样安排便于清洗厨房内部使用的配菜盘等用具；明档和水产活养处的功能是向顾客展示本店的特色品种，是一种辅助营销工具。

三、厨房作业区和工作岗位的布局

厨房作业区和工作岗位布局从某种意义上讲也是生产流程的布局。由于厨房规模、经营性质的不同，在布局上也有着不同的要求。

厨房布局应依据厨房结构、面积、高度，以及设备的具体情况进行。由于在作具体厨房布局时变化因素较多，以下几种布局类型，仅供具体厨房布局时参考。

1. L 形布局

L 形布局通常将设备沿墙壁设置成一个犄角形，在厨房面积有限的情况下，往往采用 L 形布局。通常是把煤气灶、烤炉、扒炉、炸锅、炒锅等常用设备组合在一边，把另一些较大的如蒸锅、汤锅等设备组合在另一边，两边相连成一角，集中加热、集中抽排烟。这样厨师能顺势兼顾一组设备。这种布局方式在一般酒楼、包饼房、面点生产间等厨房得到广泛应用。L 形布局如图 4—1 所示。

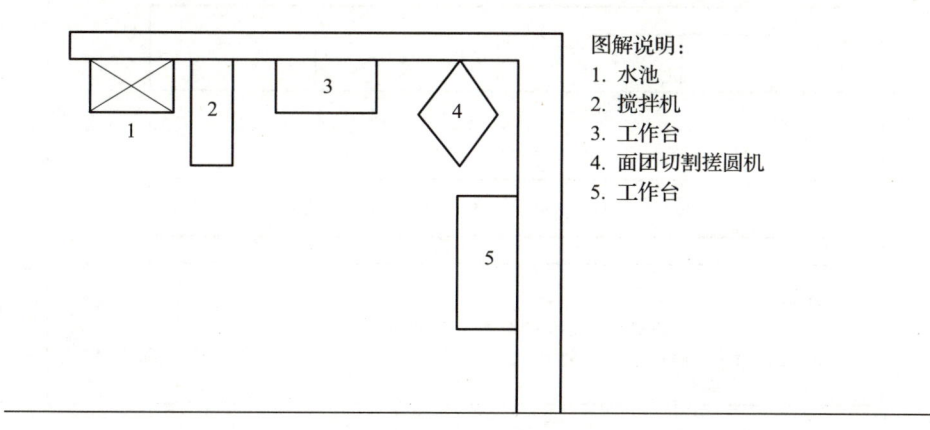

图 4—1　L 形布局

2. 直线形布局

直线形布局适用于高度分工合作、场地面积较大、相对集中的大型餐馆和饭店的厨房。该布局将所有炉灶、炸锅、蒸炉、烤箱等加热设备排成直线，通常是依墙排列，置于一个长方形的通风排气罩下，集中布局加热设备，集中抽排油烟。每位厨师按分工专门负责某一类菜肴的烹调熟制，所需设备工具均分布在左右和附近，因而能减少取用工具的行走距离。与之相对应，厨房的切配、打荷、出菜台也直线排放，整个厨房整洁清爽、流程合理、通畅。但这种布局相对餐厅出菜，可能走的距离较远。因此，这种厨房布局一般均服务两头餐厅区域，两边分别出菜，这样可缩短餐厅跑菜距离，保证出菜速度。直线形布局如图 4—2 所示。

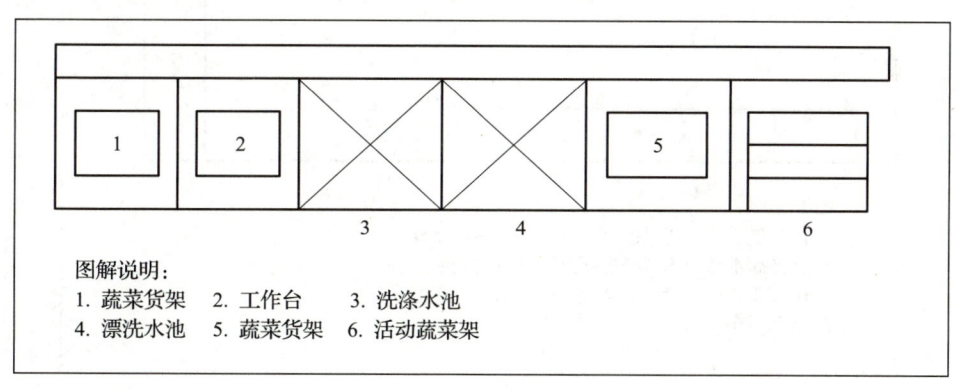

图 4—2　直线形布局

3. 平行布局

平行布局是把主要烹调设备背靠背地组合在厨房内，置于同一通风排气罩下，厨师相对而站，进行操作。工作台安装在厨师背后，其他公用设备可分布在附近地方。平行布局适用于方块形厨房。此类布局由于设备比较集中，只使用一个通风排气罩比较经济。但这种布局存在厨师操作时必须多次转身取工具、原料，以及必须多走路才能使用其他设备的缺点。平行布局如图 4—3 所示。

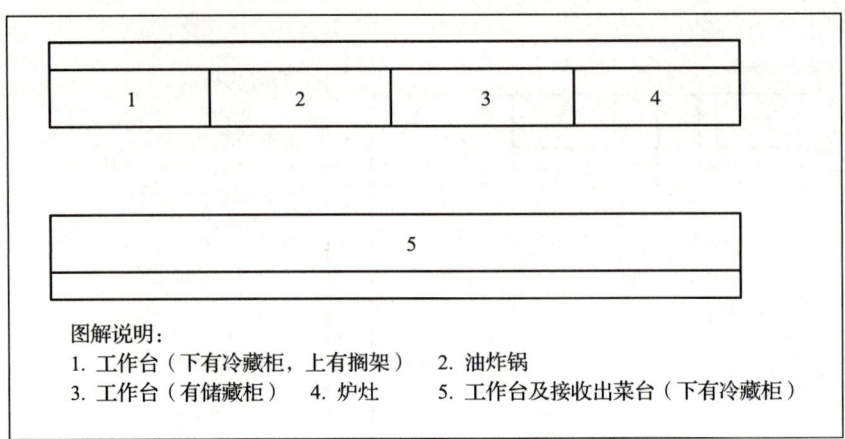

图4—3 平行布局

4．U形布局

厨房设备较多而所需生产人员不多、出品较集中的厨房部门，可按U形布局，如点心间、冷菜间、火锅、涮锅操作间。将工作台、冰柜及加热设备沿四周摆放，留一出口供人员、原料进出，甚至连出品也可开窗从窗口接递。这样的布局，人在中间操作，取料方便，节省跑动时间，设备靠墙排放，可充分利用墙壁和空间，显得更加经济和整洁，一些火锅店常采用这样的设计，有很强的适用性。U形布局如图4—4所示。

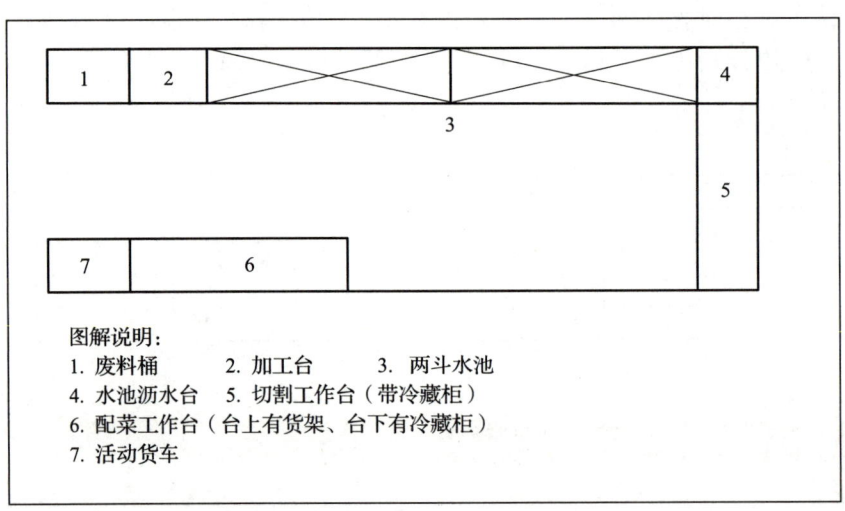

图4—4 U形布局

四、厨房布局的设计方法

1．合理设计和调整厨房布局

（1）厨房生产线应畅通、连续、无回流现象。

（2）厨房应尽量靠近餐厅。厨房与餐厅的关系非常密切，因为菜肴的温度及气味等会受到厨房通往餐厅距离的影响。另外，厨房与餐厅之间每天进出大量的菜肴和餐具，厨房靠近餐厅可缩短两地之间的距离，提高工作效率。

（3）厨房各部门及部门内的工作点应紧凑，尽量缩小它们之间的距离。同时，每个工作点内设备和设施的安装与排列也应当方便厨师工作，减少厨师不必要的体力消耗。

（4）设有分开的人行道和货物通道。厨师在工作中常常接触炉灶、滚烫的液体、加工设备和刀具等，如果发生碰撞，后果不堪设想。因此，为了厨房的安全，避免干扰厨师的工作，厨房必须设有分开的人行道和货物通道。

（5）创造良好、安全和卫生的工作环境。创造良好的工作环境是厨房设计与布局的基础。厨房工作的高效率来自良好的通风、温度和照明。同时，低噪声措施和适当颜色的墙壁、地面和天花板都是创造良好厨房工作环境的重要因素。此外，厨房应当购买带有防护装置的生产设备，有充足的冷热水和方便的卫生设施，并有预防和扑灭火灾的装置。

2. 科学设计、布局厨房作业区和工作岗位

无论是中餐生产还是西餐生产，都要从领料开始，经过加工、切配与烹调等多个生产程序才能完成。因此，厨房的每个加工部门及部门内的加工点和工作岗位都要按照菜肴的生产程序进行设计与布局，以减少菜肴在生产中的囤积，缩小菜肴流动的距离，减少厨师的体力消耗及单位菜肴的加工时间，减少厨房使用设备和工具的次数等，充分利用厨房的空间和设备，提高工作效率。

同时，厨房各部门和作业区应尽可能设在同一楼层，这样可以方便菜肴生产和厨房管理，提高菜肴生产速度和保证菜肴质量。

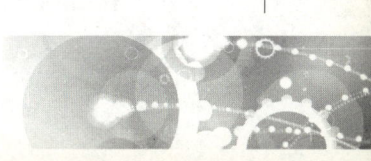

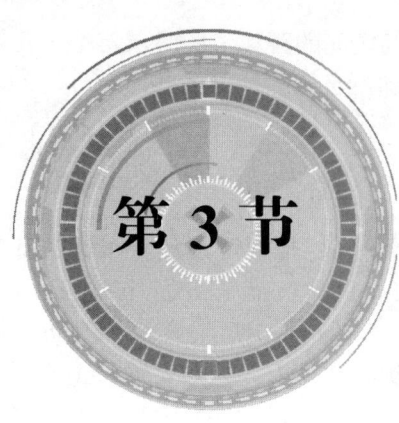

第 3 节 厨房设备

厨房设备泛指在厨房内用于烹饪加工、制作、储藏、洗涤等工作的各种器械和用具，它是保证厨房生产顺利进行的物质条件。先进、完善的设备，对减轻员工的劳动强度、提高厨房工作效率、改善工作环境、丰富菜肴品种、提高菜肴质量等都起着非常重要的作用。

一、炉灶

炉灶是厨房在烹制菜点时用来加热的设备。"炉"和"灶"严格地讲，是有区别的。"炉"一般是指用来进行烘、烤、熏等直接加热的烹调设备，如烘炉、烤炉、熏炉等。它的加热方式以辐射热为主，火力要求均匀、持久。"灶"是用于炸、炒、烧、炖、蒸等非直接加热的烹调设备，如蒸灶、炒灶、汤灶等。它的加热方式以传导热与对流热为主，火力要求集中、旺盛。但目前饮食业中，"炉""灶"两字往往相互通用，不加区别。因此，为了适应饮食行业长期的习惯称呼，一般来说，对"炉""灶"也不做严格的划分。

1. 炉灶的基本要求

炉灶本身的结构形式和性能好坏对厨房生产效率及菜点质量具有很大的影响。一个好炉灶应具备以下四个基本条件。

（1）热能利用率高。以往在厨房中所使用的传统炉灶，如煤灶、柴灶等，其燃料往往不能完全燃烧，且燃烧所产生的热量也只有一部分能够用于烹调，绝大部分都失散在周围的空气中，其热能的利用效率较低。目前，在饭店中普遍使用的煤气灶、柴油灶，其热能利用率要比传统炉灶高得多。

（2）火力和温度易于调节。烹调方法多种多样，不同的烹调方法需要使用不同的火力和温度。有时在烹制一个菜点的工艺过程中，需要提供不同的火候，有时要旺火，有时要中火，有时要小火。因此，一个好的炉灶必须能够自由地控制、调节其火力和温度。

（3）符合劳动保护的要求。炉灶的性能一定要稳定、安全，要符合操作人员劳动保护的要求，避免出现事故，如灼伤、漏电、泄气、爆炸等。

（4）符合清洁卫生的要求。烹调用的炉灶必须符合清洁卫生要求。煤灶由于燃料的原因，往往会从炉口飞出烟灰，不但影响作业人员的健康，而且会污染周围的食物，因此在饭店厨房中已被逐步淘汰。现在普遍使用的煤气灶、柴油灶一般情况都是无烟无灰且外表整洁、易于清洗的设备，比较符合清洁卫生的要求。

2. 几种常见炉灶介绍

（1）炒灶。炒灶的品种很多，外形各异，使用的能源也多种多样，常用的能源有煤气、液化气、柴油等。炒灶炉膛较深，底部安装有一圈喷嘴和一根点火棒，可喷出多支火焰，炉膛四周装有高出灶面的圆形生铁圈或不锈钢圈，圈上有 2~3 个缺口，以供火焰上蹿及空气流通之用。炒灶外表面往往由不锈钢制成，造型美观大方，便于清洁，且火力集中，火势易于控制，适用于炸、熘、爆、炒等旺火速成的烹调方法。炒灶如图 4—5 所示。

图 4—5　炒灶

（2）汤灶。又称低灶，其火眼较低，灶面上设有放置汤锅的架子。汤灶火势稳定，易于控制，适用于吊汤及煮制食物等。汤灶的安装位置一般较低，其灶面离地面的高度约为 40 cm，以便于制汤。汤灶在使用时，注意汤锅不要盛装过满，以防止汤汁溢出而浇灭火焰，汤灶下面用于收集油污的托盘要每天清洗。汤灶如图 4—6 所示。

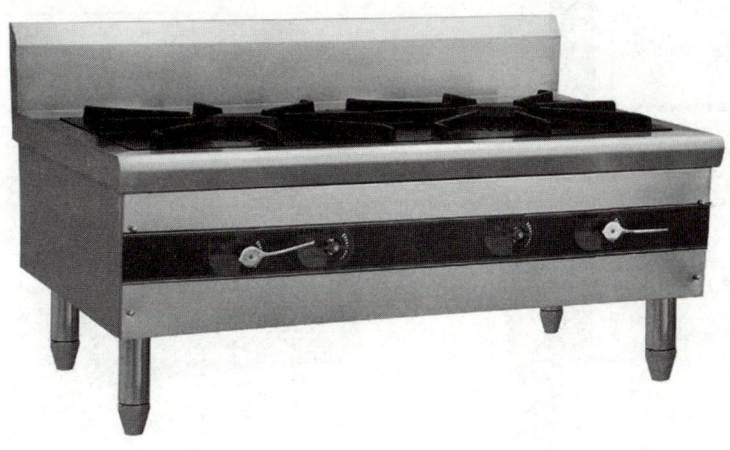

图 4—6　汤灶

（3）蒸汽灶。蒸汽灶一般由不锈钢底座、蒸汽盘管、蒸笼组成。蒸汽灶便于调节，适用于蒸制各种菜肴和点心，也可以用于食品保温。在使用蒸汽灶时，要注意安全，防止蒸汽烫伤。需要从蒸笼内拿取食物时，首先要关闭气阀，然后打开笼盖，让高温蒸汽散去，再拿取。此外，滴在蒸汽盘管上的油污容易堵塞气孔，故要经常清洗蒸汽管，并经常更换蒸锅中的水。蒸汽灶如图4—7所示。

（4）烤炉和烤箱。烤炉、烤箱是炉灶的一种。传统的烤炉是用砖砌的。过去广州菜馆制作烧猪，还用地炕炉。新式烤炉、烤箱大多采用电热式或远红外线式，具有工效高、耗电少、受热均衡、操作简便等优点，可用来烘、烤多种食品，如烤面包、烤蛋糕、烤鸡、烤鸭、烤鹅等。由于其所用的发热器表面温度较高，热量直接辐射到被烘烤的食物上，因此烘烤后的食物色、香、味俱佳。烤炉和烤箱分别如图4—8和图4—9所示。

图4—7 蒸汽灶

图4—8 烤炉

（5）微波炉。微波炉是一种比较现代化的加热设备，其主要优点是大大缩短了烹调时间，加热均匀，穿透性强，能够保持食品的原有风味，减少维生素的损失，且易于调控。微波炉不仅可用于加热食品、烹调菜肴，而且还可以用来杀菌、保温、快速解冻等，用途十分广泛，受到人们的普遍青睐。微波炉如图4—10所示。

图4—9 烤箱

图4—10 微波炉

二、炊具

炊具是用于烧煮的器具。由于各地方和各厨房的使用习惯不同，炊具种类很多，而且规格不一。现将几种常用的炊具介绍如下。

1. 锅

锅是厨房炊具中最重要的一种，按照形状和用途不同可分为炒锅、大铁锅、平底锅、汤锅、高压锅、砂锅、钢精锅、不粘锅，以及电饭锅（又称电饭煲）、电炒锅、电煎锅等，如图4—11所示。

图4—11　各种锅

2. 手勺

手勺是用于投料、翻搅锅中菜肴，以及将烹制好的菜肴出锅装盘的工具。手勺呈圆形，直径10～13 cm，有一长柄。传统的手勺顶端装有木头柄，而新式手勺整个把柄全部由铁或不锈钢制成，如图4—12所示。

3. 漏勺

漏勺是用来滤油，或从油锅或汤锅中捞出原材料的工具，是铁制连柄浅底广口的勺子。漏勺有大小两种，大的直径约30 cm，小的直径约20 cm。勺面有很多小孔，如图4—13所示。

图4—12　手勺

图4—13　漏勺

4. 笊篱

笊篱用途与漏勺大体相同，用铁丝、铜丝或竹丝等编制而成，可从汤里捞取原材料，但主要用来捞油渣，如图 4—14 所示。

5. 网筛

网筛是过滤汤汁或液体调味品的工具，是用细铜丝网做成的、带框的圆形筛子。滤汤的网筛还可分为滤清汤和滤浑汤两种。滤清汤的网筛铜丝眼很细，每 10 cm^2 为 120 孔。滤浑汤的网筛尺寸较小，孔较大，每 10 cm^2 为 80 孔，主要是滤去调味品中的杂物。滤浑汤的网筛，必要时还可以在筛内加一块细布，以使滤出的汤更清，如图 4—15 所示。

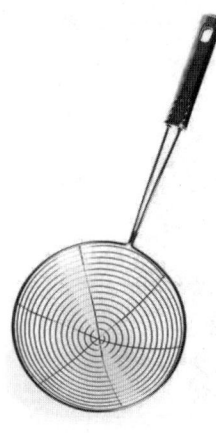

图 4—14　笊篱

图 4—15　网筛

6. 铁叉

铁叉是指用于烧烤食物或在沸水汤汁中捞取大块原料的工具。一般情况下，铁叉的一头为铁柄，另一头为双叉头。

饮食行业中常用的有长叉（叉长 1 m，把长 80 cm），适于烤乳猪等大件食品；中长叉（叉长 80 cm，把长 80 cm），适于烤猪方等；短叉（叉长 35 cm，把长 25 cm），适于烤仔鸡、全鱼等。

7. 蒸笼

蒸笼是指蒸制食品的炊具，一般用竹制作，也有用白铁皮制作的。蒸笼的规格大小不一，最大的直径在 3 m 以上，最小的在 7 cm 左右，常用的为 66 ~ 76 cm，上有蒸笼盖。蒸笼盖的形式有两种：一种是平顶式笼盖，另一种是圆锥形笼盖。前者在使用时，蒸汽水会滴在原材料上而影响菜点的形状和口味，后者则不会有此现象。故一般选用圆锥形顶的蒸笼盖为宜，如图 4—16 所示。

8. 砧板

砧板又称切菜板，是指对原材料进行刀工操作时的衬垫工具，一般是木质的，以皂角树、活白果树的中段或红柳木为好，通常为圆形（也有长方形、椭圆形等其他形状），其尺寸大小按实际需要而定，如图 4—17 所示。

9. 各种刀具

厨用刀具种类较多，常见的有切刀、批刀、砍刀、斩刀、旋转刀、面包刀、牡蛎刀、水果刀、剪刀及各式雕刻刀、模具等，如图 4—18 所示。

图 4—16 蒸笼

图 4—17 砧板

图 4—18 各种刀具

三、工作台

厨房工作台俗称案板，如图 4—19 所示。传统中的案板是用厚 5 cm 以上的木板制作的，造价较低，并且经久耐用。但这种案板比较笨重，木板本身吸水后很难清洗，细菌容易在

图 4—19 工作台

案板上繁殖。近年来，多数新建饭店的厨房采用了铝合金架、不锈钢台面的工作台，或不锈钢多功能工作台，如双、单向移门调理台，冷藏调理台等。这种金属工作台抗腐蚀性强，坚固耐用，美观整洁，是现代化的厨房设备。白案部的案板仍然采用传统的木案板。

四、厨用机械

厨用机械是现代化厨房的必要设备。虽然厨房生产过程中大量的操作是靠手工进行的，但随着科学的进步，厨房生产中也有一些工序实现了机械化操作，大大提高了劳动效率，减轻了厨房工作人员的体力劳动。目前，厨房常用的机械设备主要有绞肉机、切片机、去皮机、切碎机、多功能搅拌机、和面机、洗碗机等。

1. 绞肉机

绞肉机是将整块肉料加工成肉末的机器，如图4—20所示。绞肉机主要由不锈钢放料盘、转轴、刀片、圆形多孔板、轴头、电动机等组成，其工作原理是通过电动机带动转轴及转轴一端的刀片旋转，使经过放料盘下料口投入的肉料不断地被挤压、绞磨，最后通过出料口的圆形多孔板输出肉末。

绞肉机用途较广，除了可以用于绞各种肉末，鱼、虾、肉馅外，还可用来绞蔬菜等多种物料，同时操作简便省力，加工效率高，每分钟能绞肉、鱼等原材料6～7 kg。

2. 切片机

切片机是将原材料加工成不同厚度的片形的一种加工机器，如图4—21所示。其机型有刀片垂直形和刀片倾斜形两种，加工片形厚度从0.05 cm到4 cm不等，主要通过机器下方的厚度调节旋钮来调节。切片机可用于切肉片、鱼片、土豆片、姜片、面包片等，操作简便，出品质量较高，速度较快。

图4—20 绞肉机

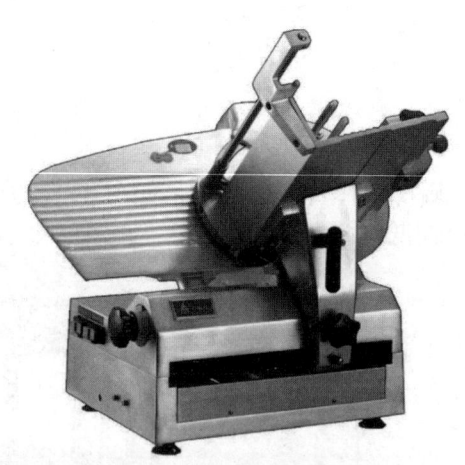

图4—21 切片机

3. 去皮机

去皮机是利用砂盘高速旋转打磨原材料表面使其脱皮的机器，其外形如圆桶，上部有一圆形下料口和一根进水管，内有波浪形砂盘及电动机，原材料去皮后通过中部的方形出料口输出，如图4—22所示。去皮机可用来加工土豆、生姜、芋头等，其优点是工效高、浪费少（因其只是磨去原材料表面的一层薄皮）。

4. 切碎机

切碎机又称多功能粉碎机，其配备的刀具种类多，可以快速切出片、块等多种形状，还可以进行切剁、揉搓、粉碎等工作，用其加工肉片、肉茸、鱼茸、面包粉等较为方便，所以被一般厨房普遍使用，如图4—23所示。

图4—22 去皮机

图4—23 切碎机

切碎机由不锈钢底座、盛料桶、各种刀片及一根转动轴组成，按其调速方式可分为多速切碎机、无级调速切碎机和自动控制切碎机三种。

5. 多功能搅拌机

多功能搅拌机容量有大有小，小的为5 L，大的为140 L。多功能搅拌机配有搅拌盆、搅拌器和铁丝打蛋器等部件，另外还配有切丝、切片、切丁和碾末等配件，如图4—24所示。

以上介绍的是厨房中常用的一些机械设备，有条件的饮食企业都应该尽量采用先进的厨用机械，以提高厨房的机械化程度。

五、储柜与搁架

1. 普通储柜

普通储柜是指在常温下用于储藏厨房食物或物品而不具备冷藏功能的储藏柜。普通储柜通常可分为两种：一种是带移门的封闭柜，另一种是带纱窗的储柜。带纱窗储柜的优点是既可防昆虫叮咬食物，又能使柜内空气流通，避免存品产生异味。这种普通储柜既可以储藏食物，也可以用于存放碗碟、刀具等物品，一般采用不锈钢材料制作，如图4—25所示。

图4—24 多功能搅拌机

2. 冷藏储柜

厨房常用的冷藏储柜有冰箱、冷藏调理台、冷藏陈列柜、冷库等。

（1）冰箱。冰箱的样式较多，有双门、三门、四门、六门、八门等，如图4—26所示。根据冰箱的制冷方式和制冷温度的不同，又可分为速冻柜、冷藏柜和冻藏柜等类型，以供储藏不同的食品。使用多门冰箱应按规定操作，尚未冷却的熟制品不能投入冰箱；经常取用的原材料应集中于一个冷藏室内，要尽量减少冰箱门的开关次数，先存的原材料要先取用；要定期停机清洗冰箱中的污水，保持冰箱内清洁卫生。

图4—25　普通储柜

图4—26　冰箱

（2）冷藏调理台。这类冰箱上面是不锈钢工作台，下面则是冰箱。该类冰箱在冷菜间、配菜间等工作点常常见到，具有使用方便、易于清洁、节省厨房空间等优点，如图4—27所示。

图4—27　冷藏调理台

（3）冷藏陈列柜。冷藏陈列柜又称冷藏展示柜，其柜门由透明保温玻璃制成，柜门两边有照明灯管，从外面可以直接看到内部的储藏食品。这种冷藏柜的温度一般为2～5℃，大多用于储藏水果、糕点、冷菜及酒水等，如图4—28所示。

（4）冷库。冷库是现代饭店必备的大型冷藏设备，如图4—29所示。饭店的冷库往往以活动式冷库居多，采用风冷式制冷原理。冷库按库房容积可分为M6、M9、M13几种规格，按库内温度又可分为预冷间、速冻间、冷藏间、冻藏间。

图4—28 冷藏陈列柜

图4—29 冷库

3. 搁架

厨房还应备一些搁架，最好是多层搁架，用于搁放各种用具、器皿，如在厨房生产过程中用于搁放各种厨房用具的用具架、用于搁放各种碗碟的碗碟架等。搁架有木制和金属制两种，可根据厨房情况选用，如图4—30所示。

图4—30 搁架

六、通风与排气设备

由于厨房生产的特殊性，厨房内常常油烟四溢、蒸汽弥漫，造成污染，不但损害作业人员的身体健康，同时还遮挡操作人员的视线，降低其工作效率。因此，厨房的通风与排气对于保障作业人员的身体健康、提高工作效率是十分重要的。厨房仅靠自然通风远远不够，必须借助机械通风系统和排气装置来通风排气。厨房常用的通风和排气设备有单向排风扇（抽风电扇）、双向换气扇、抽油烟机及安装在炉灶正上方的排油烟罩（或抽风罩）等。排油烟罩种类很多，较为先进的是气帘式排油烟罩和带循环水式排油烟罩。

1. 气帘式排油烟罩

这种设备在抽吸油烟、蒸汽的同时，在炉灶上方靠近操作人员处往下输出新鲜空气，形成"气帘",防止油烟向外扩散,以增加排气效果。

2. 带循环水式排油烟罩

该设备顶部有一块倾斜角为45°左右的不锈钢板,循环自来水从板的背面流过,当高温的油烟和蒸汽被抽吸向上升腾时,遇到温度相对较低的不锈钢板,会在其表面凝结成油滴和水滴,并沿着倾斜的不锈钢板流进油污收集槽内被排出。这种设备要注意经常清洁其内外表面,防止油污积存。

此外,在选用通风排气机械时,要根据厨房面积和预定换气速度确定机械功率。

第 4 节 厨房管理

厨房管理是一门科学,也是饭店饮食管理的重要组成部分。厨房是饭店向顾客提供菜点的生产部门,其管理的好坏直接影响整个饭店的声誉和饭店的盈利水平。

一、厨房管理的概念和作用

1. 厨房管理的概念

厨房管理,是指厨房管理人员依照一定的厨房生产业务规律、原则,遵循一定的程序和方法,对厨房内各项资源进行有效的计划、组织、指挥、监督和协调,充分调动厨房工作人员的积极性、创造性,以实现企业经营目标的活动过程。

厨房管理必须保证随时满足顾客对菜点的一切需要,及时提供给顾客优质的产品,必须保持始终如一的产品形象,提供的产品还必须保证卫生安全,并能获得最佳的盈利。

2. 厨房管理的作用

厨房管理是厨房生产获得成功的关键。一位管理学家曾经指出:"管理如同原子裂变过程一样,可以放出原子潜藏在某个系统内的巨大能量。"管理的效果就在于能释放出某个系统内的全部能量,因此厨房管理的作用是不可忽视的。其主要作用如下。

(1) 有利于厨房生产获得成功。科学的管理是厨房生产获得成功的基本要素,优质的烹饪原材料、技艺精湛的名厨师,只是搞好厨房生产的基本条件。在此基础上,还应建立科学的管理体制,使厨房业务管理系统化、规范化,只有这样,才能保证菜点的质量,才能使厨房得以高效、顺利地运转。

(2) 有利于企业获得最佳利润。厨房成本控制是厨房管理的重要环节。从饮食的经营角度来看,加强厨房生产各流程中的成本控制,对企业饮食部门的利润至关重要。如果厨房生产成本失控,就会导致企业整个饮食利润下降。因此,成本控制是衡量一个厨房管理水平的主要标准之一。只有加强厨房管理,才能使企业获得最佳的利润。

(3) 有利于发挥人力资源的最大效能。厨房是一个劳动密集型的场所,生产人员多,工序复杂且多是手工操作,生产随意性大,有些工种相对独立。加强厨房管理,合理组织人力,可充分挖掘每位员工的潜能,调动每位员工的工作积极性。同时,通过厨房管理,可有效地促使各工种、各部门、各作业点之间相互配合、共同协调来保证厨房生产的正常运行,从而最大限度地发挥每个生产人员的特长。

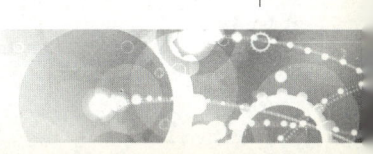

（4）有利于让顾客获得满意。让顾客满意是饭店经营的宗旨。实际上，顾客的满意主要取决于两个方面的因素：一是生理方面的满意，即对菜点的营养价值、色、香、味、形、温度、质感及卫生等方面的满意；二是精神方面的满意，即对进餐的环境、服务态度、菜点的装盘造型、盘饰、餐具、盛器等方面的满意。优质的菜点不仅能满足顾客的各种需要，还能吸引顾客慕名而来。因此，良好的厨房生产管理是生产优质菜点的根本保证，也是让顾客满意的重要保证。

二、厨房的人员管理

厨房是一个特殊的劳动密集型场所，其业务工作的开展需要人来操作和完成。厨房管理，说到底就是人的管理。厨房的人员管理，就是运用科学的方法对厨房作业人员进行有效的利用和开发，以提高厨房作业人员的素质，并使其得到最优化的组合和积极性最大限度的发挥，从而不断提高厨房作业人员的劳动效率。

1. 厨房人员管理的目标

（1）造就一支优秀的厨房员工队伍。厨房人员管理就是要广纳贤人，注重培养，提高厨房员工的素质，使厨房员工队伍不仅在数量上而且在质量上保证饭店业务活动的进行。

（2）创造最优化的劳动组织。一支优秀的厨房员工队伍必须做到有机结合，否则便会是一盘散沙。厨房人员管理的目的，就是要通过科学的排列组合，使员工做到职责分明、能位相称，人尽其才、才尽其用，形成一个精干、有序、高效的劳动组织。

（3）创造"自动自发"的人事环境。人的管理，其实质并非"管人"，而在于"得人"，谋求人和事的最佳配合。古人云："天时不如地利，地利不如人和。"一旦企业失去人才和人心，哪怕企业资金再雄厚、设备再先进，也必将惨败。厨房人员管理的目的，就是要通过各种有效的激励措施，创造良好的人事环境，使厨房员工安心工作、乐于工作，最大限度地把自己的聪明才智和积极性发挥出来。

2. 厨房人员的分类及素质要求

根据所从事工作的性质，厨房员工大体上可以分为三类：一是厨房管理人员，如厨师长、领班等；二是厨房专业技术人员，如水台、打荷、切配、炉灶、烧烤等岗位的厨师；三是厨工，如厨房洗碗间员工、洗锅间员工、厨房清洁工等。

厨房人员的素质是指厨房作业人员从事厨房特定岗位工作必须具备的基本条件。由于厨房内部分工复杂，岗位繁多，不同的岗位有不同的业务特点、工作内容和要求，因而有不同的素质要求。

（1）厨房管理人员的基本素质要求。不论厨师长还是领班，除了应具有较强的业务素质外，还必须具有优良的政治素质、心理素质、文化素质、组织管理素质及身体素质。

（2）厨房专业技术人员的基本素质要求。厨房专业技术人员主要指从事厨房菜点加工烹制的各类厨师。这些人的素质如何，直接关系到企业的饮食产品质量和经济效益。厨房专业技术人员最根本的素质要求是要有强烈的企业意识、优秀的道德品质、良好的工作作风和过硬的业务技术。

（3）厨工的基本素质要求。厨工主要负责厨房各岗位的清洁卫生及内外的整理工作，包括各种食具的洗涤、消毒、保管等。厨工除应具有一定的身体条件外，还必须熟悉厨房各类餐具、炊具的性能和用途，掌握不同季节瓜菜的品种、用途及择洗方式。

3. 厨房人员的培训

厨房人员素质的提高，关键在于培训。通过有效的培训，可以系统地提高厨房人员的业务技能，进而提高厨房的生产效率和工作质量。通过培训，还可使新入职的员工了解厨房的工作环境、设备，以及饭店的各项规章制度，以便使他们能较快地进入工作角色。同时，通过对厨房业务技术骨干的培训，可增强他们的管理意识和管理能力。

（1）培训的途径和形式。厨房人员培训的途径和形式有很多，常见的有：在本饭店内举办短期培训班，由本饭店的业务技术骨干或外聘几名技艺高超的特级厨师来执教；在本饭店内组织专业技术"比武"、专业技术研讨会等技术交流活动；在各岗位业务技术骨干的带领和指导下，进行岗位实际操作培训；送至专业院校或专业培训班进行系统学习；送至其他饭店进行实习培训等。

（2）培训的内容。厨房人员培训的内容，主要包括职业道德、专业理论知识、专业操作技能，以及政治思想和文化知识等。

4. 厨房人员积极性的激发

调动员工的积极性，这是厨房人员管理的中心。调动员工的积极性，就是激发员工的工作热情，促进员工的工作行为。常见的几种激励方式如下。

（1）物质激励。物质激励就是通过满足员工物质利益（如金钱、实物等）的需求，来激发员工工作积极性的一种激励方法。物质激励在一定的条件下，特别是在物质生活不十分充裕的条件下，会产生相当大的激励作用。当然，物质激励并非是万能的，在一定条件下也会产生"淡化"现象。例如，对员工的同一种贡献给予多次相同数量的奖励金额后，其激励作用就会明显下降。所以，管理者在具体应用物质激励时，要结合其他一些激励方法，以起到较好的激励作用。

（2）目标激励。用目标激励方法时应注意目标的先进性和合理性，其目标既不能低得唾手可得，也不能高得可望而不可即。同时，在达到目标之后，与员工利益相关部分要及时兑现，以使激励真正起到作用。

（3）荣誉激励。荣誉激励就是通过给有突出贡献的员工一种荣誉称号，来激发其工作的积极性和对企业及工作的责任感与义务感，同时也激励未获荣誉称号者奋发进取，争取以优异的成绩获得组织的承认与众人的尊敬。厨房中所设的荣誉称号有优秀员工、先进工作者、技术能手或标兵、十佳厨师等。

（4）情感激励。情感激励就是指管理者用自己真诚的感情去打动和征服员工，尊重、信任和关怀员工，从感情上赢得全体员工的信赖，以此来激发员工工作积极性的一种方法。这种激励方式在员工感情上产生的效应往往是积极、强烈而持久的，对培养员工工作热情和良好工作动机可产生积极有效的影响。

（5）角色激励。厨房员工在各自的岗位上都扮演着一定的职务角色，如厨师长、切配师、烹调师、点心师等。不同角色被赋予了不同的责任。角色激励，就是让个人认识并担负起应负的责任，激发其为扮演的角色而努力工作的精神，满足其成就感。

（6）竞争激励。竞争激励实际上也是荣誉激励。厨房员工中主要是年轻人，他们争强好胜、上进心强，对荣誉有强烈的需要，通过竞赛活动，可充分调动员工的潜在能力，提高他们的技能，从而有效地提高其工作效率。

（7）惩罚激励。惩罚激励就是通过批评和惩罚的方式，使那些有错误行为的员工认识错误、改正错误，同时也促进其他员工努力工作，以避免出现同样的错误。当然，批评和惩

罚仅仅是一种手段，而不是目的，要做到对事不对人，要在批评惩罚的同时，多做一些鼓励工作，以便起到良好的激励作用。

此外，激励的方式还有很多，如晋升激励、信任激励、榜样激励、信息激励等。激励并没有固定的模式，作为一名厨房管理者要根据具体情况灵活运用。应该指出的是，激励是一种有效的人员管理方法，但不是唯一的方法，在实际管理工作中只有与其他方法有机地结合起来，才能发挥激励的更大作用。

三、厨房生产管理

厨房生产流程包括原料加工、配份（配菜）、烹调三个主要程序。期间的管理实际上是对生产质量、产品成本、制作规范三个流程加以检查、督导，制定生产标准，以保证产品的质量标准和优质形象，保证达到预期的成本标准，消除生产性浪费，控制生产中的折损，保证员工按制作规范操作，形成最佳的生产秩序和流程。

1. 标准食谱管理

（1）标准食谱的概念与作用

1）标准食谱的概念。标准食谱指以菜谱的形式，标明菜肴（包括点心）的用料配方，规定制作程序，明确装盘规格、成品的特点及质量标准，这是厨房每道菜点生产的全面技术规定，也是核算菜肴或点心成本的可靠依据。

2）标准菜谱的作用

第一，保证产品质量标准化。采用标准的配料和标准生产规程，可保证菜品每次的生产质量保持一致，使菜品的味道、外观和受欢迎度保持稳定。即使在员工换岗率高的情况下也容易保持质量的稳定性，有利于增加回头客。

第二，便于控制菜肴生产成本。规定了每份菜的标准配料、用量，便于计算出每份菜的标准成本。每份菜品标准成本和销售量确定之后，可算出菜肴生产的总标准成本，利于控制实际成本。

第三，有助于确定菜肴价格。菜品定价的主要方法是以成本作为基础，在菜谱上规定了每份菜的标准成本，管理人员就可据此确定菜肴的价格。

（2）标准食谱的内容与要求。标准食谱的制定应该包含以下四个方面内容：标准配料量、标准烹调程序、标准份额和烹制份数、单份菜品标准成本。

1）标准配料量。规定生产菜肴所需的各种主料、配料和调味品的数量，即标准配料量。在确定标准生产规程以前，首先要确定生产一份标准份额的菜品需要哪些调料，用量分别是多少，每种配料的成本单价是多少。

2）标准烹调程序。标准食谱上规定了菜品的标准烹调方法和操作步骤。标准烹调程序要详细、具体地规定食品烹调需要的炊具、工具，原料加工切配的方法、加料的数量和次序、烹调的方法、烹调的温度和时间，同时还要规定盛菜的餐具、菜品的布摆方法等。烹调程序一般由每个厨房自行编制，不能通过一次烹饪就做出规定，须经多次试验或实践，不断地改进，直至生产出的产品色、香、味、形俱佳，受到顾客欢迎为止。这样的烹调程序才能作为生产标准规定下来，再将标准配料量和标准生产规程记录在卡片上供生产人员使用。

3）标准份额和烹制份数。实际生产中，有些菜品只适宜一份一份地单独烹制，有的则可以进行数份甚至数十份一起烹制，因此，菜谱对该菜品的烹制份数必须明确规定，才能正确计算标准配料量、标准份额和每份菜的标准成本。

标准份额是某份菜品以一定价格销售给顾客时规定的数量。每份菜品每次出售给顾客的数量必须一致。比如一份小盘酱牛肉的分量是 200 g，每次向顾客销售时，分量应该保持一致，必须达到规定的标准份额。

4）单份菜品标准成本。首先通过试验，将各种菜肴的制作份数、菜肴的配料及其用量以及烹调方法固定下来，制定出标准，然后将各种配料的金额相加，汇总出菜品生产的总成本，再除以制作份数，得出每份菜的标准成本。每份菜品的标准成本是控制成本的工具，也是菜品定价的基础。

$$单份菜品标准成本 = \sum（各种配料成本单价 \times 各配料量）/ 制作份数$$

单份菜品标准成本率是单份菜品标准成本占菜肴售价的比例：

$$单份菜品标准成本率 = 单份菜品标准成本 / 售价$$

（3）标准菜谱的制定与管理。制定标准菜谱时，要考虑两种情况：一是即将开业的餐饮企业，要科学地计划菜点品种，制定适合自己经营要求的菜肴生产制作规范，这一点对正在经营中的餐饮企业面临新增添、新创菜点品种时同样适用；二是已经生产经营的餐饮企业，对现行品种的标准菜谱进行修正和完善，适应新的消费需求。

制定标准菜谱要选择合适的时间，如分期组织餐饮管理人员、厨师和服务员进行专门研究，哪些需要补充，哪些需要进一步规范。管理人员要对菜肴销售情况进行分析，提供参考意见；服务人员要及时反馈顾客在消费过程中提出的意见和建议；厨师要对菜肴配置、器皿等进行复查和完善。因而，制定标准菜谱同时也是餐饮管理不断完善的过程。

在管理上，标准菜谱一经制定，必须严格执行。在使用过程中，要维持其严肃性和权威性，减少随意投料和乱放而导致厨房出品质量不一致、不稳定的现象，确保标准菜谱在规范厨房出品质量方面发挥应有的作用。

2. 原料加工阶段管理

加工阶段是整个厨房生产制作的基础，加工品的规格质量和出品时效对后续阶段的厨房生产产生直接影响。此外，加工质量还决定了原料出净率的高低，对产品成本控制有较大作用。这一阶段的管理要严格执行原料加工的要求和操作规范，对原料的初加工和深加工在规格质量、加工数量和出品时效方面进行科学的管理。

（1）加工质量管理。加工质量管理主要包括冰冻原料的解冻质量、原料的加工出净率和加工的规格标准等几个方面的管理。

冰冻原料加工前必须经过解冻，使解冻后的原料恢复新鲜、软嫩的状态，要尽量保持原料固有的风味和营养。

加工出净率（净料率）的控制，是指用作做菜的净料和未经加工的原始原料之比。出净率越高，菜肴单位成本就越低。出净率的高低取决于原料本身的质量，厨师的态度和技术对其也会产生重要影响。

原料加工质量直接关系到菜肴成品的色、香、味、形及营养和卫生状况。除了控制加工原料的出净率，还需要严格把握加工品的规格标准和卫生指标。所有加工任务，分工要明确，一方面要有利于分清责任，另一方面要提高厨师专项技术的熟练程度，有效地保证加工质量。在条件许可的情况下，尽量使用机械切割，以保证加工规格标准一致。

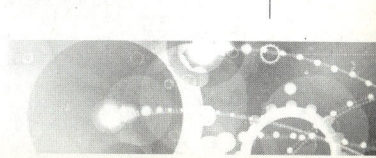

（2）加工数量及加工程序的管理。加工数量主要取决于厨房配份等程序对菜肴、用料的需求状况。加工数量要以销售预测为依据，以满足生产为前提，同时应留有适当的储存周转量，避免加工过多而造成质量降低。加工程序也应加强管理。加工程序是各厨房统一时间先向加工厨房申领原料，由加工厨房汇总折算成各类未加工原料向采购部申购，原料集中加工后按各点预定发放。

3. 配份与烹调管理

配份阶段是决定每份菜肴的用料及其成本的关键阶段。配份阶段的管理要求应严格执行程序标准，根据标准菜谱，将菜肴的主、配料及其料头（又称小料）进行有机配伍、组合，以提供给烹调岗位进行进一步操作。烹调阶段的管理要求从烹调厨师的操作规范、烹制数量、成菜口味、菜肴质地、温度，以及对失当菜肴的处理等几个方面加以督导和控制。

（1）配份数量与成本控制。配份数量控制是确保每份配出的菜肴数量合乎规格，成品饱满而不超标，使每份菜肴产生应有效益，是成本控制的核心。因为原料通过加工、切割、上浆，到配份岗位其单位成本已经很高。这时如果对菜点配份不重视，随意性强，很容易造成生产成本的居高不下。配份的主要手段是充分依靠、利用标准食谱规定的配份规格标准。

（2）配份质量管理。菜肴配份首先要保证同样的菜名，其原料配份必须相同。厨房必须按标准菜谱进行培训，统一用料配菜，并加强岗位间监督、检查。配份岗位操作，同时还应考虑烹调操作的方便性。因此，要求每份菜肴的主料、配料、小料配放要规范。配菜的质量还包括其工作中的程序，要严格防止和杜绝配错菜（配错餐台）、配重菜和配漏菜的情况出现。控制和防止错配、漏配菜的措施：一是制定配菜工作程序，理顺工作关系；二是健全出菜制度，防止有意或无意地流失。

（3）烹调质量管理。烹调质量管理要从厨房操作规范、烹制数量、出菜速度、成菜温度以及对问题菜肴的处理等几个方面加以督导、控制。首先，要求厨师服从打荷派菜安排，按正常出菜次序和顾客要求的出菜速度烹制出品。其次，在烹调过程中，要督导厨师按规定操作程序进行烹制，并按规定的调料比例投放调料，不可随心所欲，任意发挥。最后，控制炉灶一次菜肴的烹制量也是保证出品质量的有效措施。坚持菜肴少炒勤烹，既能做到每席菜肴出品及时，又可减少因炒熟后分配装盘不均而产生误会和麻烦。

4. 冷菜、点心的生产管理

冷菜和点心是厨房生产相对独立的两个部门，其生产与出品管理与热菜有不同的特点。冷菜和点心生产的管理要求，主要是对菜点的分量、质量、制作程序和存放等几个环节须制定详细的管理规范，并按规范督导实施。

（1）分量控制。冷菜又称冷碟、冷盘，多在烹调后切配装盘，装盘的原料和数量关系到顾客的利益，又直接影响成本控制。冷菜虽多以小型餐具盛装，但并非越少越给人以细致美好的感觉，应以适量、饱满、恰好用以佐酒为度。

点心的分量和数量包括两个方面：一是每份点心的个数；二是每只点心的用料及配比。

要控制冷菜和点心的分量，有效的做法是测试、规定各类冷菜及点心的生产和装盘规格标准，并督导执行。

（2）质量控制。中餐冷菜和西餐冷菜都具有开胃、佐酒的功能。冷菜的风味和口味要求都比较高，要保持冷菜口味的一致性，可采用预先调制统一规格比例的冷菜调味汁、冷沙司的做法，待成品改刀、装盘后浇上或随菜配备即可。

点心重在给就餐顾客留下美好回味，要求对点心质量加以严格控制，确保出品符合规定的质量要求，起到应有的效果。

冷菜与点心的生产和出品通常是和菜肴分隔开的，因此出品的手续控制要健全。餐厅下单时，多以单独的两联分送冷菜和点心厨房，按单配份与装盘出品同样要按配菜出菜制度执行，要严格防止和堵塞管理中的漏洞。

5. 厨房生产的班后业务

厨房是为餐厅服务的。厨房烹制的菜肴一般在当班卖完，但是餐厅营业结算并不意味着厨房生产的结束。餐厅"收市后"，厨房尚有相当重的班后业务。

（1）厨房清洁工作。生产结束后，应将工作台和地面冲洗干净，使用煤灶的应掏清炉渣。炊具、用具、刀具、工作台都应清洗干净。使用绞肉机、切肉机、和面机等机具的，应按规定清洗。碗、碟盛具放入碗柜，或用清洁的纱布覆盖，调味品加盖，以免污物落入。

（2）剩余原材料、半成品的处理和保存。当天领用或购用的鲜活原材料，以及当天加工的半成品，如使用不完，在生产结束时应妥善处理。一般可存入冰柜或冷库，也可采取焯水或过油的办法处理。汤锅的存汤要煮沸。

（3）做好次日生产的准备工作。例如，干货的涨发、一些半成品和汤类的烹制等。

（4）安全检查。厨房生产结束后，应封闭火源，关闭煤气或燃油阀门，切断电源，关闭门窗，旋紧水龙头，防火防盗。

6. 厨房生产管理方法

（1）制定厨房生产各阶段明确的管理细则

1）加工阶段工作程序与要求

①动物性原料加工程序与要求

a. 程序：备齐各类加工原料，准备用具、盛器。根据菜肴用料规格，将洗净原料进行合乎规范的切割处理。将加工后的原料进行下一步处理，如上浆、腌制等。

b. 要求：注意原料的可食性，确保用料的安全性。用料部位或规格准确，物尽其用。分类整齐，成形一致。清洁场地，清运垃圾，确保场所和器具的卫生。

②植物性原料加工程序与要求

a. 程序：剔除不能食用的部分。修削整齐，符合规格要求。无泥沙、虫尸、虫卵，洗涤干净，沥干水分。合理放置，不受污染。

b. 要求：备齐原料和数量，准备用具及盛器。按熟制菜肴要求对原料进行拣择或去皮，或摘取嫩叶、心。分类加工和洗涤，保持其完好，沥干水分，备用。交厨房领用或送冷藏库暂存待用。清洁场地，清运垃圾，清理用具，妥善保管。

③原料切配工作程序与要求

a. 程序：备齐需切割的原料，解冻至可切割状态，准备用具及盛器。对切割原料进行初步整理，铲除筋、膜皮，斩尽脚、须等下脚料。根据不同烹调要求，分别对畜、禽、水产品、蔬菜类原料进行切割。区别不同用途和领用时间，将已切割原料分别包装冷藏或交上浆岗位浆制。

b. 要求：大小一致，长短相等，厚薄均匀，放置整齐。用料合理，物尽其用。

关于原料加工程序和要求，要根据原料的不同特性和不同的加工要求进行多次测验，设计出完整的操作规范，以此作为生产的参照。

2）烹调阶段工作细则。烹调阶段主要包括打荷、炉灶菜肴烹制，以及与之相关的打荷盘饰用品的制作、大型活动的餐具准备和问题菜肴退回厨房的处理等工作程序。有关工序的操作要点如下。

①炉灶菜肴烹制工作程序。准备用具，开启排油烟罩，点燃炉火，使之处于工作状态。对不同性质的原料，根据烹调要求，分别进行焯水、过油等初步熟处理。吊制清汤、高汤或浓汤，为烹制高档菜肴及宴会菜肴做好准备。熬制各种调味汁，制备必要的用糊，做好开餐的各项准备工作。开餐时，接受打荷的安排，根据菜肴的规格标准及时进行烹调。开餐结束，妥善保管剩余食品及调料，擦洗灶头，清洁整理工作区域及用具。

②问题菜肴退回厨房处理程序。问题菜肴退回后，及时向厨师长或有关技术人员汇报，进行复查鉴定。若属烹调失当菜肴，交打荷即刻安排炉灶调整口味，重新烹制。无法重新烹制的菜肴，由厨师长交配份岗位重新安排原料切配，并交予打荷。打荷接到已配好或已安排重新烹制的菜肴，及时迅速分派炉灶烹制，并交代清楚。烹调成熟后，按规格装饰点缀，经厨师长检查认可，迅速递于备餐划单出菜人员上菜，并说明清楚。餐后分析原因，计入成本，同时做好记录，计划采取的相应措施，避免类似情况再次发生。

3）冷菜、点心制作程序

①冷菜工作程序。打开并及时关灭紫外线灯对冷菜间进行消毒杀菌。备齐冷菜用原料、调料，准备相应盛器及各类餐具。按规格加工烹调制作冷菜及调味汁。接收订单和宴会通知单，按规格切制装配冷菜，并放于规定的出菜位置。开餐结束，清洁整理冰箱，将剩余食品及调味汁分类放入冰箱，清洁场地及用具。

②点心工作程序。领取备齐各类原料，准备用具。检查整理烤箱、蒸笼的卫生和安全使用情况。加工制作馅心及其他半成品，切配各类料头，预制部分宴会、团队点心。准备所需调料，备齐开餐用各类餐具。接收订单，按规格制作出品各类点心。开餐结束，清洁整理冰箱，将剩余食品及调味品分类放入冰箱，清洁设备器具。

（2）制定出操作性强的标准菜谱。标准菜谱应包括以下内容：标准份额和烹制分数、标准投料量、标准烹调程序及标准成本。使用标准菜谱的最大好处是能够保证菜肴生产质量的稳定，不会因员工流动率较高而影响菜肴的质量，也有利于增加回头客，同时便于控制菜肴成本和确定菜肴价格。

（3）根据厨房生产各阶段的要求控制好厨房出品秩序。重点是按照餐厅部的下单要求、顾客的点菜内容和具体要求及时安排好厨房生产，合理调配厨房内部各种资源，在原料加工、合理配份、烹调、备餐、传菜等各个阶段处理好衔接关系，保持高效顺畅的厨房出品流程。

四、菜点质量管理

1. 菜点质量的概念及评定方法

（1）菜点质量概念。质量是指产品或服务提供者所提供给消费者的产品或服务，在何种程度上和多长时间里满足消费者需求的程度。

菜点，也就是由厨房生产制作的各种供顾客选用的食品，一般有冷菜、热菜、点心、面食、粥品、汤羹，以及小吃、甜品等。所谓的菜点质量，主要是指菜点本身的质量，从传统意义上来说，一般包括菜点的色、香、味、形、器、质感等，如果结合现代科学对菜点一些质量内容的整合，则还应包括菜点的温度感、营养卫生、安全程度等。

（2）菜点质量感官评定及外围质量要求。感官质量评定法，是餐饮经营实践中最基本、最实用且简便有效的方法。即利用人的感觉器官通过对菜肴的质量加以鉴赏和品尝，来评定菜肴食品各项指标质量的方法。也就是用眼、耳、鼻、舌（齿）、手等感官，通过看、听、嗅、尝、嚼、咬等方法，检查菜肴外观色、形、质、温等，从而确定其质量的一种评定方法。

1）视觉评定。视觉评定即根据经验，用肉眼对菜肴的外部特征如色彩、光泽、形态、造型、菜肴与盛器的配合、装盘的艺术性等进行检查、鉴赏，以评定其质量优劣。

2）听觉评定。听觉评定即运用听觉器官评定菜肴质量，尤其适用于锅巴及铁板类菜肴。听觉评定菜肴质量，既可发现其温度是否符合要求，质地是否已处理得膨发酥松（主要指锅巴类菜肴），同时还可以考核服务是否全面得体。

3）嗅觉评定。嗅觉评定即综合运用嗅觉器官来评定菜肴的气味。

4）味觉评定。味觉评定即利用舌头表面味蕾接触食物受到刺激时产生的反应，辨别甜、咸、酸、苦、辣等滋味。味觉评定对于检查菜点的口味是否恰当、是否符合风味要求具有很重要的作用。

5）触觉评定。触觉评定即通过舌、牙齿及手对菜肴直接或间接地咬、咀嚼、按、摸、敲等，检查菜肴的组织结构、质地、温度等，从而评定菜肴质量。

要把握菜肴的质量，以上五种感官评定方法往往要几种并用对菜肴质量进行鉴赏评定。

菜点外围质量要求主要体现在两个方面：一是要求餐厅能够提供顾客品尝美味菜点的最佳环境。追求舒适惬意、美观雅致，是顾客进餐时对环境的基本需求。二是以合理的价格，配以完善的服务，顾客往往会以价格来衡量菜点质量是否真实。

2．菜点质量控制方法

厨房产品质量受多种因素影响，厨房生产管理正是要确保各类产品质量的可靠和稳定，采取各种有效的措施和控制方法来保证厨房产品品质符合要求。

（1）阶段流程控制法。厨房的生产运转，从原料的进货到菜点销售，可分为原料采购储存、菜点生产加工和菜点消费三个阶段。加强对每一个阶段的质量控制，可保证菜点生产全过程的质量。

1）原料阶段控制。原料阶段主要包括原料的采购、验收和储存。在这一阶段应着重控制原料的采购规格、数量、价格以及验收和储存管理。

①严格按照采购规格书采购各类原料，确保购进原料能最大限度地发挥其应有作用，使加工生产变得方便快捷。没有制定采购规格标准的一般原料，也应以保证菜品质量、按菜品的制作要求以及方便生产为前提，选购规格分量适当、质量上乘的原料，不得乱购残次品。

②细致验收，保证进货质量。验收的目的是把不合格原料杜绝在厨房之外，保证厨房生产质量。验收各类原料，要严格依据采购规格标准，对没有规定规格标准的采购原料或新上市的品种，对其质量把握不清楚的，要随时请专业人员进行认真检查，不得擅自决断，以保证验收质量。

③加强原料储存管理，防止原料因保管不当而降低其质量标准。严格区分原料性质，进

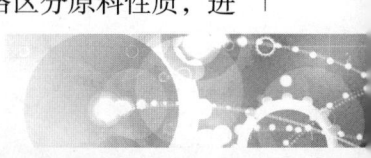

行分类储藏。加强对储藏原料的食用周期检查，杜绝对过期原料的加工制作。同时，应加强对储存再制原料的管理，如泡菜、泡辣椒等。如果这类原料需要量大，必须派专人负责。厨房已领用的原料也要加强检查，确保其质量可靠和安全卫生。

2）菜点生产阶段的控制。菜点生产阶段主要是控制申领原料的数量和质量，菜点加工、配份和烹调的质量。

①菜点加工是菜点生产的第一个环节，同时又是原料申领和接收使用的重要环节，进入厨房的原料质量要在这里得到认可。因此，要严格按计划领料，并检查各类原料的质量，确认可靠才能加工生产。对各类原料的加工和切割，一定要根据烹调的需要，制定原料加工规格标准，保证加工质量。餐饮企业应根据自己的经营品种，细化各种原料的加工成型规格标准，建立原料加工成型规格标准书。原料经过加工切割后，一些动物性原料还需要进行浆制。这是一种对菜肴实施优化的工艺，对菜肴的质地和色泽等多方面有较大影响。因此，应当对各类浆、糊的调制建立标准，避免因人而异、盲目操作。

②配份是决定菜肴原料组成及分量的关键。配份前要准备一定数量的配菜小料，即料头。对大量使用的菜肴主、配料的控制，则要求配份人员严格按菜肴配份标准，称量取用各类原料，以保证菜肴风味。随着菜肴的翻新和菜肴成本的变化，有必要及时调整用量，修订配份标准，并督导执行。

③烹调是菜肴从原料到成品的成熟环节，决定着菜肴的色泽、风味和质地等，"鼎中之变，精妙微纤"，说的就是烹调阶段对菜肴的质量控制尤为重要和难以掌握。有效的做法是，在开餐经营前，将经常使用的主要味型的调味汁批量集中兑制，以便开餐烹调时各炉头随时取用，以减少因人而异出现的偏差，保证出品口味质量的一致性。各厨房应根据自己的经营情况确定常用的主要味汁，并在标准上予以定量化。

3）菜点消费阶段的控制。菜肴由厨房烹制完成后交由餐厅的出品服务。这里有两个环节容易出差错，须加以控制：其一是备餐服务环节，其二是餐厅上菜服务环节。

①备餐服务环节。备餐要为菜肴配齐相应的佐料、食用器具及用品。加热后调味的菜肴（如炸、蒸、白灼等菜肴），大多需要配佐料（味碟）。从经营操作方便考虑，有的味碟是一道菜肴配一到两个，这种味碟一般由厨房配制；从卫生角度考虑，有的味碟是按人头配制，这种味碟配制一般较简单，多在备餐时配制，如上刺身时要配制芥末味碟等。另外，有些菜肴食用时还须借助一些器具，才显得方便、雅观，如吃蟹配夹蟹的钳子、小勺，吃田螺配牙签等。因此，备餐也应建立一些规定和标准，督导服务，方便顾客。

②上菜服务环节。服务员动作要及时、规范，主动报菜名。对食用方法独特的菜肴，应对顾客做适当介绍或提示。

综上所述，阶段控制法强调在加工生产各阶段应建立规范的生产标准，以控制其生产行为和操作过程。然而对生产结果、目标的控制，还有赖于各个阶段和环节的全方位检查。因此，建立严格的检查制度是厨房产品阶段控制的有效保证。生产阶段的产品质量检查，重点是根据生产过程抓好生产制作加工检查、成菜出品检查和服务销售检查三个方面。生产制作加工检查，是指菜肴加工生产过程中，下一道工序的员工必须对上一道工序的加工产品的质量进行检查，如发现产品不合标准，应予返工，以免影响最终成品质量。成菜出品检查，是指菜肴送出厨房前必须经过质检人员的检查验收。成菜出品检查是对厨房生产烹制质量的把关验收。因此，成菜出品检查必须严格认真，不可马虎迁就。服务销售检查，是指除上述两方面检查外，餐厅服务员也应参与厨房产品质量检查。服务员平时直接与顾客打交道，了解顾客对菜肴的色泽、装盘及外观等方面的要求。因此，从销售角度检查菜点质量往往更具实用性。

（2）岗位职责控制法。利用岗位分工，强化岗位职能，并施以检查督促，对厨房产品的质量也有较好的控制效果。

1）所有工作均应有所落实。厨房生产要达到一定标准要求，各项工作必须分工落实，这是岗位职责控制中的前提。厨房所有工作应明确划分，合理安排，毫无遗漏地分配至各加工生产岗位，这样才能保证厨房生产运转过程顺畅，加工生产各环节的质量才有人负责，检查和改进工作也才有可能开展。

厨房各岗位应强调分工协作，每个岗位所承担的工作任务应该是本岗位比较便利完成的，而不应是障碍较大、操作很困难的工作的累积。厨房岗位职责明确后，要强化各司其职、各尽其能的意识。员工在各自的岗位上保质保量及时完成各项任务，其菜品质量控制便有了保障。

2）岗位责任应有主次。厨房所有工作要有相应的岗位分担，但是，厨房各岗位承担的工作责任并不均衡一致。应将一些价格昂贵、原料高档，或针对高规格、重要顾客的菜肴的制作，以及技术难度较大的工作列入头炉、头砧等重要岗位职责内容，在充分发挥厨师技术潜能的同时，进一步明确责任。对厨房菜肴口味，以及对生产面上构成较大影响的工作，也应规定由各工种的重要岗位完成，如配兑调味汁、调制点心馅料、涨发高档干货原料等。

另外，那些从事一般厨房生产，对出品质量不直接构成影响或影响不大的岗位，并非没有责任，只不过它比主要岗位承担的责任轻一些而已。其实，厨房生产是个有机相联的系统工程，任何一个岗位、环节的不协调，都有可能影响出品的质量和效率。因此，这些岗位的员工同样要认真对待每一项工作，主动接受厨房管理人员和主要岗位厨师的督导，积极配合、协助他们完成厨房生产的各项任务。

3. 重点控制法

重点控制法是针对厨房生产和出品的某个时期、某些阶段或环节，或针对重点客情、重要任务及重大餐饮活动而进行的更加详细、全面、专门的督导管理，以及时提高和保证某一方面、某一活动的生产与出品质量的一种方法。

（1）重点岗位及环节控制。管理人员通过对厨房生产及菜点质量的检查和考核，可找出影响或妨碍生产秩序和菜点质量的环节或岗位，并以此为重点加强控制，提高工作效率和出品质量。例如，针对炉灶烹调出菜速度慢、菜肴口味时好时差的问题，通过检查发现，炉灶厨师手脚不利索、重复操作多，对经营菜肴的口味把握不住，不能按制作标准一贯执行，厨房管理者就必须要加强对炉灶烹调岗位的指导、培训和出品质量的把关检查，以提高烹调速度，防止和杜绝不合格菜肴出品。针对重点岗位的控制，可以采用因果图分析法进行分析（见图4—31）。又如，一段时间以来，不少顾客反映，同一菜肴的量时多时少，经检查后发现，配份人员未能严格执行已制定的菜肴配份标准，仅凭经验、感觉配制，这时，则需加强对配菜比例的控制，保证菜肴数量均衡一致。

可见，作为控制对象的重点岗位和环节是不固定的。很有可能某段时期通过加强控制管理几个薄弱环节，问题解决了，而其他环节的新问题又可能出现。因此，厨房管理者应及时调整工作重点，对从业人员进行系统的控制督导。

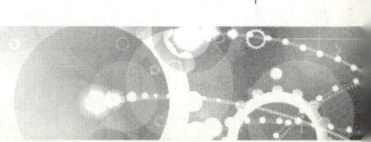

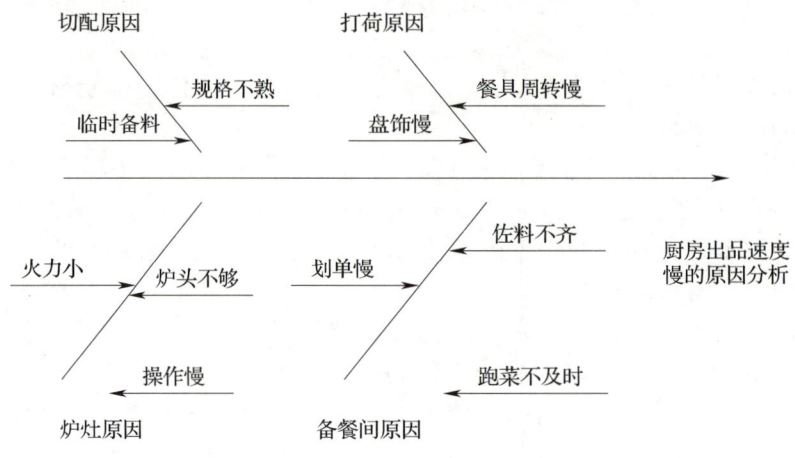

图 4—31　厨房出品速度慢的原因分析（因果图分析法）

重点控制法的关键是寻找和确定厨房生产控制的重点，前提是对厨房生产运转进行全面细致的检查和考核。对厨房生产和菜点质量的检查，可采取厨房管理者自查的方式，也可凭借顾客意见征求表或直接向就餐顾客征询意见等方法。另外，还可聘请有关行家、专家同行来检查，通过分析找出影响菜品质量问题的主要症结所在，并对此加以重点控制，改进工作，从而提高菜点质量。

（2）重点客情和重要任务控制。从餐饮企业的经营目标考虑，要区别对待一般厨房生产任务和重点客情、重要生产任务，加强对后者的控制，可以对厨房社会效益和经济效益发挥较大作用。重点客情或重要任务，是指顾客身份特殊或者消费标准不一般。因此，从菜单制定开始就要有针对性，从原料的选用到菜点的出品的全过程中，要重点注意各环节的安全、卫生和质量。厨房管理者要加强每个岗位环节的生产督导和质量检查控制，尽可能安排技术好、心理素质好的厨师为其制作。对每一道菜点，除尽可能做到设计构思新颖独特之外，还要安排专人跟踪负责，切不可与其他菜点交叉混放，以确保制作和出品万无一失。在顾客用餐后，还应主动征询意见，积累资料，以方便今后的工作。

（3）重大活动控制。重大餐饮活动不仅影响范围广，而且为餐饮企业创造的收入也高，同时，消耗的烹饪原材料成本也高。加强对重大活动菜点生产制作的组织和控制，不仅可以有效地节约成本开支，为企业创造应有的经济效益，而且通过成功组办大规模的餐饮活动，还可向社会宣传餐饮企业的厨房实力，进而通过就餐顾客的口碑，扩大企业的影响。

厨房对重大活动的控制首先应从菜单制定着手，充分考虑各种因素，开列一份或若干具有一定特色风味的菜单。接着要精心组织各类原料，合理使用各种原料，适当调整安排厨房人手，计划使用时间和厨房设备，妥善及时地提供各类出品。厨房生产管理人员、主要技术骨干均应亲临第一线，从事主要岗位的烹饪制作，严格把好各阶段产品质量关。有重大活动时，前后台配合十分重要，走菜与停菜要随时沟通，有效掌握出品节奏。厨房内应由总厨负责指挥，统一调度，确保出品次序。重大活动期间，更应加强厨房内的安全、卫生控制检查，防止意外事故发生。

4. 影响菜点质量因素的分析

（1）厨房生产的人为因素的影响。厨房菜点的生产过程都是靠富有烹饪技艺的厨师来完成的，厨师技术水平直接决定菜点质量的高低。同时，厨师的主观情绪波动对产品质量也会产生直接影响。对于员工情绪的分析也可以借助于因果图分析法，即由员工的行为结果推出是哪些原因导致这一结果的发生，并加以有针对性的解决。厨房管理者要在生产一线施以现场督导，多与员工沟通，正确使用激励措施，充分调动员工积极性。"众口难调"是厨师对菜点口味不符合顾客要求常用的开脱言辞，要采用科学高效的管理手段，提高和稳定菜点质量，这一点非常重要。

（2）原材料及调料的影响。品质优良的烹饪原料是烹制精美菜点的首要物质基础。清代袁枚在《随园食单》中说："凡物各有先天，如人各有资禀，人性下愚，虽孔孟教之，无益也；物性不良，虽易牙烹之，亦无味也。"原料固有品质较好，只要烹饪得当，产品质量就相对较好。原料先天不足，或是过老过硬，或是过小过碎，或是陈旧腐败，即使有厨师的精心改良，精细烹制，其产品质量要合乎标准、尽如人意，仍很困难。同样，调味品的质量以及如何运用也体现出这样的道理。因此，菜点质量控制中首先要抓好各种原材料的质量控制。

（3）厨房生产环境的影响。厨房生产环境对餐饮产品的生产也有很大的影响，厨房环境的好坏对员工的工作情绪影响很大。例如，厨房的温度过高会加快消耗厨房工作人员的体能，导致其疲劳无力，进而影响产品质量。同时，由于厨房温度很高，烹饪原料极易腐败变质，如果缺乏良好的储藏设施和管理，就会导致产品质量下降。建立一个良好的厨房环境，是保证厨房生产质量及产品质量的重要保证。

（4）设施、设备、工具的影响。无论生产哪一种菜肴，都需要有一定的厨房设施、设备、工具，比如炒炉、蒸炉、炸炉、烤炉、冰箱、冰柜等。厨房生产离不开必需的生产设施和设备，而这些设施、设备的质量也直接影响厨房的生产质量。因此，为提高产品的质量，做到良好的持续性生产，绝不能为了节省资金、贪图便宜去买伪劣产品；否则，最终会因小失大，害了自己。

（5）服务销售的附加因素的影响。餐厅服务销售从某种意义上讲，是厨房生产的延伸和继续，有些菜肴可以说就是在餐厅完成的烹饪。比如，各种火锅、火焰菜肴及涮烤类菜肴等。服务员的服务技艺、处事应变能力，直接或间接地影响着菜肴的质量。这一点进一步证实了加强菜肴生产和服务，即厨房与餐厅的沟通与配合，确保出品畅通及时，对保证和提高菜点质量发挥重要的作用。

餐厅销售的各类菜点的价格是由饭店有关部门制定的，不同顾客对价格的认可、接受程度不尽相同。这主要与顾客的用餐经历、经济收入及消费价值观有关。顾客对菜肴价格的衡量，即物有所值与否，同样构成对厨房产品质量的重要影响。

5. 菜点质量评价及控制方法

菜点质量评价包括内在质量标准和外观质量标准两个方面，前者即味道、质感、营养成分等要素，后者包括色彩、形状、切配、装盘、装饰等要素。顾客对菜点自身质量的评判，是在调动以往的经历和经验，结合该质量指标应有内涵的同时，经过感官鉴定而得出的。

菜点质量控制要制定完善的控制程序，具体控制程序如下。

（1）严格把好主、副原料，调料的采购关，不符标准的不验收，不入库，不进厨房。

（2）做好原料的科学保管，强化库房管理，仓库要防潮、防霉、防虫、防蛀、防异味、过期、变质食品原料绝不出库。

（3）原料粗加工要合理、细致、去异味、去杂质，保证粗加工质量。

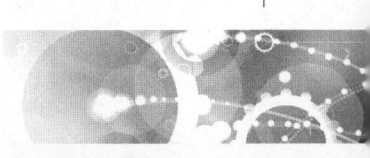

（4）用料规格合理，丁、片、条、丝、块、茸切配标准和规范，分量足，主、副原料配比合理。实行"一菜一表"制度，严格执行标准菜谱的要求。

（5）炉灶操作、冷盘制作、点心制作要熟练、合乎规范，确保出品质量符合标准。

（6）出菜前划菜、围边，厨师要严格把关，不符质量要求不出厨房。

（7）厨师长在开餐过程中，要不断巡视厨房各岗位，把握工作状态、工作进度和工作标准，要善于发现问题，及时解决问题，牢牢把住厨房质量管理这一关。

（8）餐厅传菜前质检人员、跑菜员要仔细核对，发现不符合质量标准的情况不上顾客台面，严格质量管理体系。

五、厨房的设备管理

厨房设备管理得好坏，不仅关系到设备的使用寿命，而且还关系到饮食产品的质量和生产效率，同时还关系到能源的节约及使用者的人身安全。

1. 建立健全岗位责任制

厨房生产对设施设备的依赖性较强，因此设施设备的先进程度、使用与保养到位与否对厨房生产有很大的影响。厨房设备的管理应该做到定人、定岗、定部门，遵循"谁使用、谁负责管理、谁清洁保养"的原则。厨房新设备在投入使用前，要对设备使用人员进行操作规程培训，经考核合格后方能上岗。厨房管理者还应定期请有关技术人员负责厨房设备的维护和保养工作。

2. 严格遵守操作规程

厨房设备种类繁多，使用频率也很高，管理者应根据设备的不同特点和要求，对其使用方法、操作规程及注意事项作出规定。设备使用者严格遵守操作规程是提高设备生产率和产品质量的保证。反之，违章操作，不但会影响设备的工作性能及使用周期，还会发生安全事故、危及员工的人身安全。因此，一般的设备使用都需要编写操作规程。不同的设备有着不同的操作规程。

3. 采取可靠的安全措施

对厨房中不安全的工作部位，如切片机的刀片、绞肉机的料斗等，要安装防护装置。以电源作动力源或热源的设备，要安装可靠的接地线和专用保险闸，以防触电等事故的发生。加热设备安装温度自控装置，以免发生火灾。所有设备要定期检查和维修，及时更换有关零件、消除事故隐患。非专业人员不得随便拆卸设备部件。

4. 明确设备使用的注意事项

操作人员应严格按设备性能和工作原理进行操作，不得滥用。对复杂设备的使用，应在显眼处标明操作程序和注意事项。厨房人员必须遵循安全规则，使用设备时，注意力要集中，工作时不得擅自离开开动的机械设备。一旦发现设备运行异常，要立即停机检查，分析原因并采取有效措施排除故障。不懂设备性能者不得随意拆卸设备，以防事故发生。

六、厨房卫生管理

为了确保厨房菜点的卫生，作为生产车间的厨房应从以下几个方面加以控制。

1. 厨房环境卫生的控制

厨房在选址时要考虑两个因素：一是要注意防止周围企业或部门对厨房环境的污染，尽量避开排放"三废"（废水、废渣、废气）的企业；二是厨房最好不要设在地下室，因为地下室不利于通风、采光、排放烟尘和防潮，食品也极易腐烂变质。在生产过程中，必须保持厨房内外环境整洁，地面干净，四壁无蜘蛛网，地下水道疏通，并要有消除苍蝇、老鼠、蟑螂和其他有害昆虫及其滋生条件的措施。对垃圾和废物的处理，厨房要有切实可行的措施，符合国家卫生防疫部门制定的卫生规程。

2. 餐具和用具卫生的控制

餐具、用具都必须进行严格的消毒，要求做到"一刮、二洗、三冲、四消毒、五保洁"。一刮是要刮去残羹剩料，二洗是要用洗涤剂洗去油污，三冲是用清水冲洗，四消毒是要用沸水、蒸汽、电子消毒柜或药物进行消毒，五保洁是指防尘、防污染。此外，餐具消毒要有专人负责，要建立严格的管理制度。未经消毒的餐具，不许用于接触直接入口食品，厨房工作人员和餐厅服务员都应对此进行严格监督。厨房负责人要经常检查餐具消毒情况，以确保餐具清洁卫生。

3. 厨房工作人员个人卫生的控制

厨房工作人员平时要养成勤洗澡、勤理发、勤洗手、勤剪指甲、勤换衣服等良好卫生习惯，工作时要穿戴洁净的工作衣帽。在厨房生产过程中，要避免一些不良的行为。如工作时用手摸头发、抠耳朵；随地吐痰，扔烟头；直接用手随意吃拿食物；对着菜点大声讲话、咳嗽或打喷嚏；接触钱币或大小便后不洗手；把工作围裙当毛巾，用于擦手、擦脸等。此外，厨房工作人员必须持健康证才能上岗工作。

4. 厨房操作卫生的控制

厨房在生产操作过程中，必须严格执行食品安全法的有关规定，加强卫生管理。凡不符合食品卫生标准、卫生规定的原材料一律不得使用，如腐败变质的原材料，含有致病性寄生虫、微生物或微生物毒素含量超过国家限定标准的食品原材料，病死、毒死或者死因不明的动物及其制品，超过保存期限的食品原材料，含有未经国务院卫生行政部门批准使用的食品添加剂等。此外，要严格操作规程，做到生熟食品的刀、砧板、盛器、抹布等严格分开，不能混用。尤其在制作冷盘、凉拌菜时一定要用经过消毒处理的专用工具制作，防止交叉污染。同时切熟菜的刀具、砧板，不用时应以干净的白纱布盖好，用时先消毒。切配和烹调要实行双盘制。配菜应使用专用配菜盘、碗，当原材料下锅后应当及时撤掉，换用消毒后的盘、碗盛装烹调成熟后的菜肴。营业结束后，各种调味汁和食品原材料要放置在相应的冰箱内储藏，注意食品的卫生状况，生、熟食品要分别放置。

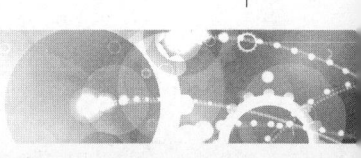

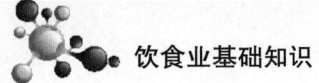
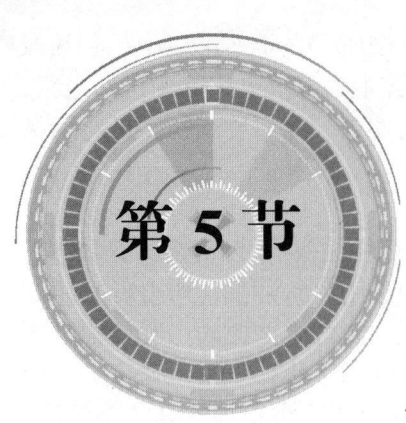

第 5 节 厨房安全管理

安全重于生产。厨房安全是餐饮企业正常经营的基本保证，是餐饮企业效益的根本保证，是餐饮企业关心体恤厨房员工的具体表现。厨房安全管理是餐饮企业的一个重要管理环节，是企业生存发展的基础，是餐饮企业厨政管理的一项重要任务。

一、厨房防火安全管理

安全就是效益，厨房防火极其重要。餐饮企业消防管理的重点在厨房，厨房是火灾非常容易发生的地方。厨房发生火灾，不仅造成财物的损失，还可能殃及人的生命安全，造成不可挽回的损失。

1. 防火

厨房火灾关键是预防，要将火灾隐患消灭在萌芽中，让全体员工都有消防意识。

（1）厨房防火管理。厨房防火管理是要建立健全管理队伍和制度。一方面要将全体员工动员起来，加强培训，建立专人管理的机构和队伍，划片区管理，责任落实到具体的人员；另一方面要建立消防管理的各项制度。

（2）厨房防火检查

1）每个员工每天在本岗位区域工作的同时须进行火情安全的检查，排除不安全因素，对自身不能解决的火情隐患及不安全因素上报厨政管理人员。

2）每个员工应对本岗位所负责区域的防火工作负责。

3）厨师长须及时组织处理存在的安全隐患和不安全因素，对处理不了的问题及时上报。

4）交接班时应将本班防火安全注意事项和存在的问题向下一班交代，以保障工作的连续性。

5）检查各班组对防火安全工作的执行落实情况，组织处理本处的火险隐患，总结经验教训，对员工进行安全教育，增强员工的安全意识。对不能处理的安全隐患，及时上报企业领导或报告消防部门处理。

相关链接

厨房防火安全规定

1. 厨房必须制定安全操作规程，每个人都必须遵守操作规程。
2. 各种煤气炉灶点火时，应先点火后开气，严禁违章操作。
3. 在炼油、炸制食品时，必须有专人看管，锅内油不要放得过满，不得超过2/3，油温不能过高，防止因油温过高或油溢出而引起火灾。
4. 使用煤气时，随时检查煤气节门或管道有无漏气，发现问题及时通知相关人员维修，并保持煤气开关完好有效。
5. 经常检查各种电器和电源开关，如发现电器有漏电、短路打火等现象，应及时维修。
6. 要经常清理灶面、灶具托盘和烤炉等，以免积聚过多油或杂物而引起火灾。
7. 要定期清理烟罩和烟道，避免因积油过多而引起火灾。
8. 对于存放在厨房墙上箱内的灭火毯，要妥善保管好，不得挪作他用，如发现丢失或损坏，应及时补充或修整。
9. 不能超负荷使用电器。各种电器在不用时或用完后要切断电源，下班关闭能源开关。
10. 全体人员掌握处理意外事故的最初控制方法和报警方法。

2. 灭火

（1）厨房起火的原因。厨房是餐饮企业最容易发生火灾的地方，起火的主要原因如下。

1）一些餐饮管理者存在重生产、轻安全的思想倾向，不愿加大投入来支持消防设施的维护管理工作。

2）餐饮企业消防设施维护管理制度不健全或虽有制度但执行制度不彻底，造成餐饮企业消防设施带病运行或者故障停机。

3）厨房管理者消防法律意识淡薄，特别是个体、私营企业，在投资过程中往往只重视经济效益，忽视消防投入，对于公安消防机构的日常监督检查，只是表面应付，消防监督人员一走，依然我行我素。厨房内的员工只是进行上岗前服务培训，而忽视消防安全培训，致使员工在面临突发性火灾时不能冷静处理，而延误了扑救初起火灾的最佳时机。

4）部分员工甚至消防维值人员消防安全意识淡薄，存在火灾不可能在自己身边发生的侥幸心理。

5）厨房设施设备投入不够或设施老化，以及超负荷用电造成电线短路引发火灾。有些消防设施形同虚设，关键时刻无法使用，影响扑救，酿成灾害。

6）对初始火灾处置不力，逐步酿成大火。

7）消防通道阻塞，人员无法疏散逃生，造成人员伤亡。

8）厨房管理不善，操作程序不规范引发火灾。如易燃物品管理不善，不正确使用电器，煤气泄漏，没有熄灭的烟头，操作不当或烹调菜肴、油炸食品时不小心，以及没有常规清洗烟道等因素。

餐饮企业发生的重大火灾事故，主要原因是疏于防范，疏于管理。餐饮企业及其从业人

员要坚持"防消结合，以防为主"的工作方针，实施人防、技防、设施防"三防合一"，重点在防范上下真功夫。

（2）灭火的方法。燃烧必须具备3个条件：可燃物、热源、氧气。如果去掉其中一个条件，燃烧就会停止，这是常用灭火方法的基本原理。厨房起火，要立刻灭火。依据灭火原理，厨房灭火方法如下。

1）冷却灭火法。冷却灭火法属于物理灭火方法，是灭火的一种主要方法，常用水和二氧化碳作灭火剂冷却降温灭火。灭火剂在灭火过程中不参与燃烧过程中的化学反应，具体操作是将灭火剂直接喷射到燃烧的物体上，以使燃烧的温度低于燃点，使燃烧停止；或者将灭火剂喷洒在火源附近的物质上，使其不因火焰辐射作用而形成新的火点。

2）隔离灭火法。隔离灭火法是把正在燃烧的物质和周围未燃烧的可燃物质隔离或移开，中断可燃物质的供给，使燃烧因缺少可燃物而停止。具体方法：把火源附近的可燃、易燃、易爆和助燃物品搬走。关闭可燃气体、液体管道的阀门，以减少和阻止可燃物质进入燃烧区。设法阻拦流散的易燃、可燃液体。拆除与火源相毗连的易燃建筑物，形成防止火势蔓延的空间地带。

3）窒息灭火法。窒息灭火法是阻止空气流入燃烧区或用不燃烧区为燃烧物质冲淡空气，使燃烧物得不到足够的氧气而熄灭的灭火方法。具体方法：用沙土、水泥、湿麻袋、湿棉被等不燃或难燃物质覆盖燃烧物。喷洒雾状水、干粉、泡沫等灭火剂覆盖燃烧物。用蒸汽或氮气、二氧化碳等惰性气体灌注发生火灾的容器、设备。密闭起火建筑、设备和孔洞。把不燃的气体（如二氧化碳、氮气、四氯化碳等）或不燃液体喷洒到燃烧物区域内或燃烧物上。

4）抑制灭火法。抑制灭火法是使用化学灭火剂抑制燃烧，使燃烧终止。

相关链接

厨房常用灭火设施设备有烟温感报警探头、喷淋系统、消火栓系统、灭火器、灭火毯等。

烟温感报警探头：在厨房天花板夹层、灶台上方烟罩上、走廊等一些地方的白色圆形物为烟温感报警探头。当周围的烟雾或烟尘达到一定的浓度、温度变化超过一定范围时，红灯点亮并把信号显示在火警监控中心。

喷淋系统：普通不锈钢红色喷淋头在温度达到70℃以上会自动爆裂喷头，具有报警和灭火的双重作用。室内温度不低于4℃、不高于70℃的建筑物常使用喷淋系统预报火警和灭火。

消火栓系统：安装在室内的消防供水设备，一般安装在门厅、走廊以及室内墙壁等明显地点，便于取用，备有1~2盘水带和水枪，安装在设置的专用箱内。一盘水带一般为20~25 m，两端必须装上内扣槽牙接口，以便相互连接。水枪有口径为13 mm、16 mm、19 mm、22 mm和25 mm 5种。

灭火器有水型灭火器、泡沫灭火器、二氧化碳灭火器、干粉灭火器和1211灭火器5种。

灭火毯是用于因油锅起火而采用的覆盖隔绝灭火设备。

（3）火灾的处理

1）发现火情立即报警。每位员工发现火情都有责任报警，以最快的速度报告厨政管理人员和消防部门。记住火警电话"119"（公安局消防火警），报告火情时一定要将火情发生的区域、部门地点、楼层、自己所在部门及姓名等一一报告清楚。

2）火灾发生后，不要惊慌失措，要立刻关掉相关电源、煤气阀等，转移易燃物品。

3）火灾发生初期，往往是小火，应立即灭火并同时报警，一般用灭火器和灭火毯灭火；火势无法控制时，要积极疏散人员，转移贵重物品，等候专业消防人员，引导配合消防车到现场灭火。

相关链接

火警应急疏散方案

1. 发生火灾时，抢救组人员本着"先救人后救火"的原则，迅速向起火楼层的知情人问清火场内是否有人。

2. 疏散次序

（1）先从着火层以上各层开始。

（2）先从着火单位开始。

（3）所有人员通过安全楼梯疏散，行动不便或受伤人员应先护送到避难层，每一个避难层安排一名安全管理员负责指引人员疏散到安全地面。

（4）对于着火层以下的人员，要做好安抚工作，不可让其随处乱跑。

3. 对被困在着火层之外的人员，消防中心通过广播指导疏散。

4. 在疏散通道设立哨位向人员指明方向，劝导被疏散人员有秩序疏散，及时清除被疏散人员散落的物品，保持疏散通道畅通无阻。

5. 使用消防电梯紧急疏散人员，应派专人操作。

6. 如火势较大，直接威胁人员安全、影响疏散时，灭火人员应立即利用各种灭火器材及水枪全力堵截火势，掩护被困人员疏散。

7. 对疏散抢救出来的人要及时清点人数，认真核对，切实查清被困人员是否被全部救出。

二、厨房水、电、气安全管理

1. 厨房用水安全管理

厨房是一个水源比较集中的地方，对水源的管理控制是厨房卫生和防止人员摔倒的重要环节。厨房用水安全管理主要有两个方面：一是要对用水设施进行管理，防止水管爆漏和水龙头漏水，应该经常检查，发现漏水及时维修；二是要节约用水，养成良好的用水习惯，特别是初加工的水台区、切配区、炉灶区等用水较多的区域，不要将水四处遗漏，发现有水的地方，尽快将水汲干擦净，防止地面有水渍。一个厨房的管理水平往往体现在厨房用水的管理环节上。

2. 厨房用电安全管理

（1）用电不当产生的事故。现代厨房的电器越来越多，使用的频率也高，容易发生火灾

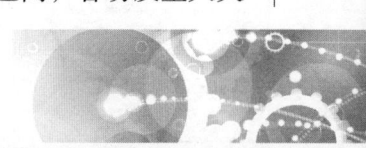

和伤人事件。用电不当产生的事故在厨房中经常可见。

1）电线线路老化和过载引发的火灾。

2）操作电器时，没有按照设备的操作规范操作出现的伤人事件，如绞肉机、压面机、切菜机、锯骨机、烤箱等使用不当导致事故。

3）电器的超负荷使用，造成设备的损坏和伤人事件。

4）电源、插座、电器被水和杂物污染引起的短路漏电，造成设备的损坏和伤人事件。

（2）用电安全管理。安全用电是保护人员安全和厨房设施设备正常运转的重要保障。用电的安全管理主要有以下四个方面。

1）加强培训，提高安全用电意识。厨房工作人员必须熟悉使用的设备，学会正确拆卸、组装和电器的使用方法，定期组织员工培训学习，提高防范意识。

2）严格电器的操作规程。操作电器前要仔细阅读说明书，严格按照设备的操作步骤使用。

3）谨慎接触设备。湿手或站在湿地上切勿接触插座和通电运作的设备。

4）电器起火时立刻断电。在没有切断电源的情况下，千万不能用水或泡沫灭火剂扑灭火灾；否则，扑救人员随时都有触电的危险。

3. 厨房用气安全管理

现代厨房的加热设备主要以管道煤气、煤气罐、柴油、电作为加热源，其中以管道煤气、煤气罐（液化石油气）加热为主。液化石油气是从石油加工或石油、天然气开采过程中得来的，其主要成分是丙烷、丙烯、丁烷和丁烯。气态液化石油气比空气重，其密度为空气的1.5倍。液化石油气浓度较高时，对人的中枢神经有麻醉作用，如果燃烧不完全，会产生一氧化碳等有毒气体。液化石油气有一种特殊的臭味，一旦泄漏，人即可察觉。液化石油气与空气混合后易燃、易爆，当空气中的液化石油气浓度达到1.5%～2.5%时，遇到火种就会爆炸，因而一定要防止泄漏。液化石油气完全燃烧时，需要大量的空气助燃。1 m^3 液化石油气完全燃烧大约需要 30 m^3 空气，因而燃器具使用场所必须保持空气流通。

厨房用气安全管理主要有以下五个方面。

（1）液化气灶的操作人员必须经过专门培训，掌握安全操作炉灶的基本知识。

（2）厨房配置良好的抽排风和新风系统，生产作业时提前开启，防止液化气泄漏或燃烧不完全引发的火灾和煤气中毒事件发生。

（3）严格执行安全操作规定，坚守工作岗位，专人专管。经常检查电器、机械设备的状态，发现安全隐患及时报修维护。

（4）坚持上下班安全检查交班制度，做好交班记录。

（5）一旦发生漏气、火灾事故，应立即关闭液化气总阀，关闭电源，实施通风或灭火措施。

相关链接

1. 液化气漏气处理方法

（1）迅速关闭气源总阀（瓶装气关钢瓶角阀，管道气关用户总阀）。

（2）严禁开、关任何电器或使用厨房内电话（防止电火花引起燃气爆炸）。

（3）熄灭一切火种。
（4）迅速打开门窗，让石油气散发到室外。
（5）到户外打抢修电话，通知供气单位派员处理。
（6）如果事态严重，应立即撤离现场，打"119"火警电话报警。

2. 瓶装用气"十一不"

（1）不使用不合格的钢瓶。
（2）不使用超过检验期的钢瓶，15 kg 钢瓶每 4 年检验一次，50 kg 钢瓶每 3 年检验一次。
（3）不购买非法经营商贩出售的瓶装液化石油气。
（4）不得使用超量罐装的实瓶（15 kg 瓶规定罐装量为 14.5 kg±0.5 kg，50 kg 瓶罐装量为 49 kg±1 kg）。
（5）不准用火烤、开水烫钢瓶。
（6）不准将装有液化石油气的钢瓶置于阳光下长时间暴晒。
（7）不准自行倒罐、倒残液。
（8）不准自行拆卸钢瓶角阀和减压阀。
（9）不准摔打、碰撞钢瓶。
（10）不准将装有液化石油气的钢瓶横放或倒置。
（11）不准在卧室、办公室、地下室、浴室存放装有液化石油气的钢瓶。

3. 燃气炉灶安全操作规范

（1）初次使用时，应先检查是否漏气。
（2）炉灶在使用时，厨房员工不得离开。
（3）每次使用时，在打开总进气阀前，应检查各炉上的主火进气阀、常明火进气阀、点火棒等所有进气阀是否关闭。
（4）关闭总进气阀后，应检查所有炉灶上的阀门是否关闭。
（5）打开炉灶上任何气阀前都要先有火种，以防可燃气体泄漏、遇火发生爆炸。
（6）当发现漏气，气阀未关闭，室内有大量可燃气体时，应首先关闭气阀、总阀，打开门窗，关闭总电闸，待气体散尽时，查找原因，消除危险后方可使用。
（7）当火焰离心或不能传遍所有火眼时，应关小出气阀，调节风门，直至所有火眼均能正常燃烧。
（8）气瓶间、厨房内应保证通风良好，以免泄漏的气体聚集。

三、厨房常见事故的预防

厨房运转过程中常见的人员安全事故主要有割伤、烫伤、烧伤、跌伤、扭伤、砸伤等。厨政管理者要重视厨房安全工作，减少人员安全事故发生，提高安全防范意识，预防事故发生。

1. 割伤的预防

割伤是厨房加工、切配及冷菜加工间员工经常碰到的伤害。割伤的预防措施如下：
（1）刀具的管理。刀具等锋利的器具应有专人管理和专用的刀架或抽屉，做到专人专用专管。

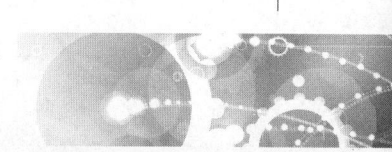

（2）严格按照刀具使用规则操作。使用刀具时应该精力集中、全神贯注，使用前使刀具锋利。

（3）禁止用刀具开玩笑，不得用刀具或其他锋利的物品打闹。

（4）玻璃器具的使用和罐筒的开启应格外注意安全。

（5）设备清洗前必须将电源切断或拔去插头。

对于刀伤造成的伤口，应立即处理。一般割伤的紧急处理措施：马上清理伤口，有条件的用酒精消毒，无条件时用温水清洗，将伤口压迫止血，再到医务室或医院进行治疗。有断肢等严重伤害时，应立刻找到断肢，尽量还原到原状态，保持断肢的活性，马上送医院救治。遇到骨刺划伤情况，要格外重视消毒和防止再次污染，否则极易引起感染。

2. 烧伤、烫伤的预防

烧烫伤主要是由于员工接触高温食物、设备、用具时不小心引起的。烧烫伤在厨房事故中比例较大。烧烫伤的预防措施如下。

（1）严格操作程序。防止厨具、用具高温引发的烫伤，谨防火焰、高油温、蒸汽、烤箱等烫伤。

（2）清洁加热设备时，要冷却后再进行。

（3）禁止在炉灶及热源区域打闹。

（4）张贴警示标志，增强预防烧烫伤意识。

一旦发生烧烫伤事故，紧急处理措施一般是让烧烫伤部位尽快降温，可用冰袋冷却，越早越好。严重烧伤立刻送医院治疗。

3. 跌伤、扭伤和砸伤的预防

厨房内地面潮湿、油腻，行走通道狭窄不通，容易发生跌伤、扭伤，在搬运重物或搬运方法不当时容易造成扭伤和砸伤。跌伤、扭伤和砸伤的预防措施如下。

（1）厨房工作区域及周边地面保持清洁、干燥。有油、汤水洒在地面后，必须立刻擦掉，始终保持地面干燥。

（2）通道畅通，工作区域没有障碍物。随时清除地面的杂物，橱柜的抽屉和柜门随时关闭，明确员工来回行走路线，尽量避免交叉相撞。

（3）存取高处物品时，应当使用专用梯子。过重物品不要放在高处。

（4）厨师要穿防滑的工作鞋，不穿高跟鞋、薄底鞋，鞋带系紧，注意防滑。

（5）搬运重物时方法要得当，尽量借助搬运工具搬运物品。

（6）张贴安全告示，如警示牌、抬举重物和搬运物品的方法示意图等。

跌伤、扭伤和砸伤的紧急处理措施：一旦发生跌伤、扭伤，应尽快让受伤者休息，用冰袋冷敷伤处，到医院检查是否有骨折等严重问题。一旦发生砸伤，应该立刻将重物移开，派人将伤者护送至医院治疗。

相关链接

厨房机器设备安全操作规范

1. 厨房机器设备使用人员，在使用机器前必须进行严格的技术培训。
2. 未经培训或培训不合格者严禁操作厨房机器设备。

3. 操作机器设备前，必须详细阅读相关的操作说明书。
4. 严格按照操作规程进行操作，不准违规或超负荷操作。
5. 在机器运转时，操作人员不得擅自离机，应时刻观察机器的运转情况。
6. 在机器运转时，不得将手或其他物品放入机器入口。
7. 机器使用完毕，应使用规定的用品及时对机器进行清理，保证机器清洁、卫生，不得用水直接冲洗或用过湿的抹布清理。
8. 在机器运转时若发现异常，应立即停机，并及时向厨师长报告。

四、厨房防盗措施

厨房盗窃的主要目标是仓库物品和高级餐具、用品。要防止盗窃，关键是加强安全保卫措施。

1. 厨房仓库的防盗措施

厨房仓库是餐饮企业物品的重要储存地方，厨房仓库防盗措施是厨房成本管理的重要环节。一般采取的防盗措施如下。

（1）加强内部仓管人员的职责意识，严格管理领用手续和程序，责任落实到个人，发现差错，立刻追查责任。

（2）加强外部管理，特别是下班后的监控和检查制度。一般采用员工下班检查制度和实时监控，利用现代监控设备达到监控目的，下班后将防盗责任落实到保安人员。

相关链接

厨房仓库管理规范

1. 物料仓库房顶、墙壁和地面牢固，门窗有可靠的防护装置。房顶及地下管道层不得与其他房间相通。
2. 存放贵重物品的仓库，须安装防盗报警器，配置防撬锁。
3. 物料仓库存放的各类物品应建立账册，定期盘点，做到账物相符，发现短缺立即上报。
4. 仓库安全由专人负责，门钥匙由专人保管，严禁无关人员进入仓库。

2. 厨房内部的防盗措施

餐饮企业厨房的内部防盗是一个重要环节。要避免内部员工的偷盗、窃取、冒领、随意拿吃现象，应该强化管理，做好以下四个方面工作。

（1）加强对员工的培训教育，使其改掉不良的工作习惯。
（2）建立健全厨房管理制度，加强检查与监督。
（3）加大处罚力度。发现偷盗行为，严惩不贷。
（4）培养员工相互监督的意识。

第5章

餐厅服务

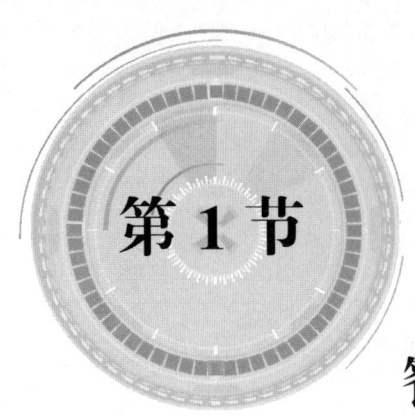

第 1 节 餐厅种类与布局

餐厅是人们享用美食、宴请宾朋、举行社交聚会的场所，处于重要地位。

一、餐厅的概念

餐厅，就是公开地为顾客提供饮食及相关服务的公共就餐场所。这里将提供饮食的销售过程和服务过程合二为一，有机地交融在一起，因此餐厅又具有双重含义，它既是销售的场所，也是服务的场所。餐厅的设施、设备、服务是构成餐厅的基本条件。一般来说，我国饭店餐厅必须具备下列条件。

1. 一定的场所

即具有一定接待能力的饮食设施和空间。按照中华人民共和国制定的《旅游涉外饭店星级的划分及评定标准》，三星级饭店以上的餐厅要求具有与客房接待能力相适应的中餐厅、西餐厅、咖啡厅和宴会厅（或兼作会议、展览等用的多功能厅）。

2. 提供食品、饮料和服务

食品、饮料是基础，饮食服务是保证。对宾客来说，优良的服务并不能掩盖或全部弥补由于本身的质量问题所造成的损失，因此饮食业提供食品及饮料应有质与量的双重保证。

3. 以营利为目的

饭店餐厅是以营利为目的。饮食工作者应致力于节约成本、扩大客源，适应不断变化的竞争形势，使自己的企业获得最佳经济效益。

二、餐厅的种类

餐厅的种类可从不同的视角来划分。按餐厅经营方式分，可分为传统餐厅、自助餐厅和快餐厅等；按餐厅经营品种分，可分为中式餐厅、西式餐厅、咖啡厅和其他外域风味餐厅；按市场目标分，可分为高档餐厅、大众餐厅和多功能餐厅；按餐厅的特殊环境分，又可分为花园餐厅、旋转餐厅、水上餐厅等。

1. 以经营方式分类

（1）传统餐厅。传统餐厅也称为服务上桌的餐厅。通常，传统餐厅包括风味餐厅、海鲜餐厅等，还包括高档餐厅和大众餐厅。由于传统服务是将菜肴和酒水送上餐桌，因此只要餐厅的服务是上桌服务，这个餐厅就通常被认为是传统餐厅，如图 5—1 所示。

图 5—1　传统餐厅

（2）自助餐厅。自助餐厅是顾客先按人数付款后，自己到餐台拿取所需菜肴的餐厅。这种餐厅常常根据顾客的用餐习惯，将餐厅的菜肴和酒水分作几个餐台陈列。大多数自助餐厅的餐桌上不摆台，顾客自己从餐台取餐具，如图 5—2 所示。

图 5—2　自助餐厅

（3）快餐厅。快餐厅是销售有限品种菜肴，同时菜肴可以快速制熟，并且快速服务的餐厅。餐厅的装饰常采用暖色调，也有的采用冷色调。餐厅的布局应明亮、爽快，菜肴的价格应尽可能大众化。快餐厅包括中餐快餐厅、西餐快餐厅（见图 5—3）和食街等。

2. 以经营品种分类

（1）中餐厅。中餐厅包括高档中餐厅和大众化中餐厅。根据中餐厅的风味分类，可分为广东风味中餐厅、潮州风味中餐厅、北京风味中餐厅、上海风味中餐厅、四川风味中餐厅、山东风味中餐厅、淮扬风味中餐厅等。通常，风味中餐厅的特色通过菜单、服务、餐具、摆台及餐厅的装饰体现出来。

（2）西餐厅。西餐厅包括法国风味餐厅（扒房）、意大利风味餐厅、美国风味餐厅、俄国风味餐厅等，如图 5—4 所示。风味西餐厅的风格必须通过菜单的特色、服务的特色、餐具的特色、摆台的特色、餐厅的装饰、餐厅的文化和语言体现出来。

（3）咖啡厅。咖啡厅是销售各国大众化的菜肴和小吃的餐厅，如图 5—5 所示为中式建筑风格的咖啡厅。在非用餐时间，它还是销售咖啡、饮料供人们聚会和聊天的场所。咖啡

图 5—3　西餐快餐厅示例

图 5—4　西餐厅

图 5—5　咖啡厅

厅的营业时间和销售品种常根据顾客的需求调整。许多咖啡厅从早上6点开始营业，至午夜1点停止营业，甚至全天候营业。咖啡厅有时称为咖啡花园，这是因为有的咖啡厅内的设计和布局像个大花园，里面有鲜花、草地、人工山、人工瀑布等。一些咖啡厅的规模较小，但是装饰很雅致，因此，也被称为咖啡室。

此外，还有其他外域风味餐厅，如日本料理餐厅、韩国烧烤餐厅、清真菜餐厅等。

三、餐厅布局

1. 餐厅布局的组成

餐厅的布局是餐厅设计的重要组成部分，通过平面设计可以安排餐厅的等级、餐厅各功能空间的面积和接待顾客的人数等。

餐厅主要由营业部分、加工及辅助部分和内部管理办公部分组成。

（1）营业部分。营业部分指接待就餐、就餐餐厅、入口、前厅、卫生间等服务于顾客的空间。餐厅的规模按设座位的多少可以分为大餐厅和小餐厅。设座位在40个以内的，称为小餐厅；设座位在40个以上的，称为大餐厅。大型的餐厅需设有专供宴会或接待较高规格喜庆典礼等使用的宴会厅、雅间。

（2）加工及辅助部分。餐厅的加工部分主要是指厨房，包括主食加工系列、副食加工系列、备餐洗涤消毒、餐具存放等。餐厅辅助部分包括：各种库房和炊厨人员更衣、浴厕及办公用房等，根据不同的建筑用房和建筑标准，加工部分的内容也会有所增减和变化，要灵活掌握。

（3）内部管理办公部分。一般的或较低标准的餐厅所需办公用房一般较少，工作人员需使用更衣、浴厕等房间，这一部分一般可与加工部分合设。其他附属用房，如洗衣房、锅炉房、车库、杂品库等，根据具体情况具体考虑。

2. 餐厅空间等级划分

为了切合实际，有依据、有目的地配置房间内容，选定恰当的面积、设施、使用舒适程度和装修标准，餐厅需要做好等级划分。

（1）等级划分的依据

1）使用性质。

2）餐厅的布置情况，每座位面积和公用部分的内容。

3）加工部分的设施与卫生条件。

（2）划分级别

1）一级餐厅。经营中、西餐与风味菜肴，接待顾客与零餐并重，设有条件较好的大、小餐厅及设施完善的加工场所。

餐厅座位布置及尺度宽敞舒适，使用面积最小为每个座位 1.3 m^2。营业部分除餐厅外还应设有相应的前庭与交通设施，存衣室、休息候餐室、小卖部及顾客专用卫生间等。位于三层以上的餐厅，应设有电梯。

厨房设施完善，有良好的环境及操作条件，餐厨比应接近 1∶1.1。

2）二级餐厅。以接待零餐为主，又具备一定的餐请条件。设有大、小餐厅以及制作中西餐、风味菜肴和单一面食的加工部分。

餐厅座位布置比较舒适，使用面积最小为每个座位 1.1 m^2。应设有前厅、小型休息候餐室、顾客专用厕所及交通设施。四层或四层以上的餐厅应设顾客电梯。餐厅中需有洗手设施。

厨房布置复合工艺流程有较好的设施、操作条件和卫生条件。餐厨比约为 1∶1.1。

3）三级餐厅。以大餐厅接待顾客为主，并设有足够面积的加工处所。

餐厅座位布置合理，使用面积最小为每个座位 1 m²。需设置顾客专用厕所。其余交通设施及前厅内容设置视具体条件而定。在餐厅中为顾客设有洗手设施，如餐厅位于四层或四层以上时需设有顾客使用的电梯。

厨房必须符合工艺流程及卫生要求，餐厨比约为 1∶1.1。

四、餐厅的室内环境

餐厅的室内环境，主要包括餐厅的采光与色调、通风与调温、音响、文化艺术装饰以及餐厅的环境卫生等内容，如图 5—6 所示。

图 5—6　某餐厅的室内环境

1. 餐厅的采光与色调

（1）餐厅的采光。大部分餐厅设立于邻近路旁或高层的地方，在白天，它们主要依靠窗户或玻璃幕墙来采光。这种充分采用自然光线的餐厅，使顾客一方面能享受到自然阳光的舒适，另一方面也能产生一种明亮宽敞的感觉，从而使顾客心情舒展而乐于饮食。但是，实际上很少有餐厅只靠自然光照明。这不仅是因为晚上营业必须依赖灯光，就算是在白天也会因为天气的变化而得不到充足的自然光。此外，有些设立于建筑物中央的餐厅，不论是白天还是晚上，都必须借助人工照明。

人工照明通常可分为两种形式：一是基本照明，主要使餐厅整体获得最低的照明度，以保证餐厅营业活动的正常进行。餐厅一般采用比较柔和的顶灯作基本照明。二是艺术照明，如各种起装饰美化餐厅作用的吊灯、壁灯、聚光灯等。通过艺术照明，使餐厅形成辉煌华美的室内装饰气氛。

（2）餐厅的色调。心理学的研究表明，色调影响人的情绪，而情绪影响人的食欲。因此，餐厅色调的选用对餐厅室内环境的优劣起着非常重要的作用。餐厅的主体色调通常和饮食企业的主体色调统一或相互协调，并且按照餐厅主题形成自己的风格，具体表现在餐厅地毯的色彩、花纹图案以及墙壁天花板的装潢材料色彩和布局上，其中地毯或地板色、墙壁色、天花板色是餐厅的大块色，一经确定，长期不变。灯光的色彩可以改变或强化餐厅原有的色调，而且易于变化。因此，要善于运用灯光来调整餐厅的色调，以适应不同季节、不同宴席、不同顾客的需要。

在春季，宜采用明快的色调；在夏季，以冷色调为主；在秋季，采用成熟强烈的色彩；在冬季，以暖色调为主。无论哪种灯光与色调的确立，都是为了充分彰显餐厅的特色，以便更有利于招徕顾客和获得更多的利润。

2. 餐厅的通风与调温

餐厅要保持舒适的气温和清新的空气，就必须要有良好的通风和调温设施。通风一般有自然通风和机械通风两种。自然通风主要通过门窗来通风，而机械通风主要依靠换气扇、抽风机、电扇来促使餐厅内外空气的流通。

目前，许多餐厅为了达到冬暖夏凉的就餐环境，往往在餐厅内设有空调设施。但应注意调节空调冷气或暖气的温度，若冬季暖气温度过高或夏季冷气温度过低都会使顾客感到不舒适，且浪费电能。一般餐厅室内温度维持在 21～24℃ 为宜。

3. 餐厅的音响

声音对人的情绪有一定影响，悦耳动听的声音可使人心情愉快、食欲大增。早在我国古代，人们就知道在宴席进行过程中奏乐助兴。现代化餐厅更应重视利用音响来制造气氛。音响设备，除了常规的现代音响设备外，还包括乐器和乐队。某些高雅的餐厅在人们就餐时伴以钢琴演奏；有的餐厅在营业时播放轻松愉快的乐曲；也有的餐厅在顾客用餐的同时，有乐队演奏、歌星献艺、顾客自娱自唱。饮食管理者应根据餐厅的主题选用一些能增进顾客就餐气氛的音响设备，以提高企业经济效益。

4. 餐厅的文化艺术装饰

餐厅室内的装饰品取材广泛，凡是来源于生活或自然的充满艺术生命的物品，都可作为餐厅的装饰品。根据餐厅的主题和整体风格，饰物的选择一定要注重个性的发挥，以迎合现代人注重自我表现和追求个性品位的风格，但个性发挥也要有一定的限度，即必须遵循一定的历史文化传统，尊重民族习俗、宗教信仰，兼顾客源类型及绝大多数人的艺术审美。

（1）墙壁挂饰。墙壁挂饰的艺术感染力在于其能填补心理上的"空白"。常见的挂饰品种有国画书法作品、西洋画、工艺挂毯刺绣、竹木金属浮雕、高分子瓷仿画、摄影作品以及小件饰物等，如图5—7所示。这类饰品的选用和布置必须以餐厅的主题为依据，要突出饮食行业的特色和民族风格；接待外宾的餐厅，其墙饰内容要照顾外宾的风俗习惯和宗教信仰。餐厅内如需布置较多的墙饰时，其品种和内容应有穿插，不宜雷同，墙饰画的内容应根据季节的变化和宣传的需要适当更换。墙饰品种的配备安排，要注意大小得体，并与墙的面积、家具陈设的大小和高低相适应。

（2）室内摆件。餐厅的室内摆件以观赏为主，它们恰到好处地点缀、分隔，能使传统空间弥漫着一种较浓的文化氛围。室内摆件按其内容可分为：

图5—7 餐厅的挂饰

雕塑作品，金、银、铜、珠宝、景泰蓝、陶瓷器皿、古玩文物、珍奇的天然物、现代工艺品、纪念品、座屏等。这些室内摆件因其不同的色彩、造型、风格、质地、历史意义和典故而成为功能不同的装饰品，如图5—8所示。

图5—8　中式餐厅摆件

（3）绿色装饰。绿色装饰是现代室内设计的重要标志之一。随着城市建筑业的不断发展，人们越来越渴望在钢筋水泥坐标中布置一片片绿地。餐厅绿化饰品一般以盆栽和插花为主，如图5—9所示。

图5—9　餐厅里的绿色装饰

盆栽，是指连根种植在盆里的植物。盆栽包括盆花、盆草、盆景和盆树等。餐厅内配置的中小型盆栽宜放在桌面或高花架上，大型考究的盆栽还可配上红木落地花架。盆树最宜点缀大餐厅的四角和楼梯进出口等场地。

插花，是将花卉连枝带叶采摘下来，经适当处理后插入各种盛器中，以供观赏。插花可分三种风格：一是民族风格，民族风格的插花要根据季节特点和节日习惯来选定花的品种；二是西方风格，都用洋种花材，以玫瑰为冠。圆形或椭圆形插花，可供四面欣赏，用于餐台最为适宜，所用盛器主要是西式花瓶、盆、花篮等，有的水果盘、炊具、餐具也可使用；三是中西混合式插花，不拘盛器，不拘花材，只要花的姿态优美、色彩艳丽协调，插花的线、点、面穿插自如，得体即可。

第 2 节 餐厅用具与设备

餐厅营业需要一整套设备和用具。常见的有家具、餐具、针织品、服务用具以及电器等。这些设施、设备、用具是保证餐厅营业正常进行的必需物质条件。

一、餐厅家具

餐厅家具主要指餐桌、餐椅、工作台等。餐厅家具必须根据餐厅的经营特点和装潢格调进行选择。

1. 餐桌

餐厅所使用的餐桌基本以木质结构为主，其基本形状主要有正方形、长方形（见图5—10）和圆形。其中正方形餐桌的用途较为广泛，它可用于中、西式餐厅。采用什么样的餐桌，一般由每个餐厅视自己的情况而定。中餐宴会常用圆桌，有些大型宴会的主桌常用长方桌；西餐宴会常用正方桌、长方桌、椭圆桌等，也可根据顾客的需要拼设异形台，如"一"字台、"U"字台、"T"字台、"工"字台等，异形餐台是用长台、方台组合而成的。

图 5—10 长方形餐桌

2. 餐椅

餐厅的座位取决于室内装饰以及经营方式的需要。餐厅可以采用多种类型的椅子，也可以采用带弹簧的窗口凳，还可以将长条高靠椅与小型的长方形餐桌相配套，组合一些如火车座位一样相对分离的"单元"，如图 5—11 所示。

3. 工作台

工作台是服务员在用餐期间为顾客服务的基础设施，用于存放在服务中所需要的各种餐具、调味品、酒水以及菜单、餐巾等，是餐厅家具中最重要的组成部分。

每个餐厅所采用的工作台的大小和类型各不相同，但是其显著特征是一致的：都有一个平顶，以便放置服务期间可能用到的最大的空托盘。平顶之下，是一排放置公用刀叉匙和具有特殊用途的刀叉匙的抽屉。抽屉之下是两个或三个架子，放置其他必备的东西。此外，调味品往往放置在工作台的架子上。工作台的设计应尽可能小型、灵便，有些工作台的四角下方装有脚轮，以便于在餐厅内移动。工作台一般有木制、铝合金制、不锈钢制三种，以不锈钢制品为最好，如图5—12所示。

图5—11　餐椅

图5—12　餐厅工作台

4. 酒橱

餐厅一般要设置酒橱，如图5—13所示。酒橱式样很多，目前常见的有长条形酒橱、立式玻璃酒橱、壁柜式酒橱等多种。酒橱宜设置在餐厅的醒目处，内放各种各样的酒水，以便顾客观赏和挑选。有许多中小型餐厅往往将酒橱与账台设置在一起，既方便顾客选购，又可节省服务劳力。

图5—13　酒橱

5. 迎宾台、签到台、指示牌、致辞台

迎宾台通常设在餐厅门口一侧，其高度以迎宾员肘部到地面的距离为准。台面光滑、水平或略倾斜。台上摆放餐厅工作日记和客情资料、电话、插花等，迎宾台下部还可设有存放用品的抽屉，如图5—14所示。

签到台一般设在餐厅的入口处，用矩形桌铺设台布，围上桌裙，上面摆放插花、签到簿、笔等用品和有关活动的图文宣传资料。主办单位专门派人在此接待出席活动的宾客，如图5—15所示。

指示牌是饭店承办的某些大型活动的告示和指南，通常用于大中型的宴请活动、大型会议等。上面的内容可以是宴会的名称、宴会厅的平面示意图、台形桌号、宾主的座次安排以及入席路线等。

致辞台的形式与迎宾台相似，其朝外的一面镶有饭店的店徽标志，上面配备有插花、麦克风，放置于主席台或主宾席的一侧，用于宾主双方相互致辞，如图5—16所示。

图5—14 迎宾台

图5—15 签到台

6. 屏风、衣帽架

较大型的餐厅应配有一定数量的屏风，如图5—17所示。按摆放方式分类，屏风可分为折屏和座屏，屏面内容大都为反映中西历史文化缩影的艺术作品。屏风可设在餐厅内的入口处，组成一道屏障；也可设在餐厅的后墙，作为一幅背景。对于中小型饭店的宴会厅，屏风的另一个作用是把顾客分成独立的单元以避免相互干扰。经过精雕细琢、充满诗情画意的屏风也是餐厅室内布置与美化的一个重要组成部分。

服务齐全的餐厅常在入口处设有衣帽架或衣帽钩，较高档的餐厅还设有衣帽间。

图5—16 致辞台

图 5—17 屏风

二、餐厅用具

1. 陶瓷器皿

饮食业在菜肴质量方面讲究"色、香、味、形、器",这里的"器"就是指餐具。清朝美食家袁枚在《随园食单》中说:"惟是宜碗者碗,宜盘者盘,宜大者大,宜小者小,参错其间,方得出色。"这里明确指出了菜肴与器具只有在形态上搭配得当,才能产生出互相辉映的效果。

瓷器的种类繁多,大致可分为一般瓷器、强化瓷瓷器和骨瓷瓷器。为了满足饮食文化消费的需要,瓷器产品又分为纯白、手绘、花纹色纸制成的釉里彩和釉上彩三种。色彩鲜艳的瓷器固然可以提高用餐时的视觉享受,增添用餐的乐趣,但应留意其铅质和釉彩的安全卫生问题。纯白色仍然是瓷器色彩的永恒主题,如图 5—18 所示。黑色、红色、黄色、绿色以及调和色瓷器领导着一场餐具色彩的革命,本身也体现了饮食文化的多元化。

图 5—18 白色瓷器

2. 玻璃器皿

在饭店餐厅里，最常用的玻璃器皿为各种形状、不同用途的酒杯器皿，如图5—19所示。此外，还有各类摆台和服务过程中使用的玻璃器皿，如色拉盆、水果盆、菜盘、汤盘、花瓶、调味瓶、烟灰缸等。玻璃器皿的优点是价格便宜，缺点是使用不够广泛，而且容易被刮花和撞碎。

图5—19 玻璃器皿

3. 金属餐具

金属餐具种类繁多，有多种系列以满足不同的需求，使用较多的有银器和不锈钢器具。银器分纯银和镀银两种，以镀银器具为主。在餐厅内，常见的银器有餐刀、餐叉、羹匙、壶、筷、冰桶、烛台、盘托、碗托等。由于银器价格较高，故餐厅内常用不锈钢器具，常见的不锈钢器具有托盘、味具、盛具、调酒具及西餐用的刀、叉、匙等，如图5—20所示。

4. 布件

餐厅中常见的布件有台布、装饰布、餐巾、围嘴、台布垫、桌裙等。布件的选用必须考虑餐厅的等级、宾客的类型、环境气氛以及布件的耐用率等多方面的因素，如图5—21所示。

图5—20 金属餐具

图5—21 台布

三、餐厅电器设备

随着现代科学技术的发展，越来越多的电器设备走进了餐厅，并不断更新。电器设备不仅体现了餐厅的档次，而且大大降低了劳动力成本，提高了服务效率，使得饮食服务和操作的诸多环节规范化、程序化、标准化程度更高。餐厅常见的电器设备有电冰箱（冰柜）、制冰机、空调系统、音响系统、卡拉 OK 系统、吸尘器、微波炉、消毒柜等。

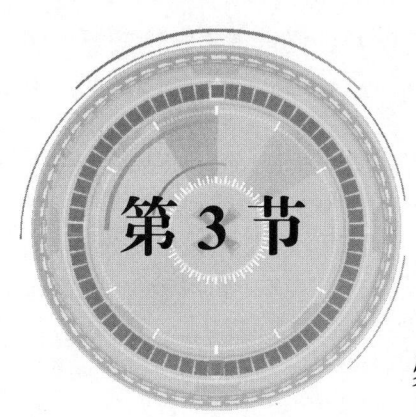

第 3 节 餐厅服务

餐厅服务是一种特殊的商品，它既包含着许多具体的服务性劳动，比如微笑迎客、引座、介绍菜单、摆台、上菜、斟酒、派菜、上茶、结账、送客等；同时又具有极其丰富的精神内容，如微笑服务、规范服务、超常服务、个性服务等。顾客光临餐厅，除要求品尝到美味适口的菜点外，同时还需要享受到相应的餐厅服务，以满足其受人尊重的心理需求。由于不同的顾客对象，其心理消费需求往往有差异，因此，餐厅服务人员要做好餐厅服务，除要具备熟练的服务技能外，还必须了解市场需求和顾客心理，并在服务的各个环节中灌输情感、相互交流，扮演好服务角色。简而言之，餐厅服务既是一门技术，也是一门艺术。

一、餐饮服务概念及特点

1. 餐饮服务的概念

餐饮服务是指餐饮从业人员为顾客提供餐饮产品、顾客享用餐饮产品和使用餐饮设施等提供的辅助性支持、接触与交流等活动的总和。它以满足顾客对于安全感、支配控制感、信赖感、便利感、身份地位感、自我满足感等的需求为基本内容。餐饮服务可分为直接对客的前台服务和间接对客的后台服务。前台服务是指餐厅、酒吧等餐饮营业点面对面为顾客提供的服务，而后台服务则是指仓库、厨房等顾客视线不能触及的部门为餐饮产品的生产、服务所做的一系列工作。前台服务与后台服务相辅相成，后台服务是前台服务的基础，前台服务是后台服务的继续与完善。

2. 餐饮服务的特点

（1）无形性。尽管餐饮服务是具有实物形态的饭店产品，但它仍然具有服务的无形性特点。销售前无法具体展现，服务中无法具体量化，服务后无法储存。看不见，也摸不着，只能凭生理和心理的感受来评判。

（2）广泛性。世界上的人，无论男女老少、职位高低、贫富、习俗等有何差异，都能成为餐饮业的服务对象，因此，餐饮服务的对象具有广泛性。但对于餐厅而言其服务又要确定目标顾客，能将任何人都确定为服务对象。

（3）同步性和直接性。餐饮产品的生产过程和销售过程同时或几乎同时发生，即当场生产销售，消费者与生产者直接接触，中间不存在产品的储存、运输过程。餐饮产品的同步

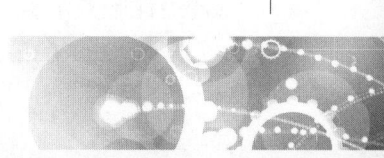

性特点，使餐厅服务员有机会直接向顾客介绍、推荐食品、酒水，促进销售，这就要求服务员必须具有双重技能，即服务技能和推销技能。所以，餐饮服务与餐饮产品的生产、餐饮管理是不同的。

（4）差异性。由于餐饮服务包含着大量的手工劳动，少有机器控制，而且职工的工作态度、技能技巧不同，因此，餐饮服务便不可避免地存在质量和水平的差异。具体包括：一是员工素质造成的差异，每一个员工的年龄、性别、性格、教育、培训和工作经历不同，对服务的理解不一样，对服务的方式和方法也不一样；二是服务环境造成的差异，餐饮服务的场所、时间、工作情绪等不同，餐饮服务的方式、方法和效果也有变化；三是顾客的需求差异造成的服务差异，尽管在单纯的餐饮服务与管理中对此提及甚少，但是这应该成为餐饮服务的趋势之一。

（5）价值性。良好服务直接关系到企业形象的树立；良好服务是赢得顾客信任和好感，使顾客产生被尊重的感觉，形成愉悦心情的主要影响因素；良好服务能够创造利润，是餐厅的营销方式之一。

服务价值不可存储。一次性（或称即逝性）是指服务不能被储存以备后用。因此，这就要求餐饮服务一要尽可能提高餐饮接待量，二要一次成功，不允许出现服务的失败和不足等。

（6）标准统一性。一是前台服务与后台服务的统一，餐厅服务中，既要有高质量的菜肴，也要有高质量的服务，缺一不可；二是指在餐饮服务中，由于主观和客观的影响，服务效果总是存在一定的差异，顾客的要求也各不相同，因此，要让大多数的顾客感到满意，必须要有规范统一的服务标准。餐厅服务标准的制定主要依据餐厅的装饰风格、经营特色、就餐的形式等。

3. 餐饮服务的原则

（1）物有所值原则。无论是实物性的餐饮产品，还是服务性餐饮产品，都要让顾客感到物有所值，甚至是物超所值。

（2）主随客便原则。即提供的产品要符合顾客的需求，针对不同的顾客提供不同的产品和服务。创新的内容应包括菜点的花色品种、服务项目、设备设施、服务环境设计、服务环节、服务方式等方面。

（3）诚实守信原则。诚实是最基本的经营作风，也是展现餐厅良好形象、体现服务人员良好职业道德的基本保障。诚实守信更是顾客选择就餐场所的第一关注点。

（4）宾客至上原则。宾客至上就是要做到做餐厅服务工作要时刻以顾客为工作中心和重心，在服务过程中要摆正与顾客的位置，还要学会换位思考，当顾客的要求与服务工作相冲突时，要问自己："假如我是顾客会怎样？"真正设身处地地为顾客解决问题。服务必须以顾客的需求为标准，而不是饭店的规章制度。

二、餐厅服务程序规范化

餐厅服务程序规范化，是指在餐厅接待服务工作中，使各项服务都符合行业惯例或文明规定的标准。通过规范服务操作程序，可以有力地保证餐厅服务工作保持稳定的质量。当然，在实际服务操作过程中，常常会出现一些意想不到的情况，因此，在具体操作过程中，应允许餐厅服务员根据服务的实际情况在一定范围内予以变通，使规范化与灵活化相结合，创造最佳服务水平。

由于国家、地区、民族、文化、风俗习惯的不同，世界上存在着许多风格迥异的餐厅服务形式。从我国饮食业的实际出发，本节将着重介绍中西餐厅散客服务和宴会服务等基本形式的服务程序。

1. 中餐散客服务

散客服务又称零点服务，是饭店餐厅和餐馆最基本的服务形式。中餐散客服务的一般程序如下。

（1）热情迎客。当顾客由领座员引领进入餐厅，有关区域的服务员应主动上前向顾客问好，根据顾客意愿及当时餐厅具体情况，安排顾客入座，并根据顾客人数及时调整餐具数量。

（2）上茶递巾。从顾客右边递送香巾，替顾客斟茶或冰水。

（3）接受点菜。从顾客右边递上菜单，接受顾客点菜。服务员应了解当天的特选菜肴和时令菜，并根据顾客特点进行适当的推销。

（4）开单下厨。按规定依类正确填写点菜单。点完菜后，应重复顾客所点的菜品，让顾客确认，以免有误。点菜单应一式三份，一份送账台，一份送厨房，一份自留。如顾客有特殊要求，应及时向厨师长说明。

（5）酒水服务。当顾客点完菜后，应尽快递上酒单，请顾客点酒水。正确记录下顾客所点的酒和饮料，经账台划价后，持点酒单到酒吧取酒，并为顾客进行斟酒服务。

（6）上菜服务。上菜必须按照中餐进餐次序及时进行。服务员要主动向顾客介绍菜品，并视情况主动替顾客派菜。菜上齐后，告知顾客，询问顾客有无其他要求。

（7）巡台服务。照顾好就餐顾客，及时满足他们的各种需要；主动更换骨碟、烟灰缸、添加饮料、米饭，检查菜肴是否上齐；及时撤去空盘、空饮料瓶。

（8）结账。顾客示意结账，应尽快递上账单，并按规范进行结账服务。

（9）礼貌送客。顾客离座，应替顾客拉椅，道谢，欢迎再次光临。

（10）餐后收尾工作。顾客离开后，应马上整理餐桌，重新铺台，以便接待下一批顾客。

2. 中餐宴会服务

中餐宴会服务可分为四个基本环节，分别是宴会前的组织准备、宴会前迎宾服务、宴会就餐服务和宴会结束工作。

（1）宴会前的组织准备工作。餐厅服务员应掌握宴会顾客的有关情况，进行明确分工；根据宴会特点对宴会厅加以布置；熟悉菜单和主要菜肴的风味特色；按宴会规格和摆台要求进行宴会摆台，并根据宴会通知单要求备好酒水、香烟、茶叶、小毛巾等物品；大型宴会在开宴前 15 min 左右摆放冷盘。

（2）迎宾服务。顾客到达时，要热情迎接，微笑问好。将顾客引入休息室就座休息，并主动提供衣帽存放服务和茶水服务。也可根据宴会的具体要求，直接将顾客引到宴席就座。

（3）就餐服务。顾客入座后，帮助顾客落餐巾、松筷套，为顾客进行斟酒服务；按照宴会服务规范进行上菜、分菜；并主动提供相应的席间服务，如更换骨碟、烟灰缸、递送香巾等。

（4）宴会结束工作。按规定办理结账手续后，拉椅送客，清理台面，完成餐后收尾工作。

3. 西餐散客服务和宴会服务

西餐服务源于欧洲贵族家庭，经过多年演变，各国各地区的服务方式及摆台方法都不尽

相同。常见的服务方式有法式服务、俄式服务、美式服务、英式服务、大陆式服务、自助餐服务等。

西餐散客服务的一般程序：迎宾领座→鸡尾酒、餐前小吃服务→递送菜单、接受点菜→递送酒单、接受点酒→按照西餐进餐顺序进行相应的上菜服务→结账付款、礼貌送客等。

相关链接

西餐进餐顺序：开胃菜→汤类→色拉→主菜→水果与乳酪→甜点→餐后饮料。
西餐宴会服务的四个基本环节：
一是宴前准备工作，包括布置宴会场所、摆设餐台、准备工作台等工作。
二是餐前鸡尾酒服务，即在宴会开始前半小时或 15 min 左右，在宴会厅门口为先到的顾客提供鸡尾酒会式的酒水服务。
三是席面服务，即按照西餐进餐次序提供相应的就餐服务。
四是宴会结束工作，主要有结账服务、送客、收尾工作等。

三、餐厅服务礼仪

1. 餐厅服务礼仪的概念与功能

（1）服务礼仪的概念。礼仪是指人们在社会交往中由于受历史传统、风俗习惯、宗教信仰、时代潮流等因素影响而形成，既为人们所认同，又为人们所遵守，以建立和谐关系为目的的各种符合交往要求的行为准则和规范的总和。礼仪是在人际交往中，以一定的、约定俗成的程序、方式来表现的律己、敬人的过程。涉及穿着、交往、沟通、情商等内容。总而言之，礼仪就是人们在社会交往活动中应共同遵守的行为规范和准则。

从个人修养的角度来看，礼仪可以说是一个人内在修养和素质的外在表现。从交际的角度来看，礼仪可以说是人际交往中适用的一种艺术、交际方式或交际方法，是人际交往中约定俗成的示人以尊重、友好的习惯做法。从传播的角度来看，礼仪可以说是在人际交往中进行相互沟通的技巧。

随着现代社会餐饮服务业的日益发展，人们与餐饮业的联系越来越多，对其服务水平的要求越来越高，餐饮业的服务礼仪是服务质量、服务态度的直接表现，其中餐厅服务水平更是餐饮业服务水平的缩影，讲究礼仪更为重要。

（2）餐厅服务礼仪的功能。礼仪的功能主要表现在以下几个方面。

1）尊重功能。尊重的作用即向对方表示尊敬、敬意，同时对方也还之以礼。礼尚往来，有礼仪的交往行为蕴含着彼此的尊敬。

2）约束功能。礼仪作为行为规范，对人们的社会行为具有很强的约束作用。礼仪一经制定和推行，久而久之便形成社会的习俗和社会行为规范。任何一个生活在某种礼仪习俗和规范环境中的人，都自觉或不自觉地受到该礼仪的约束，自觉接受礼仪约束的人是"成熟的人"的标志；不接受礼仪约束的人，社会就会以道德和舆论的手段对其加以约束，甚至以法律的手段加以强迫。

3）教化功能。礼仪具有教化功能，主要表现在两个方面：一方面是礼仪的尊重和约束作用。礼仪作为一种道德习俗对全社会的每个人都有教化作用，都在施行教化；另一方面，礼仪的形成、完备和凝固，会成为一定社会传统文化的重要组成部分，它以"传统"的力量不断地由老一辈传递给新一代，世代相继、世代相传。在社会进步中，礼仪的教化作用具有极为重大的意义。

4）调节功能。礼仪具有调节人际关系的功能：一方面，礼仪作为一种规范、程序，作为一种文化传统，对人们之间相互关系模式起着规范、约束和及时调整的作用；另一方面，某些礼仪形式、礼仪活动可以化解矛盾、建立新关系模式。可见，礼仪在处理人际关系中和在发展健康良好人际关系中发挥了重要作用。

2．仪容、仪表、仪态

（1）仪容。仪容指一个人的容貌，包括五官的搭配和适当的发型衬托。餐厅服务员的仪容要求可概括如下。

1）仪容自然美。仪容自然美指仪容的先天条件好，天生丽质。尽管以相貌取人不合情理，但先天美好的仪容相貌无疑会令人赏心悦目，感觉愉快。

2）仪容修饰美。仪容修饰美指依照规范与个人条件，对仪容进行必要的修饰，扬长避短，设计、塑造出美好的个人形象，在人际交往中尽量表现出自己的风采。

3）仪容内在美。仪容内在美指通过努力学习，不断提高个人的文化、艺术素养和思想、道德水准，培养出自己高雅的气质与美好的心灵，使自己秀外慧中，表里如一。

真正意义上的仪容美应当是上述三个方面的高度统一。忽略其中任何一个方面，都会使仪容美失之于偏颇。

在这三者之间，仪容的内在美是最高的境界，仪容的自然美是人们的心愿，而仪容的修饰美则是仪容礼仪关注的重点。要做到仪容修饰美，自然要从修饰入手，修饰仪容的基本规则是美观、整洁、卫生、得体。对餐厅服务员的具体要求：只能化淡妆，不准佩戴任何首饰，不准留长指甲、涂指甲油，不得喷刺激性的香水。男服务员头发不留大鬓角，后面的头发不能长到衣领，不留胡须，常修面；女服务员的头发不可长到披肩。

（2）仪表。仪表是一个人精神面貌的外观体现，主要包括人的容貌、服饰、个人卫生等，重点是容貌和服饰。人的仪表美往往与他的思想道德品质、生活情调以及文明程度有关系，也就是说，一个人的仪表可以表露出这个人的内在修养。仪表美通过人的言谈举止、待人接物以及社交能力展现出来，对仪表美的要求可概括如下。

1）适体美。适体美是指一个人的仪表要与他的年龄、体形、肤色、个性、气质、职业、身份等相适宜，表现出一种和谐，这种和谐能给人以美感。对不同年龄的人来说应体现出不同的风格。青年应着力展示青春风采，淡淡妆饰可以体现出自然之美和个性之美；中年应力求突出成熟风韵，妆饰柔和、服饰优雅，能体现出成熟之美；老年则宜适当创造高雅稳重、深沉理性的睿智之美。不同体形、不同肤色的人应考虑扬长避短，选择合适的服饰，力求突出体形优点，淡化体形缺陷。对于个性气质不同的人，可以通过妆饰、着装展示其个性，以期获得外在仪表美与内在精神美的和谐。

2）整体美。在仪表修饰上应将人视作一个整体，考虑各修饰部位的局部，促成妆饰、着装、佩饰三者之间及其与人自身诸多因素之间协调一致，浑然一体，营造出整体风采。妆饰的整体美是指面部、颈部及手等局部化妆色调、化妆线条、化妆质感和化妆风格要给人以整体的美感。着装的整体美是指服装本身的色彩、图案、款式、质料和风格等方面与人体相匹配，造就一种和谐的统一。佩饰的整体美是要求同时佩戴几种饰品时，要在色调、

光泽、材质、形态、寓意和风格上取得相应的协调与一致。仪表的整体美感就是要让所有的修饰效果造就一种和谐的美。

3）适度美。在仪表的修饰上，无论是修饰程度还是饰品数量和修饰技巧都应把握分寸，自然适度，追求雕而无痕的效果。修饰是为了突出人的外在美，是为个体气质服务的，而不是本末倒置。美与丑仅一步之遥，过分修饰、刻意装点不仅不会使人产生美感，还会给人留下庸俗的印象。饰品意在点缀，恰到好处的点缀似点睛之笔，如锦上添花，但若过度修饰，珠翠满头反而给人轻浮浅薄、庸俗不堪的感觉。修饰一定要把握分寸，修饰过度也不好，应做到符合职业特点，既雕琢又似自然天成。要求餐饮服务人员在工作时间着规定的制服，衣服要整齐干净，注意保持衣服袖口、领口处的清洁。衣服扣子要扣好，衣服的衬里不可露出，不要挽袖子卷裤腿。要佩戴标志卡。男、女服务员均要求穿深色皮鞋，袜子颜色要略深于皮鞋颜色。

（3）仪态。仪态指人在行为中的姿态、风度和举止。餐饮服务人员每天都要和顾客打交道，服务人员良好的仪态是风度和气质的表露，具体来说包括站、坐、行走，总的要求是站有站姿，坐有坐相，行走自然优美，端庄稳重，落落大方。餐厅服务人员的站姿应端庄、挺拔，体现出优美和典雅。坐姿要端正，表现出高贵和娴雅。步态应轻盈、稳健。一般要靠道路右边行走，不能走在路中间。不可跑步，不可与顾客抢道。接待顾客时，手势的运用要规范和适度，手势不宜过多，动作不宜过大。如为顾客指点方向时，应采用"直臂式"；请顾客进入时，应采用"横摆式"等。手势的运用要和面部表情及身体各部分协调配合，以免显得生硬，让顾客造成误解。

3. 餐厅礼貌服务与服务礼节

（1）餐厅礼貌服务

1）遇到带小孩的顾客用餐时，应把小孩带到远离主通道的地方，并马上为小孩取一张儿童凳。把易破损的餐具、杯具、花瓶等摆在远离桌边的位置，送饮料时须配备吸管。为顾客分汤时，汤碗应放在小孩家长的右手边，避免小孩直接接触。餐厅应适当准备一些小玩具，以稳定小孩的情绪。

2）顾客问的菜式，服务员不懂时应诚恳地向顾客说："对不起！"并请顾客稍等一下，然后请教同事或管理人员，及时地向顾客解答。不可回答顾客说："不知道。"

3）多位顾客同时需要服务时，服务员要做到既要热情、周到，又要忙而不乱。服务员要给那些等待的顾客以热情、愉快的微笑，在经过他们桌子时应跟他们打个招呼："我马上就来为您服务"或"对不起，请稍等一会儿"，这样会使顾客觉得他们并没有被冷落和怠慢。

4）顾客提出食物变质要求取消时，服务员应该耐心聆听顾客的意见，并向顾客致歉。把食物立即撤回厨房，由餐厅经理和厨师长检验食物是否真的变质。若食物确已变质，则立即给顾客免费赠送类似的菜肴，或帮顾客退掉。若食物并未变质，应由餐厅经理出面向顾客解释该食品的原料、配料、制作过程和口味特征等。

5）在上菜和上饮品的时候，服务员要礼貌地提醒顾客，以免不小心把菜汁和饮品溅在顾客的身上。若不小心溅在顾客的身上，服务员要诚恳地向顾客道歉，并立即设法替顾客清理，必要时免费为顾客把衣服洗干净。餐厅即将收档，但还有顾客在用餐时，这时要更加注意对顾客的服务，在整理餐具时要轻拿轻放，不可发出响声。到了临收档时，应询问顾客是否还需要点菜。不可用关灯、吸尘、收拾餐具等形式来催促顾客，应留下专人为顾客服务。

6）顾客把吃剩的食品、饮料留下并要求服务员代为保管时，服务员应礼貌地向顾客说明食品饮料容易变质，最好能尽快消费掉，建议并协助顾客打包，让顾客带走。

（2）餐厅服务礼节

1）笑脸迎顾客，自然大方并亲切问候："您好，欢迎光临！请问一共几位？"如果是男女结伴而来，应先问候女宾，再问候男宾。对老幼病残顾客，应主动上前照料。

2）根据顾客的不同情况把他们引入座位。如重要顾客光临，应把他们引领到餐厅中最好的位置；夫妇、情侣就餐，应把他们引领到安静的角落位置；全家、亲朋好友聚餐，应把他们引领到餐厅合适的位置；老幼病残顾客就餐，应把他们安排在出入比较方便的位置。安排座位应尽量满足顾客的要求，如果该座位已经被先到的顾客占用，服务员应解释致歉，求得谅解，推荐其他令顾客较满意的座位。

3）顾客走近餐桌，服务员应按先女宾后男宾，先主宾后一般顾客的顺序用双手拉开椅子，招呼顾客入座；顾客曲膝入座的同时，轻轻推上座椅，使顾客坐好、坐稳。并为顾客送上茶水，切忌用手接触茶杯杯口。

4）适时主动恭敬地递上菜单，不能随意将菜单扔在桌上。顾客点菜时要耐心等候，不能催促，让顾客有考虑的时间。点菜时，拿好纸、笔随时记录。如顾客犹豫不决，服务员应当好参谋，热情介绍菜肴品种和特色。应注意语言艺术，礼貌委婉，不要勉强或硬性推荐，以免引起顾客反感。如顾客点的菜已经无货供应，应礼貌致歉，求得谅解。如顾客点的菜在菜单上没有，不要拒绝，可以说："请允许我与厨师商量一下，尽量满足您的要求。"顾客点菜时，服务员应面带笑容，上半身略微前倾，身体不能靠在餐桌边，不能把手放在餐桌上，要认真倾听，准确记录，避免出错。

5）有儿童就餐，可给儿童加上小凳，方便儿童入座。

6）顾客不慎掉落餐具时，服务员应迅速为其更换干净的餐具，不能在顾客面前一擦了事。

4. 餐厅服务人员语言艺术

语言是人类敞开心扉的交流形式，是人类搭架心灵桥梁的快捷方式，是人类情感交集的抒发模式，是人类释放悲喜的表达方式。在餐饮服务过程中，如何完善地运用餐饮服务语言艺术，遵循餐饮服务规则，是一门深内涵、高层次的学问，也是提高餐饮服务质量的关键因素。

（1）餐饮服务用语形式要求

1）恰到好处，点到为止。服务不是演讲也不是讲课，服务人员在服务时只要清楚、亲切、准确地表达出自己的意思即可，不宜多说话，而是要启发顾客多说话，让他们能在这里得到尊重，得到放松，释放自己心理的压力，尽可能地表达自己消费的意愿和对餐厅的意见。

2）有声服务。没有声音的服务是缺乏热情的，是冷冰冰的，是没有魅力的。因而在服务的过程中，服务员不能只有鞠躬、点头，而没有问候，只有手势而没有语言的配合。

3）轻声服务。传统服务是"吆喝服务"，鸣堂叫菜、唱收唱付；而现代服务是轻声服务，要为顾客保留一片宁静的天地。因而服务人员不能在远处招呼、应答。要求做到三轻，即说话轻、走路轻、操作轻。

4）清楚服务。一些服务人员往往由于腼腆，或者普通话说得不好，在服务过程中不能向顾客提供清楚的服务，造成顾客的不满。特别是报菜名，经常使顾客听得一头雾水，不得不再问。这就妨碍了服务人员与顾客之间的沟通，耽误了正常的工作。因而服务语言应规范清楚。

5）普通话服务。一个品牌企业在服务语言上，应该要求以普通话服务。即使是因为地方风味和风格突出的餐厅，要采用方言服务才能显现出个性，也不能妨碍正常的交流。这类餐厅服务员也应该会说普通话，或者要求领班以上的管理人员会说普通话。

（2）餐饮服务用语程序要求。在程序上对服务语言作出相应的要求，有利于检查和指导服务员的语言规范性。

1）顾客来店有欢迎声。

2）顾客离店有道别声。

3）顾客帮忙或表扬时，有致谢声。

4）遇见顾客的时候，有问候声。

5）服务不周有道歉声。

6）顾客呼唤时有回应声。

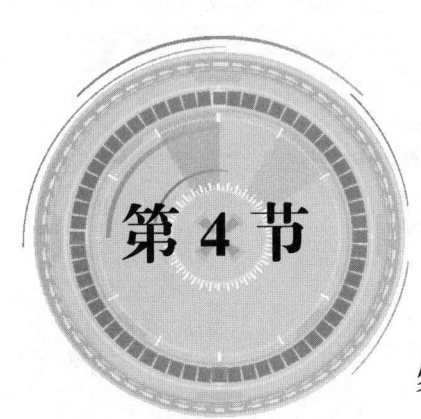

第 4 节 餐厅管理

餐厅管理是饮食企业管理的重要组成部分。饮食企业及餐厅经营管理者研究餐厅及其经营特点，探索其运行规律，进行科学管理，这对饮食企业的生存和发展具有十分重要的意义。

餐厅管理就是人们根据一定的规则和程序，对餐厅人力、物力和财力进行有效计划、组织、指挥、监督和调节，以期实现餐厅目标的过程。餐厅管理的主体是餐厅的一切管理者，其客体是人、财、物等资源。餐厅管理的直接目的是在动态中实现餐厅各种有效资源的最佳配置，以促使餐厅经营活动高效率运行，从而实现餐厅经营目标。

一、餐厅管理的内容

餐厅管理的任务主要是按照一定的规则，运用科学的方法，有效地组织人力、物力和财力，合理组织经营，提供优质饮食和服务，增进顾客和餐厅双重利益。餐厅管理的具体内容如下。

1. 餐厅服务人员的管理

餐厅对服务人员的管理主要包括：确定餐厅内部每一部门和岗位所需的员工人数；按所需人员素质标准挑选员工，将合适的员工分配到合适的岗位；对员工进行培训、检查、考核员工的工作状况，评估员工的工作业绩；沟通信息，协调关系，管理员工工资；确定对员工的奖惩、晋升、续聘或辞退等。

2. 餐厅财产物资的管理

餐厅财产物资的管理，即根据餐厅营业需要，有计划地组织、调配以及维护、控制一切相关财产物资的活动过程。管理的目的是以一定质和量的餐厅设施、设备及其他物资的运用，在使顾客满意的前提下，谋求尽可能大的利益。餐厅财产物资的管理，既包括对财产物资实物的管理，也包括对其价值的管理，其具体内容主要是餐厅设备及其他物资的采购、保管、配置、控制、安全、维护、更新等。

3. 餐厅营运活动过程的管理

餐厅营运活动过程的管理，具体内容包括营运活动过程的设计、要素配置、督导实施、适当调节、效果检验等。除了上述对员工和财产物资管理外，还包括对经营形式的选择以及对餐厅产品创新、产品质量、产品价格、促销方式、公共关系等诸方面的管理。

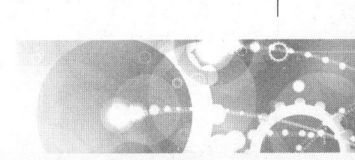

二、餐厅服务质量管理

餐厅服务是餐厅为满足顾客进餐及相关需要所提供的一种特殊产品。它是餐厅得以运行的基本条件,又是餐厅营运的主要内容或产品之一,其质量高低关系到餐厅的生存与发展。因此,餐厅服务质量管理是餐厅管理中十分重要的内容。

1. 餐厅服务质量的特性

餐厅服务质量的特性是由它的内容决定的,正确认识这些特性,是搞好餐厅服务质量管理、提高服务质量的必要条件。餐厅服务质量的内容是由餐厅的设备设施质量、菜食产品质量、劳务质量以及安全状况和环境气氛五个方面构成的。

(1)构成的综合性。设施设备、菜食质量、安全状况是服务质量的基础,环境气氛是补充,劳务质量是最终的表现形式,是服务质量的最后体现。各构成因素相辅相成,缺一不可。

(2)评价的一次性。服务质量是顾客对每一次具体的不同内容的服务过程的评价。顾客进入餐厅,微笑问好、热情引座、介绍菜点等,这种服务活动一结束,服务质量便消失了,不能储存。因此,顾客对服务质量的评价是一次性的。这就要求餐厅管理者必须重视每一次的具体服务活动,只有这样才能不断提高服务质量。

(3)内容的关联性。从饮食产品生产的后台服务到为宾客提供饮食产品的前台服务,涉及许多相关联的环节,如食品原材料的质量和饮食产品质量相关联,产品质量和烹饪技术水平相关联,产品的销售又与餐厅环境、服务员的服务态度和技巧相关联,其中每个环节的好坏都关系到服务质量的优劣。因此,必须实行全过程、全方位的质量管理,保持各环节、各岗位之间互相衔接和协调,切实提高服务质量。

(4)对员工素质的依赖性。餐厅所提供的服务固然要以设施设备为依托,但服务质量的高低主要取决于服务人员的服务态度和服务技术水平。餐厅服务员要面对面地给顾客提供服务,因此其外表形象、精神状态、礼节礼貌以及服务的技术技巧,都会对顾客评价餐厅服务质量产生直接的影响。所以,服务质量对服务人员的素质具有依赖性。餐厅加强服务质量管理关键是对员工进行培训,提高员工的整体素质。

(5)客主双方感情的融洽性。餐厅服务的对象是有思维、有感情的人,如果宾客所接受的服务是优质的,宾客在满意和舒适的气氛中逐步地把自己的感情融合到餐厅生活中去,就会产生一种亲切感、轻松感,从而对餐厅留下美好的印象和记忆;反之,如果服务质量是劣质的,宾客在压抑的气氛中逐步对餐厅抱有不相容的偏见,就会对整个餐厅的服务质量给予批评。因此,餐厅服务质量管理要注重客主双方感情的融洽,把餐厅对宾客的感情通过优质的服务传输给宾客,让宾客和餐厅在感情上融为一体。

2. 餐厅服务质量管理的运作

餐厅服务质量管理,是餐厅为了在现有条件下最大限度地满足顾客进餐及相关需求,不断提高服务质量所进行的一系列活动。优质的餐厅服务是以一流的餐厅管理为基础的,而餐厅服务质量管理是餐厅管理体系的重要组成部分,也是酒店餐厅管理的重要内容,对其控制和监督的目的是为宾客提供优质满意的服务,创造良好的社会效益和经济效益。

(1)树立现代服务质量意识。餐厅服务质量管理的主要目的是使全体员工牢固树立"宾客至上、服务第一"的思想,懂得服务质量是餐厅的生命线,从而使员工自觉地提高服务质量，自觉地参加服务质量管理。

（2）建立服务质量管理规则和制度体系。餐厅服务质量管理要有健全的提高服务质量的运作规则、制度体系，内容主要包括员工守则、餐厅岗位职责、员工工作程序、服务操作规程、服务质量标准、服务质量检验、服务事故处罚、餐厅卫生、餐厅安全以及餐厅员工培训、晋升等规定和制度。

（3）努力提高服务人员素质。加强对员工的培训，提高员工的思想素质、文化素质、技术素质、形态素质等综合素质，从而有力地保证服务质量整体得以提高。

（4）加强质量监督和检查。加强质量监督和检查是服务质量管理的重要环节，发现问题及时解决，认真处理每一件关于质量问题的投诉，提倡服务人员自我检查。

（5）加强餐厅日常服务质量的管理。餐厅日常服务质量的管理，可采用PDCA循环工作法。PDCA循环工作法是指通过计划、落实、检查和总结四个阶段完成工作，并不断循环的工作方法。PDCA循环转动的过程就是服务质量管理活动开展和提高的过程。

3. 餐厅服务质量的现场控制

餐厅服务现场控制，是指管理人员监督现场正在进行的饮食服务，使其规范化、程序化，并能够迅速妥善地处理意外事件。这是前厅经理和主管的主要职责之一，餐厅经理也应将现场控制作为管理工作的重要内容。

（1）服务程序的控制。开餐期间，前厅经理和主管应始终站在第一线，通过亲自观察、判断、监督，指挥服务员按标准服务程序进行服务，发现偏差，及时纠正。

（2）上菜时机的控制。掌握首次斟酒、上菜的时机，要请示顾客，尊重顾客的意见；在开餐过程中，要把握宾客用餐的时间速度、菜肴的烹制时间等，做到恰到好处，既不要让宾客等待太久，也不应将所有菜肴同一时间全部上齐，餐厅主管应时常注意并提醒掌握好上菜时间，尤其是大型宴会，上菜的时机应由餐厅主管掌握。

（3）意外事件的控制。饮食服务是面对面的直接服务，一旦发生投诉，主管一定要迅速采取弥补措施，以防止事态扩大，影响其他宾客的用餐情绪。如果是由服务态度引起的投诉，主管应立即向宾客道歉。发现有喝醉酒的宾客，应告诫服务员停止添加酒精性饮料。对已经醉酒的宾客，要设法帮助其早点离开，以保护餐厅的气氛。

（4）人力的控制。开餐期间，服务员实行分区看台负责制，在固定区域服务。服务员人数的安排要根据餐厅的性质、档次来确定（一般中等服务标准的餐厅或者餐桌，可按照每个服务员每小时能接待20名散客的工作量来安排服务区域）。一般来说，档次越高的餐厅，服务水准要求越高，服务力量的配备就会越强。一些豪华包间，甚至需要两三个服务员执台；顶级的餐厅服务，还可能是一个服务人员服务一位顾客。总之，需要根据餐厅的具体情况来配备服务人员，进行人力控制。在经营过程中，主管还应根据客情变化，进行再分工。例如，某一个区域的宾客突然来得太多，就应从另外区域抽调员工支援，待情况缓解后再调回原服务区域。用餐高峰期过后，应让员工换班休息，以提高工作效率。这种方法对于营业时间长的火锅厅、茶厅和咖啡厅等特别必要。

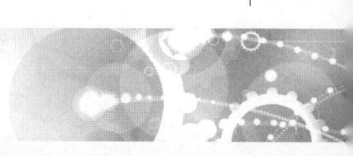

第6章

饮食成本核算与控制

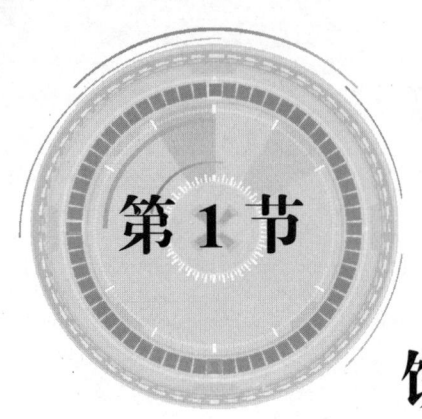

第1节 饮食成本核算意义与作用

饮食成本，是指饮食企业从事饮食生产或经营时企业本身所耗用的费用和支出的总和。饮食企业在生产或经营过程中的各项费用和支出，如原材料消耗、劳动报酬、燃料及动力消耗、固定资产折旧、家具用具的损耗等，就是饮食企业的成本。

一、饮食成本核算的概念

饮食成本核算是指针对饮食企业用于制作饮食产品和提供消费服务过程中的各种费用和支出的总和进行的核算。根据业务性质，饮食成本可划分为生产、销售和服务三种。但是，由于饮食业的经营特点是生产、销售、服务统一在一个企业里实现，除原材料成本外，其他如水电燃料费、管理费用等，很难分清用于哪个环节，难以分别核算。因此，在核算饮食成本时，习惯上就只以原材料（包括主料、配料、调料）作为其成本要素，而不包括生产过程中的其他费用。原材料以外的其他各种费用，均另列项目，记入饮食业的经营管理成本中计算。

○ 相关链接

原材料成本的构成，包括饮食产品的主料、配料、调料和这些原材料的合理损耗。在加工制作过程中包裹菜点的用料，视同配料列入成本。在外地采购原材料的运输费用以及外单位仓库储存原材料的保管费用亦应列入成本。

二、饮食成本核算的意义

1. 维护消费者的利益，正确执行国家的物价政策

饮食产品的销售价格是以产品成本为依据，并按一定的毛利率计算出来的，如果成本核算不准确，价格就难以合理，产品质量也就无法保证。因此，认真做好成本核算是维护消费者利益的前提，同时，也是正确执行国家物价政策的行动准则。

2. 使企业合理盈利

饮食企业在满足人们饮食需求的同时，还担负着为本企业提供合理资金积累的任务。如果成本核算不准，将影响企业经营成果，使企业减少盈利，甚至会造成不应有的损失。因此，必须正确把好成本核算这道关，使企业能合理盈利。

3. 促进企业改善经营管理

成本核算是企业经营管理的重要内容之一。只有建立严格的成本核算制度之后，才能彻底考察企业的经营是否有利，管理水平是否先进。因此，做好成本核算工作，对促进企业经营管理的改善有着深刻的意义。

三、饮食成本核算的作用

1. 为合理制定饮食产品的销售价格打下基础

饮食产品的成本是计算价格的基础，成本计算正确与否，将直接影响价格的准确性。因此，要制定合理的销售价格，就必须有赖于准确的成本核算。

2. 为厨房的生产操作投料提供标准

成本核算为厨房各个工序操作的投料提供了一个量的标准，使菜点的投料数量准确，并可防止缺斤少两的现象，保证菜点应有的质量和价格。

3. 揭示产品成本升降的原因，促进改善经营管理

通过成本核算，可以查找实际成本与菜谱标准成本之间差异发生的原因。如原材料是否充分利用，是否按规定的标准投料。通过分析找出成本忽高忽低的原因，并提出改进的意见，促使有关部门改善经营管理，采取相应的措施努力降低成本、减少损耗，从而提高企业的经济效益。

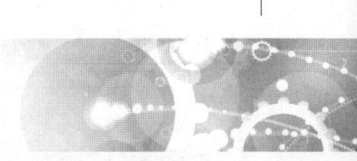

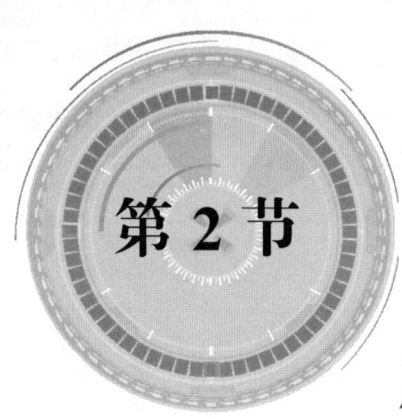

第 2 节 厨房生产成本管理

一、厨房生产成本的特点及计算

厨房生产成本管理是厨房管理工作中的重要组成部分，成本管理的效率高低对加强餐饮企业经营管理、降低生产成本和费用、提高餐饮企业的经济效益和竞争能力都具有重大意义。

厨房生产成本是指厨房在生产制作产品时所占用和耗费的资金。它主要由三个部分构成：原料成本、劳动力成本以及经营管理费用。其中，前两项占生产成本的70%～80%，是厨房成本的主要部分。人工成本指参与厨房生产的所有人员的费用；经营管理费用指厨房在生产和餐饮经营中，除原材料成本和人工成本以外的成本，包括店面租金、能源费用、借贷利息、设备设施的折旧费等。在这三个部分中，厨房管理的主要任务是生产成本管理，即对厨房产品的原料成本进行控制和管理。

1. 厨房生产原料成本的构成

厨房生产原料成本是指生产制作菜点时实际耗用的各种原料价值的总和。原料成本属于变动成本，与销售量的大小成比例变化。根据原料在菜点制作中的不同作用，原料可分为三类，即主料、配料（或称辅料）和调料。这三类原料是核算厨房生产成本的基础，又称为厨房生产成本三要素。

厨房管理生产成本三要素是单个菜肴的成本构成，而对于宴会菜点的成本，则主要由冷菜成本、热菜成本和点心成本综合构成。酒水、水果费用单独计算。许多餐饮企业将冷菜成本定为食品原料成本的15%，热菜成本定为70%，点心成本定为10%，调料成本按5%计算。这是一个可以参考的比例，但要根据不同地方宴会、不同要求的宴会作适当调整。大多数情况下，宴会标准越高，热菜成本所占比重也会相应增加，而冷菜、点心成本变化不大。因此，应注意区别核算。需要注意的是，近年来，随着各式新颖、优质调料的不断出现，调味品不断推陈出新，加之不少菜品调味品用量比较大，调味品的成本及所占的比例有增大的趋势。

2. 厨房生产成本的特点

厨房生产由于生产制作的手工性和技术、用料的模糊性以及生产过程的短暂性、产品规格的差异性、原料随行就市价格波动大等特点，使成本控制更加复杂和困难，具体体现在以下几方面。

（1）原料成本核算难度大。厨房生产的特点是先有顾客，再安排生产，且即时生产、现场销售。因此，给厨房生产管理和食品成本核算带来一定的难度，具体表现如下。

1）菜品销售量难以预测。厨房生产很难事先进行准确安排，因为餐厅很难预测某一天到底会有多少顾客光临，光临的顾客又会有多大消费额、可能消费哪些菜品等，这一切都是未知数。因此，最终会消耗多少食品原料也难以准确地计算出来，只能是凭顾客的预定和管理人员的经验来预测，所以难免会有一定的误差。

2）原料品种和数量的准备难以精确安排。因为菜点的销售量难以预测，厨房生产所需的原料数量也难以精确估计，所以需要有较多的食品原料库存作为基本保证，而食品原料的库存过多会导致其损耗或变质，并增加库存费用；食品原料的库存过少又会造成供不应求，并增加采购费用。这就要求厨房具有较灵活的食品原料采购机制，根据具体的经营状况随时组织采购，做到既不影响厨房生产，最大限度地满足顾客的需求，又能为餐饮企业增加效益。

3）单一产品的成本核算难度大。厨房生产的菜点品种繁多，每次生产的数量较少，且边生产边销售。另外，食品原料成本还会随着市场、季节、消费者的要求经常变化。因此，根据单个产品逐次进行成本核算几乎没有可能。这就要求厨房生产建立相应的成本核算和控制制度，以确保企业的既得利益。

（2）菜点食品成本构成相对简单。一般的生产加工企业，其产品成本包括各种原料成本、燃料和能源费用、劳动力成本、运输成本、企业管理费等，而厨房生产的菜点等产品的成本仅包括所耗用的食品原料成本，即主料、配料和调料成本，其构成要比其他产品成本相对简单一些。

（3）食品成本核算与成本控制直接影响利润。由于每天来就餐的人数及人均消费额不固定，每天的销售额具有较大的不可预测性。虽然通过加强管理，突出餐饮经营特色等方法可增加营业收入，但其利润的多少却取决于食品成本核算与成本控制。精打细算可减少食品原料消耗并避免浪费，降低厨房的生产成本，保证餐饮企业的应有利润。

（4）生产人员的主观因素及状态对成本影响较大。厨房生产绝大多数都是员工的手工操作，生产人员的工作状态及主观因素对成本影响特别大。首先，体现在生产人员的厨艺是否过硬上，厨师技术不过关、经验不足，很容易导致原材料出净率降低，加大原料的浪费程度。其次，厨师的工作状态、情绪及对报酬的感觉同样也会导致原料利用率的降低，厨师的工作责任心问题容易造成原料的人为损失。最后，厨师责任心不强，很容易出现厨房场所内人员的私自吃拿现象；厨房出菜制度控制不严，易导致成本流失。

3. 厨房成本计算方法

厨房原材料成本计算的核心是计算耗用原材料成本，即实际生产菜点时用掉的食品原料。

（1）主、配料成本核算。用作菜点制作的主、配料，一般要经过拣洗、宰杀、拆卸、涨发、初步熟处理至半成品之后，才能用来配制菜点。其中，没有经过加工处理的原料称为毛料；经过加工，可以用来配制菜点的原料称为净料。净料是组成单位产品的直接原料，其成本直接构成产品的成本，所以，在计算产品成本之前应算出所用的各种净料的成本。

1）原料初加工后的成本核算。原料在最初购进时，多为毛料，大多要经过拆卸等加工处理才能成为净料。由于原料经过拆卸等加工处理后重量发生变化，所以必须进行净料成

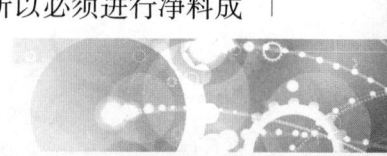

本计算。净料成本的计算,有一料一档和一料多档,以及不同渠道采购同一原料的计算方法等。

①一料一档。原材料经过初加工后,只有一种半成品,没有可作价利用的下脚料和废料,其净料的单位成本的计算公式是:

净料单位成本 = 购进原材料总成本 / 加工后半成品质量

原材料经加工处理后,得到一种半成品,同时又得到可作价利用的下脚料和废料,其计算公式是:

净料单位成本 =(购进原材料总成本 – 下脚料作价金额 – 废料作价金额)/ 加工后半成品质量

②一料多档。如果原材料经过加工处理后,得到一种以上的净料,则应分别计算每一种净料的成本。分档计算成本的原则是:质量好的,成本应略高;质量差的,成本应略低。

③不同渠道采购同一原料的情况。餐饮企业采购原料的方式多种多样,在采取多种渠道采购同一种原料时,其采购单位价格不尽相同,这就要用加权平均法计算该种原料的平均成本。

【案例】供货商给某餐饮企业提供 75 kg 里脊肉,每千克的价格为 16.40 元。厨房发现不够用后,采购人员又从市场上购进 50 kg,每千克为 17.20 元,计算里脊肉每千克平均成本。

分析:

里脊肉平均成本为:(75×16.40+50×17.20)÷(75+50)=16.72(元)

2)生料、半成品和成品的成本核算。净料可根据其拆卸加工的方法和处理程度的不同,分为生料、半成品和成品三类。

①生料成本。生料就是只经过拣洗、宰杀、拆卸等加工处理,而没有经过烹调,更没有达到成熟程度的各种原料的净料,生料单位成本计算公式:

生料单位成本 =(毛料总值 – 下脚料总值 – 废料总值)/ 生料重量

②半成品成本。半成品是经过初步熟处理,但还没有完全加工成成品的净料。根据其加工方法的不同,又可分为无味半成品和调味半成品两种。调味半成品成本要高于无味半成品的成本。许多原料在正式烹调前都需要经过初步熟处理。所以,半成品成本的计算,是主配料计算的一个重要方面。

无味半成品单位的计算公式为:

无味半成品单位成本 =(毛料总值 – 下脚料价值 – 废料价值)/ 无味半成品重量

调味半成品单位的计算公式为:

调味半成品单位成本 = 毛料总值 – 下脚料和废料价值 + 调味品价值调味半成品重量

③成品成本。成品即熟食品,尤以卤制冷菜为多,其成本与调味半成品类似,由主、配料成本和调味品成本构成。成品单位成本的计算公式是:

成品单位成本 =(毛料总值 – 下脚料和废料总值 + 调味品总值)/ 成品重量

(2)调味品成本核算

1)单件成本核算法。单件成本指单件制作的产品的调味品成本,也叫个别成本,各种单件生产的热菜的调味品成本都属这一类。核算这一类调味品的成本时,先要把各种不同的调味品的用量估算出来,然后根据其进价,分别计算出其价格,并逐一相加。

2)平均成本核算法。平均成本也叫综合成本,指批量生产(成批制作)的产品的单位调味品成本。冷菜卤制品、点心类制品以及部分批量制作的热菜等都属于这一类。计算这类产品的调味品成本，应分两步进行。

第一步，各种调味品的总用量及成本成批制作时，调味品的总用量一般较多，统计应尽可能全面，以求调味品成本核算准确，同时保证产品质量的稳定。

第二步，用产品的总重量来除调味品的总成本，即可求出每一单位产品的调味品成本。

批量产品平均调味品成本的计算公式是：

批量产品平均调味品成本 = 批量产品耗用的调味品总值 / 产品总重量

（3）净料率的确定及应用。由于厨房每天购进原料的品种和数量都很多，对于净料处理后的重量，不可能逐一过秤分别计算。一些餐饮企业在实践中总结出一个规律，就是在净料处理技术水平和原料规格质量相同的情况下，原料经加工后的净料重量和毛料重量之间构成一定的比率关系，因而通常用这个比率来计算净料重量。

1）净料率及其计算方法。净料率就是净料重量与毛料重量的比率，其计算公式是：

净料率 = 加工后的净料重量 / 加工前的毛料重量 × 100%

净料率一般以百分数表示，行业内也有不少厨师习惯于用"折"或"成"表示。净料率在餐饮业中又称为拆卸率。在菜肴烹饪的不同阶段，净料有生料、半成品和成品三类。相应地，净料率也有生料率、半成品率和成品率三种，其计算公式与净料率相同。

与净料率相对应的是损耗率，也就是毛料在加工处理中所损耗的重量与毛料重量的比率。其计算公式是：

损耗率 = 加工后的损耗重量 / 加工前的毛料重量 × 100%

净料、毛料及其比率关系为：

损耗重量 + 净料重量 = 毛料重量

损耗率 + 净料率 = 100%

2）净料率的应用。利用净料率可直接根据毛料的重量，计算出净料的重量，其计算公式是：

毛料重量 × 净料率 = 净料重量

【案例】某酒楼购进猪腿肉 5 kg，单价 12.60 元，经处理后分成猪皮和净肉两类，净料率是 89%，求净肉的重量。

分析：

净肉重量：5×89%=4.45（kg）

同样，还可以根据净料率和净料的重量，计算出毛料的重量，计算公式为：

净料重量 / 净料率 = 毛料重量

二、厨房生产作业流程中的成本控制

根据厨房生产运转流程，可以加工生产为界，划分为生产前、生产中和生产后三个阶段。可针对三个阶段的不同特点，强化成本控制意识，建立完善控制系统，将生产成本控制落实到每个业务环节之中。

1. 厨房生产前的成本控制

成本生产前的控制，主要是针对生产原料的管理与控制及成本的预算控制等。

（1）采购控制。采购的目的在于以合理的价格，在适当的时间，从可靠的货源渠道，按既定规格和预定采购数量购回生产所需的各种食品原料，采购控制主要体现在欲购进原料的质量、数量和价格三个方面。

（2）验收控制。验收控制一方面要检查原料质量、数量以及采购价格是否符合采购要求，另一方面要确保各类原料尽快入库或及时使用。

（3）储存控制。储存控制具体要落实到人员控制、环境控制以及库房的日常管理三个方面。

（4）发料控制。发料控制是原料成本控制中的一个重要环节，发料时要严格执行审批制度，规定领料的次数和时间，发料人员要如实计算发出的原料及全天领料总成本。

（5）成本预算控制。做好成本预算工作是开展厨房生产的前提，餐饮企业要借助以往销售记录和成本报表，结合当前实际情况，逐步分解和确定每月、每日成本控制指标，方便管理人员随时对照，以便改进。这样，可以使生产成本控制做到有的放矢、有章可循。

2. 厨房生产中的成本控制

厨房生产中的控制主要体现在对原料加工、使用的环节上，主要包括以下几个方面。

（1）加工制作测试。准确掌握各类原料净料率，确定各类原料的加工、制作损耗的许可范围，以检查加工、切配工作的绩效，防止和减少加工和切配过程中造成的原料浪费。

（2）制订厨房生产计划。厨师长应根据业务量预测，制订每天生产计划，确定各种菜肴数量和份数，据此决定领料数量。生产计划应提前数天制订，以便根据情况变化及时调整。

（3）坚持标准投料量。按照标准食谱进行加工和制作，这一要求应在厨师的具体操作中严格执行。

（4）控制菜肴分量。按照既定装盘规格中所规定的品种和数量进行装盘，否则会增加菜肴成本，影响利润的实现。

另外，常用原料的集中加工、高档原料的慎重使用以及原料的充分利用等也是在厨房生产中必须要注意的事项，这些能够帮助降低原料成本。

3. 厨房生产后的成本控制

厨房生产后的成本控制主要体现在实际成本发生后，与预算当月、当周、当日成本进行比较、分析，及时找出原因进行适当调整。具体要注意以下几种情况。

（1）企业经营业务不太繁忙时，原料采购频率要提高，尽量减少库存损耗。

（2）少数几种菜式成本偏高时可采用保持原价而适当减少菜式分量以抵消成本增长的办法。当然，净料减量必须有度，以免引起顾客的不满，继而影响企业的声誉。

（3）对于成本较高，但在菜单中占总销售量比重大的菜品，则可以考虑下述几种解决办法。

1）企业可否通过促销手段来增加这些菜肴的销量，如果可行则维持不动。

2）企业能否通过其他成本并未上升的菜肴的推销来抵消部分菜肴成本的增加量。

3）菜肴分量上的适当减少。

如果上述做法都不可行，则要尝试能否通过调整售价的办法来弥补成本。这种做法要注意顾客的接受程度，把握适宜的调价时机。

当然，如果出现成本偏低的情况，则要检查分析成本降低的原因，是进价便宜了还是工艺改进了，可考虑将其作为促销产品。

三、生产成本报表及控制方法

厨房采用标准成本进行原料成本控制，将在生产经营中的实际成本与标准成本进行比较，找出生产经营中各种不正常、低效能以及超标准用量等问题，采取相应的措施，以达到对原料成本进行有效的控制。

厨房管理人员既要了解实际食品成本和成本率，也要确定标准食品成本和成本率。控制食品成本率并不能解决以往生产中出现的问题，还应了解本段时间内具体的用料成本。

1. 与标准成本进行比较、控制生产成本

采用标准成本控制，制定和使用标准食谱是一项重要工作。成本控制人员可与厨师长一同制定出各种菜品每份标准成本。成本控制人员同时应根据价格变动，定期或不定期调整标准成本卡中的成本价格，及时计算进价变动后的实际成本，保证成本控制的准确性。

比较标准成本控制即从原料用量上对成本进行控制，用标准用量与实际用量进行比较，以达到从原材料用量方面进行成本控制的目的。

如果实际用量与计算的标准用量相差较大，必须检查原因。实际耗用量大于标准用量的主要原因如下。

（1）操作中未按标准用量投料，用料分量超过标准菜谱上的规定。

（2）操作中有浪费现象，如菜肴制作失手不能食用，重新制作的情况。

（3）原料采购不当造成净料率过低（如使用河虾挤虾仁），原料品质对出净率影响较大。

（4）库房、厨房、餐厅中存在的其他问题等。

2. 食品成本日报表控制

（1）食品成本日核算与成本日报表

厨房每日食品成本由直接进料和库房领料成本两部分组成，直接进料成本计入当天原料成本，其数据可从餐饮企业每天的进料日报表上得到；库房领料的成本计入领料日的食品成本，其数据可从领料单上汇总得到。除了这两种成本以外，还应考虑各项调拨调整的成本。计算公式如下：

当日食品成本 = 直接进料成本（进货日报表直接进料总额）+
库存领料成本（领料单成本总额）+ 调入成本 − 调出成本 − 员工用餐成本 −
余料出售收入 − 招待用餐成本

计算出食品日成本后，再从财务记录中取得日销售额数据，可计算出日食品成本率。

食品成本日核算能使管理者了解当天的成本状况。若孤立地看待每日食品成本率，意义不大，因为餐饮企业的直接进料有些是日进、日用、日清，而有些则是一日进，数日用；另外，库房领料，也未必当天领进当天用完。因此，食品成本日报表所反映的成本情况只能供管理参考。因此，将每日成本进行累计，连续观察分析，成本日报表反映的数据（尤其是累计成本率等数据）用于成本控制决策的指导，才更有意义。

每天定时将当日或昨日餐饮成本发生情况以表格的形式汇总反映出来，餐饮成本日状态报表（见表6—1）即告完成。

表 6—1　　某餐饮企业日食品成本分析表　　　　　　　　单位：元

日期	直接成本	库房发料成本	内部调拨		员工用餐成本	招待用餐成本	其他成本扣除	食品成本		营业收入		食品成本率（%）	
			调入成本	调出成本				当日	累计	当日	累计	当日	累计
1	18 560	22 130	625	435	350	1280	0	39 250	39 250	83 511	835 111	47.00	47.00
2	4 600	23 650	1 250	450	350	0	0	28 700	67 950	59 792	143 302	48.00	47.42
3	3 800	21 400	0	1 550	350	0	0	23 300	91 250	45 686	188 989	51.00	48.28
4	24 600	20 470	1 105	225	300	0	0	45 686	136 900	111 341	300 330	41.00	45.58
5	19 820	19 820	290	1 415	300	0	0	21 755	158 655	41 047	351 377	53.00	46.47
6	22 180	22 180	0	925	350	2 660	0	23 805	182 460	48 582	389 959	49.00	46.79
7	4 840	20 880	1 560	440	350	0	0	26 490	208 950	59 395	449 353	44.00	46.50
…	…	…	…	…	…	…	…	…	…	…	…	…	…
29	33 100	22 160	1 400	340	350	0	400	55 970	928 155	1 958 177	1 958 177	44.27	47.40
30	2 800	18 100	0	1 365	350	0	0	19 185	947 340	2 059 435	2 059 435	18.95	46.00

（2）食品成本月核算与成本月报表

食品成本月核算就是计算一个月内食品销售成本。通常需要为餐饮部门设一个专职核算员，每天营业结束后或第二天早晨对当天或前一天营业收入和各种原料进货、领料的原始记录及时进行盘存清点，做到日清月结，便可计算出月食品成本。

1）领用食品成本计算。其计算公式为：

领用食品成本 = 月初食品库存额（本月第一天食品存货）+ 本月进货额（月内入库、直接进料）- 月末账面库存额（本月最后一天账面存货）

2）账面差额调整。根据库存（如仓库、厨房周转库房、冷库）盘点结果，若本月食品实际存额小于账面库存额，应将多出的账面库存额加入食品成本；若实际库存额大于账面库存额，应从食品成本中减去实际库存额多出的部分。账面差额的计算公式为：

账面差额 = 账面库存额（本月最后一天账面库存额）- 月末盘点存货额（实际清点存货额）

月终调整后的实际领用食品成本为：

实际食品领用成本 = 未调整前领用食品成本 + 账面差额

3）专项调整。前两项计算结果之和所得的食品成本，其中可能包括已转给非食品部门的原料成本，也可能不包括从非食品部门转入的食品成本。为了能如实反映月食品成本，还应对上述食品成本进行专项调整，减去非营业性支出。经过专项调整后所得的食品成本为当月的月终食品成本，计算公式如下：

月终食品成本 = 领用食品成本（含烹调用料酒等）- 酒吧领出食品成本 - 下脚料销售收入 - 招待用餐成本 - 员工购买食品收入 - 员工用餐成本

将当月或上月各项食品成本支出情况加以汇编，即为食品成本月报表，见表6—2。

表6—2　　　某餐饮企业食品成本月报表（××××年××月）　　　单位：元

月初食品库存额	21 000
＋本月进货额	150 000
－月末账面库存额	6 000
＋月末盘点存货差额	600
＋本月领用食品成本	165 600
－转入酒吧等食品	18 000
－下脚料销售收入	3 200
－招待用餐成本	3 100
－员工购买食品收入	600
－员工用餐成本	1 500
月食品成本	155 400
月食品营业收入	322 400
标准成本率	47%
实际成本率	48.2%

表6—2显示，实际成本率比标准成本率高出1.2%，说明成本控制得较好，但仍有需要改进的地方。

四、菜肴和宴会成本的核算方法

1. 菜肴成本核算

主要分为原料初加工后的成本核算和成品的成本计算两大方面，同时调味品的成本也是不容忽视的一个部分。

2. 宴会成本核算方法

（1）分析宴会订单，明确宴会服务方式与标准。就成本核算而言，宴会订单包括宴会名称、出席人数、宴会地点、宴会标准、酒水费用安排、菜点要求等。分析宴会订单主要掌握宴会标准，以便对成本核算作出具体安排。

（2）计算宴会可容成本和分类菜点可容成本。宴会经营中的菜点和酒水消耗是分开结算的。成本核算主要是菜点成本。宴会毛利较高，其菜点成本又根据宴会毛利率计算出一次宴会菜点的可容成本和分类菜点的可容成本。其计算方法为：

$$C=M(1-r)$$
$$C_i=Cf$$

式中　　C——宴会菜点可容成本；

　　　　M——宴会标准收入额；

　　　　r——宴会毛利率；

　　　　C_i——分类菜点可容成本；

　　　　f——分类菜点成本比率。

（3）选择菜点花色品种，安排分类菜点品种和数量。宴会一般按桌举办，分类菜点可容成本确定后，可根据可容成本数量安排不同种类的菜点可以上哪些品种、各上多少，如冷荤及热菜的数量，面点、水果、汤类各上哪些品种等，以便使宴会成本开支限制在可容成本范围之内。如果是西餐宴会或自助餐宴会，也可根据出席人数核算可容成本及分类菜点成本。总之，安排菜点花色品种和数量时，可容成本是宴会成本核算的主要依据。

（4）按照宴会可容成本组织生产，检查实际成本消耗。宴会分类菜点可容成本确定后，厨房可根据分类菜点花色品种和可容成本组织食品原材料加工，每个品种都应掌握投料用料标准，使成本消耗不超过可容成本的规定范围。宴会结束后，还应分类检查各类菜点的实际成本消耗，防止成本超支，保证宴会盈利。

（5）分析成本误差，填写宴会成本记录表。宴会任务完成后，相关工作人员应根据各类菜点实际成本消耗，填制宴会成本记录表，并和可容成本比较，分析成本误差，发现宴会成本控制中的问题，找出原因，提出改进措施，以便不断改进宴会成本核算工作，提高成本管理水平。

五、根据厨房生产流程制定控制成本的措施和方案

厨房生产前的成本控制，主要体现在生产原料的控制与管理以及成本的预算控制等方面；厨房生产过程中的成本控制，主要体现在对原料加工、使用的环节上；厨房生产后的成本控制，主要体现在实际成本发生后，与预算当月、当周、当日成本进行比较、分析，及时找出原因进行适当调整。

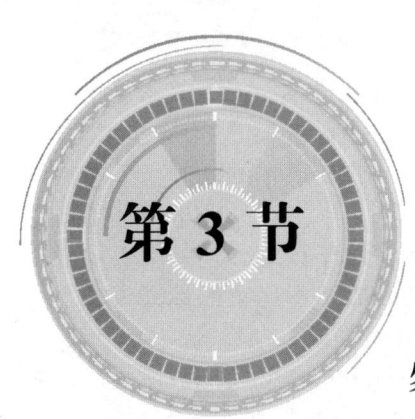

第 3 节 餐厅服务成本管理

一、餐厅成本核算概述

对餐厅经营来说，餐饮成本的高低对餐厅的盈利水平的影响很大。在商品市场价格和其他条件相对稳定的情况下，餐厅只有控制成本，减少不必要的支出，才能盈利并赚取尽可能多的利益。餐厅成本控制是指按照餐厅规定的成本标准，对餐饮产品的成本进行严格的监督和控制，及时发现不必要的开支并采取措施加以纠正，将餐厅实际经营成本控制在计划范围内，保证实现餐厅的成本预期，以增强餐厅在市场上的竞争力。

1. 餐厅成本的划分

餐厅成本是指在餐厅的生产经营活动中各种支出与费用的总和，包括以下划分类别。

（1）根据成本的变化情况进行划分

1）固定成本。固定成本是指在一定的餐饮业务范围内，其总额不会随生产量或销售量的增减而产生变动的成本。换句话说，固定成本就是即使产量、盈利为零时，也必须支付的费用，如设备折旧费、维修费等。固定成本并非一成不变的，当产量大到需要添置新设备时，某些固定成本会随生产量的增加而产生变化。

2）变动成本。变动成本是指成本总额会随生产量或销售量的变化而按比例增减的成本，如食品原料成本、饮料成本、洗涤费等。这类成本会随生产量的增减而变动。

3）半变动成本。半变动成本是成本总额会随生产量或销售量的变化而增减，但是不完全按照比例而增减的成本，如餐具费、水电费等。

（2）根据成本的变动情况进行划分

1）可控成本。为了制订成本控制计划，考核管理人员的经营业绩，餐厅经理经常需要制定可控成本。可控成本是指在短期内能够改变或控制数额的成本。一般来说，变动成本，如食品原料成本、饮料成本等，一般为可控成本。餐厅经理若变换每份菜的份额，或在原料的采购、验收、储存、生产等环节上加强控制，则食品的原料成本数额就会发生变化。此外，大多数半变动成本也可以控制；某些固定成本也可以控制，如办公费、差旅费、促销广告费等。

2）不可控成本。不可控成本是餐厅经理在短期内无法改变的成本，如折旧费、大修理费、利息以及正式员工的固定工资等。

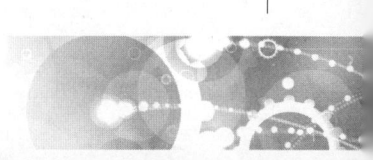

（3）根据成本的管理程序进行划分

1）标准成本。为了控制成本，餐饮企业通常要确定单位标准成本。标准成本是指在正常和高效率经营情况下，餐饮生产和服务应占用的成本指标。如每份菜的标准成本，分摊到每位宾客的平均标准成本、标准成本率、标准成本总额等。标准成本的划分对成本控制有重要的意义。首先，标准成本可用于控制实际成本消耗，将实际消耗的成本与标准成本相比较，能评估管理人员控制成本的好坏，顺差表示经营成绩优于计划，逆差则表示成本控制有问题；其次，标准成本是餐厅成本计划和经营预算的基础，每份菜的标准成本也是其定价的依据；最后，标准成本的计算也有助于选择菜肴和开发新服务项目的决策。

2）实际成本。实际成本是经营过程中实际消耗的成本。标准成本和实际成本之间的差额称为成本差异。实际成本超过标准成本的差额为逆差，反之为顺差。

（4）其他划分方法。此外，成本还可以分为单位成本和总成本、原料成本和人工成本。

1）单位成本和总成本单位成本通常是指单位平均成本，如每客菜肴成本、每杯饮料成本。总成本则是单位成本的总和。

2）原料成本和人工成本。原料成本是指在餐厅生产经营活动中食品和饮料产品的采购成本。它在餐厅总成本中的比例最高，是餐厅的主要支出。人工成本是指在餐厅生产经营活动中耗费的各种劳动费用的总和。它包括从业人员劳动报酬总额、福利费、劳动保护费用等。人工成本也是餐厅的主要支出。

2. 餐厅成本的特点

（1）变动成本的比率大。餐厅成本费用中，除食品饮料的成本外，在营业费用中还有物资消耗等一部分变动成本。这些成本和费用随着销售量的增加而呈正比例增加。

（2）可控成本比例大。除营业费用中的折旧、大修、维修费用等餐饮管理人员不可控的费用以外，其他费用在一般情况下是可以控制的，这些可控成本与管理人员的管理水平有着直接的关系，而且占营业收入的比例较大，这使餐饮企业的成本控制显得十分重要。

（3）成本显露点多。餐厅成本和费用的大小受企业经营管理的影响很大，反映在餐饮经营管理活动的各环节中。菜单计划和菜肴的定价影响顾客对菜肴的选择，决定菜肴的成本率；采购和验收环节控制不严格，导致采购价格过高、数量过多造成浪费，采购原料不如数入库、采购原料的质量不好，这些采购和验收环节的因素均会导致餐饮成本提高；储存和发放环节的疏忽会导致原料变质、被盗和丢失，从而导致成本增加；加工过程控制不严、技术水平不高会导致不必要的食品饮料流失、浪费，形成新的成本制约因素；餐饮服务和营销管理不到位会影响顾客的满意度，导致顾客对菜肴选择的变化，影响成本率；最后，销售管理水平不高和成本核算控制技术不高也会直接影响餐饮成本。综上所述，由于餐饮企业成本显露点多，加强每个环节的控制显得十分重要和必要，控制每一个显露点是提高餐饮企业经济效益的重要途径。

3. 餐饮企业成本核算的方法

餐饮企业的成本核算一般采用月成本核算和日成本核算两种方法。这里以月成本核算为例介绍餐饮成本的核算方法。

只要餐饮企业每天对营业收入和各种原料进货、发料进行准确记录，按时进行仓库原料盘点，就可以准确得出每月食品总成本。

计算月成本首先需要准确获取当月餐饮营业收入、原料的期初余额、本月进货额、原料月末余额、盘点实际库存额和库外存货的月初和月末额。然后计算出食品成本，最后根据不同餐饮企业成本的特点和个别情况进行成本的调整，例如，厨房为酒吧加工产生的成本，如果酒吧独立核算，应该将此项费用从餐厅成本中减去，最后得出本月食品成本总额。根据公式：食品成本率＝成本/销售额×100%，计算得出食品成本率。还可以根据公式：毛利率＝毛利/营业收入×100%，计算出毛利率。

根据月食品成本核算结果，可编制月食品成本报表，某餐饮企业食品成本月报表见表6—3。

表6—3　　　　　　　　　食品成本月报表

××××年××月××日

时间	××××年××月	××××年××月	××××年××月
营业收入（万元）	8.25	6.95	8.345
食品成本（万元）	3.048	2.975	3.129
食品成本率（%）	36.9	42.8	37.5

4．餐饮企业成本控制

餐饮企业的日常经营消耗主要集中在菜肴的原料上，如何有效地降低原料的成本和损耗，成为餐饮企业经营管理人员的重要课题。优秀企业都有一个共同点，就是在采购、出入库以及成本核算方面有非常严格的流程和制度，现总结出以下几点经验供参考。

（1）制定严格规范的采购制度和监督机制，控制采购成本。在餐饮行业，采购人员往往被员工暗地里称为"肥差"，在一些制度体系不规范的企业中，采购人员"吃拿卡要"的现象很多。餐饮企业多为私营企业，家族式管理的居多，面对这些现象，许多老板就安排自己的亲信来担任采购职务，他们认为，如果自己人有问题也是"肥水不流外人田"，而并没有一套现代企业制度和监督管理体制，对于每天到底应该赚多少钱自己也不是很清楚，所以，餐饮企业应制定以下采购制度。

1）建立原料采购计划和审批流程。厨师长或厨房部的负责人每天晚上根据本餐饮企业的经营收支、物资储备情况确定物资采购量，并填制采购单报送采购部门。采购计划由采购部门制订，报送财务部经理并呈报总经理批准后，以书面方式通知供应商。

2）建立严格的采购询价报价体系。财务部设立专门的物价员，定期对日常消耗的原辅料进行广泛的市场价格咨询，坚持货比三家的原则，对物资采购的报价进行分析反馈，发现有差异及时督促纠正。对于每天使用的蔬菜、肉、禽、蛋、水果等原料，根据市场行情每半个月公开报价一次，并召开定价例会，定价人员由使用部门负责人、采购员、财务部经理、物价员、库管人员组成，从供应商所提供物品的质量和价格两方面进行公开、公平的选择。对新增物资及大宗物资、零星紧急采购的物资，须附有经批准的采购单才能报账。

3）建立严格的采购验货制度。库存管理员对物资采购实际执行过程中的数量、质量、标准与计划以及报价，通过严格的验收制度进行把关。对于超量进货、质量低劣、规格不符及未经批准采购的物品有权拒收，对于价格和数量与采购单上不一致的及时进行纠正；验货结束后库管员要填制验收凭证，验收合格的货物，按采购部提供单价，活鲜品种入海鲜池，由海鲜池人员二次验货，并做记录。对于外地或当地供应商所供的活鲜品种，当夜死亡或过夜（第一夜）死损，应事先与供应商制定好退货或活转死折价收购协议，并由库管员及海鲜池人员双方签字确认并报财务部。

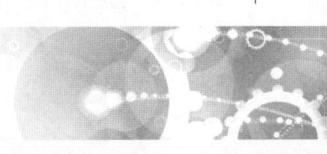

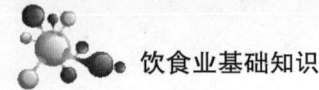

4）建立严格的报损报丢制度。对于高档海鲜酒楼经常遇到的原料、烟酒的变质、损坏、丢失应该制定严格的报损、报丢制度，并制定合理的报损率，报损由部门主管上报财务库管，按品名、规格、重量填写报损单，报损品种需由采购部经理鉴定分析后，签字报损。报损单汇总每天报总经理。对于超过规定报损率的情况要说明原因。严格控制采购物资的库存量，根据本餐饮企业的经营情况合理设置库存量的上下限，如果库存实现计算机管理可以由计算机自动报警，及时补货；对于滞销菜肴，通过计算机统计出数据及时减少采购库存量，或停止长期滞销菜的供应，以避免原料变质造成的损失。

5）建立严格的出入库及领用制度。制定严格的库存管理出入库手续，以及各部门原辅料的领用制度，对于烟酒、鲜活、肉蛋、调料、杂品等制定不同的领用手续。

（2）利用先进的计算机系统，实现工业化、标准化的餐饮成本核算体系。餐饮企业应该根据本餐饮企业的经营规模、管理模式、管理经验、管理制度、管理流程等因素科学选择餐饮计算机管理系统。同时，从以下几个方面入手，以发挥最大的管理效能。

1）合理制定本餐饮企业的毛利率。每个餐饮企业要根据自身的规格档次以及市场行情合理制定毛利率，并分部门制定毛利率以及上下浮动比例（如热菜、冷菜、酒水的毛利率是不一样的），制作菜肴成本卡，使成本控制与厨师奖金挂钩，餐饮企业可以通过计算机管理系统实现营业收入的每日见成本，实现成本分解，进销核对，通过销售的菜肴数量计算出主辅助料的理论成本，并自动核减库存量，期末与库存管理系统提供的实际盘点成本报表进行比较分析。

2）定期进行科学且准确的成本分析。财务部每月末要召开成本分析会，分析每一菜肴、每一台、每一宴会、每一个厨房的成本率，将各单位的成本与实现的收入进行对比，并分别规定不同的标准成本率，对成本率高的项目进行统计分析，并编制成本日报表和成本分析报告书。

3）制定切实可行的成本控制和成本核算制度。财务部门要根据原料的价格及粗加工、半成品的出成率、价格等建立档案；规定出各种菜肴原料的消耗定额，制作出标准成本卡；并要经常地、不定期地检查各菜肴、主食的定额成本与实际操作有无差异；有无跑冒漏滴及因保管不善而发生原料残损或变质现象；把厨师的奖金与出品业绩和成本控制挂钩，以提高厨师的节源积极性。有些餐饮企业在挂钩后，厨师将原来扔掉的辅料（如萝卜皮）也发明成一道菜，大大地提高了企业的经济效益。

可以看出，优秀的餐饮企业都有一套贯穿于所有部门的成本控制流程和制度，这里不仅涉及采购、库房、厨房的原料管理，也涉及各种部门的日常领货、办公用品消耗等方面。餐饮企业要防范餐饮企业日常管理上的漏洞，只有管理控制好成本，才能保证利润的最大化，进而有效率地实现经营的目标。

5. 餐饮企业餐厅成本计算方法

餐饮企业的经营特点是现做现卖，品种繁多，风味不同，各具特色，兼有生产、销售、服务三种职能。餐饮的成本包括直接成本和费用两部分，直接成本包括主料、配料和调料；费用包括工资、折旧、燃料、水电等各项费用。餐饮企业的经营比较灵活，同时难度也较大。因此，制定有效的餐饮成本管理制度，实行严格的成本控制，对减少浪费、提高经济效益具有重要作用。

餐饮直接成本的高低取决于食品成本率的高低，而食品成本率的高低又取决于毛利率的高低。毛利率是毛利与营业收入之比，用公式表示为：

$$毛利率 = 毛利 / 营业收入 \times 100\%$$

毛利是餐饮的收入与直接成本之差，它等于收入减直接成本，等于利润加费用加税金，毛利是利润的基础。毛利率表明毛利在营业收入中所占比重的大小，假如某餐厅一天的营业收入是25万元，直接成本是12万元，则该餐厅的毛利率为：（25-12）÷25×100%=52%。它表明，在100元的营业收入中有52元毛利，直接成本则是48元。这种将毛利包含在营业收入之中的毛利率称为内扣毛利率。然而，在现实经营中常常不是先有售价，而是先有成本，然后在此基础上再计算售价，即在直接成本之上加上毛利来计算售价。把毛利与直接成本之比称为加成率，或称外加毛利率，其公式为：

$$加成率（外加毛利率）= 毛利 / 直接成本 \times 100\%$$

仍以前例为例，该餐厅的加成率为：（25-12）÷12×100%=108.3%。

毛利率和加成率在计算使用上各有优缺点，从财务分析上看，毛利率法优于加成率法，因财务分析计算中常用的各项指标，如费用率、利用率等都是以营业收入（售价）为基数计算的，与毛利率的计算口径一致。从计算食品售价上看，根据配料成本求售价，采用加成率就较为方便。实际工作中，往往已知的毛利率都是内扣毛利率。如果用加成率计算售价，则要进行换算，即：

$$加成率 = 内扣毛利率 \times （1- 内扣毛利率）$$
$$内扣毛利率 = 加成率 / （1+ 加成率）$$

从以上所述来看，直接成本与毛利率的关系极为密切。毛利率越高，成本率越低，成本就越低；反之，毛利率越低，成本越高。如果一味提高毛利率，就会降低消费者应享有的食品量，使消费者的利益受到侵害。因此，国家对餐饮的毛利率都规定有一个上限，饭店在不突破上限的情况下可以自由选择。从饭店本身来讲，为了控制餐饮成本的支出，可以实行标准成本控制法，对食品菜肴的成本支出实行定额管理，即通过"标准分量""标准菜谱""标准成本"来控制成本。其中，标准菜单是控制成本的依据，它的制定有助于确定标准食品成本，有助于合理确定售价，有助于保证制作高质量的食品。将标准成本与实际成本进行比较，发现差异后，要进一步分析形成差异的原因，提出改进措施，从而提高成本控制水平。

【案例】某餐厅生产凤尾虾仁菜，按照标准需投主料活虾500 g，采购价为28元/500 g，生产20份共需10 kg，计560元，而实际采购价是25元/500 g，实际投入了原料虾12 kg，计600元。按标准成本计应为560元，而实际成本为600元，实际成本比标准成本多支出40元。进一步采用差异分析法进行分析，由于耗用量而形成的差异为：（12 000-10 000）×28÷500=112（元），由于采购价而形成的差异为：（28-25）×12 000÷500=72（元）。发现形成该差异的原因是实际耗用量和采购价与标准不一致造成的。

二、酒吧经营成本核算

1. 酒水成本概述

（1）酒水成本定义。酒水成本是指酒水在销售过程中的直接成本，根据酒水的进货价与销售价来确定，可以用百分比来表示。

（2）酒吧成本结构

1）直接成本。原料费：约占营业额的35%。

2）间接成本。人事费：约占营业额的20%；房屋租金：约占营业额的10%；水电燃料

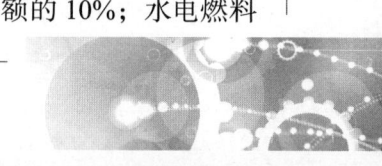

费：约占营业额的4%；消耗品费：约占营业额的4%；税金：约占营业额的5%；杂费：约占营业额的5%；设备装潢的折旧：约占营业额的5%；资本利息：约占营业额的4%。

以上合计为92%，若为连锁店，则要加上加盟权利金等，其他则为利润。若视营业额为100%，扣除直接成本和间接成本所剩的比率就是毛利率。

酒吧经营最重要的一点是：酒吧企业在盈利的前提下如何处理好美酒的低价位和高品位之间的关系。成本压缩后保证利润增加，其实施过程为：批量生产—压缩成本（毛利不变）—价格降低—增加竞争力—顾客增多—营业额增加—利润增加。

2. 酒吧开业程序与成本特点

（1）了解酒吧开业程序。了解开设一家酒吧的过程，对酒吧以后的经营管理十分重要。

注册一家酒吧，应向工商部门领取营业执照，但事先必须获得卫生局和环境保护局颁发的卫生许可证和排污许可证，并向消防部门领取"建筑消防审批证明"。具体步骤如下（仅供参考，具体流程以各地实际情况为准）。

1）到本地工商局营业所进行名称审核，领取酒吧名称审核单。所需资料：营业场所产权证明复印件。如果营业场所属于租赁所得，必须出具租赁合同、租赁双方的身份证复印件，酒吧业主的一寸彩照一张。

2）向本地区卫生局申请卫生许可证。所需资料：本地区市工商局营业所颁发的名称审核单，经营场所的产权证明、平面图。经营者必须制定一套切实可行的卫生制度，如该酒吧如何保持食物的清洁，消灭蟑螂、蚊子等害虫，酒吧的工作人员包括经营者在内都必须经过医院的体检。当然，在卫生局颁发许可证之前，还会有相关人员到经营场所进行现场勘察。

3）到所属的环境保护局办理排污许可证。所需资料：酒吧名字审核单，营业场所的产权证明、内部平面图、周边环境平面图（手工绘制也行，只要描绘清楚酒吧所在地理位置即可），酒吧业主的身份证复印件。但是在居民住房里开酒吧，是不被允许的。

4）到本地区工商局营业所申请工商营业执照。所需资料：市卫生局颁发的卫生许可证，市环保局颁发的排污许可证。一般来说，只要拿到这两张许可证明，领取营业执照就不成问题。

5）市消防中队申请"建筑消防审批证明"。所需资料：营业场所的产权证明或是租赁合同、业主身份证明、装修施工平面图、酒吧的水电路图。跟以往不同的是，开办酒吧已经不需要获得公安部门的治安许可证明。

6）到区文化局递交演出备案所需资料。演出人员的姓名、籍贯、性别等个人基本资料和演出节目。该项规定针对演艺类酒吧，如果没有演出节目的酒吧，可以免去这道程序。

（2）掌握酒吧经营特点。在酒吧经营者中，流行"334"说法：有三成是能够赚取丰厚利润的，另外三成酒吧只能保本，剩下的四成酒吧是亏本的。酒吧大多专注于音乐，靠酒吧自身的音乐特色来吸引消费者。

开酒吧有"一年见生死"的说法。在某酒吧做管理的业内人士透露："开酒吧必须在一年之内收回成本。"因为酒吧内各项设备的折旧时间只有一年。

许多酒水进场都是先铺底的，如果要保证利润，首先要严格控制饮料的支出，绝对不能超过当月总营业额的43%。另外，酒吧中纸巾等日常用品的消耗是相当惊人的，如能很好控制就能节约不少支出。

酒吧属于高投入行业，场地租金昂贵。另外，装修和音响设备也是酒吧的主要开支项目。如开一间动吧，为给顾客良好的感官刺激，灯光、音像方面的投资就必须占到总投资额的 15% 以上，否则就不能达到良好的效果。

综合上述，酒吧经营具有投入成本高和运行成本高两大特点，加强经营过程控制、体现酒吧特色、加强营销是提高酒吧经营效益的有效途径。

3．成本压缩途径

（1）降低原料采购成本

1）对于大型连锁企业可采用直接生产、直接兴办畜禽生产基地，使原料价格降至最低。

2）与农家合作或直接从农家购买，对于大型的连锁企业可利用农民的场地、农舍、企业投入资金或物资，合作生产农副产品供企业应用，建立长期供应关系，当然这不适用于小型酒吧。

3）办连锁，发挥规模效益。大批量进货，降低成本。

（2）降低原料加工过程中的损失

1）改进工艺和设备，使损耗降至最低，有效地压缩成本。

2）将降低原料成本与调酒师等人员效益挂钩，杜绝加工过程的浪费。

3）采用新设备和新技术，提高原料的利用率，降低损耗。

4）制定合理的原料、辅料配量定额，这样就可以在原料进价的基础上控制预定成本，保证毛利实现。

（3）经常更新供应品种。可以采取倡导新的饮食观念、创新酒品等方法来降低成本。

（4）降低人工成本费用

1）提高人员的利用率，提高工作效率。

2）加强员工成本意识。

3）节约工作的时间。工作时间的节约，主要表现在提高办事效率和周密安排工作上。无论是管理人员还是员工，都应该办事有计划，工作有目标，实施有步骤，落实有措施，以最短的时间做最好的工作。尤其是关键岗位更应节约工作时间，不能办事拖拖拉拉。

4）劳动力成本控制。劳动力成本控制是酒吧经营中较为重要的内容，劳动力成本控制的方法很多，包括制定科学的劳动定额，提高劳动者的技能和文化水平等。

（5）管理费用控制，减少间接费用的支出。节约管理费用的方法如下。

一是靠制定费用指标，按费用的类别加以区分，指标层层分解落实到位。

二是靠经济责任制，考核指标的完成情况，节约奖励，超标扣罚，指标还要根据情况的变化及时进行调整，合理增加或压缩，使费用开支标准既不影响经营活动，又不会造成浪费，以成本效益为原则，取得最佳经济效益下的最低成本。

4．酒水的售价管理

酒水的售价是在酒吧定出成本计划后确定的。计算时不能以单一品种计算，要分组计算，低价的酒水成本率可以低些，名贵的酒水成本率可以高些。

以计算果汁的售价与成本为例，某酒吧常用的果汁有 5 种：橙汁、柠檬汁、菠萝汁、西柚汁和番茄汁，在确定成本率为 25% 以后，售价如下。

先将 5 种果汁的每杯成本价相加得 17 元，是果汁类的一组进价成本，按 25% 成本率计算，应卖：17÷0.25=68（元），为 5 杯果汁的总销售额，所以每杯果汁的价格为：68÷5=13.60（元）。这样制定价格既方便计算，又有利于营业，而且也便于调酒师记忆。

其他酒水的计算方法也相同，可将酒水分为几类：流行名酒（包括一般牌子的烈酒）、世界名酒（包括各种名牌威士忌）、干邑白兰地、开胃酒、餐后甜酒、鸡尾酒、啤酒、果汁、矿泉水和软饮，然后再分组计算售价。

总而言之，酒水的成本是指酒水的进货价，酒水的成本率是各酒吧自行确定的，而售价则是根据酒水的成本和成本率计算得出的。

5. 酒吧酒水销售控制的方法

（1）酒水销售控制方法。酒吧酒水的成本控制贯穿于酒水的整个流程之中，但在酒吧经营过程中，酒水的销售控制尤为重要。一般财务部对酒水销售的控制方法有以下几种。

1）标准成本控制方法。标准成本控制方法是将酒吧某段时间内的标准成本数与实际成本相比较。

2）标准营业收入控制方法。标准营业收入的控制方法是根据库存烈性酒耗用数计算出来的标准营业收入数与实际营业收入数相比较。

3）酒水还原控制方法。酒水还原控制方法是从数量上对酒水成本进行控制。

（2）酒水销售方法。在酒吧的日常运转过程中，对酒水的管理一般采用酒水还原控制法进行控制。酒吧的酒水控制通常通过三种销售方式进行，即零杯销售、整瓶销售和混合销售。

1）零杯销售。零杯销售主要用于各种烈性酒如白兰地、威士忌、金酒等。这类酒的用量不大，除宴会外基本上都是零杯销售。零杯销售的控制首先必须确定每瓶酒的销售份数，然后统计出某一段时期总销售数，折合成整瓶数进行计算。每一种酒由于其容量不同，所能销售的份数也不一样。此外，每个酒吧零售酒水的标准分量也有区别。以人头马 VSOP 为例，每瓶酒实际容量为 700 mL，每份按 1oz（约 30 mL）标准分量计算，每瓶人头马 VSOP 销售份数为：（每瓶容量－溢损数）/ 每份分量＝（700－30）÷30=22.3（份），计算公式中的溢损数是指服务员在斟酒过程中可能会因个人技术等原因，适当损耗一部分酒水，这是允许的。因此，一瓶人头马 VSOP 实际可以销售 22 份，同样，如果某一时期销售该酒 22 份，就可以还原成一瓶计价。核算时可以根据每份酒的成本以及整瓶酒的成本与实际销售成本相比较，如果实际成本偏高或过低，就说明销售过程中有问题，应及时检查、堵塞和纠正销售过程中存在的差错。

零杯销售酒水的关键在于平时严格控制，酒吧日常的销售控制可以通过酒吧酒水盘点表来完成。酒水盘点表又称为每日销售控制表，要求每个班次当班调酒师逐项核对填写，管理人员必须经常检查盘点表的填写数量是否与实际储存量相符，如有出入，应及时检查，发现问题并解决问题。

此外，每瓶酒的标准份额也必须事先确定，并作为培训内容之一，让酒吧员工知晓。

2）整瓶销售。整瓶销售是指酒水以瓶为单位对外销售。整瓶销售在酒吧不常见。一般的进口洋酒整瓶销售时价格要低于零杯销售价，很多酒吧为了鼓励顾客消费，整瓶洋酒往往以零杯 20 份的价格售出。还以人头马 VSOP 为例，假设每份售价为 20 元，那么，整瓶酒的售价即为 400 元。也有一些酒吧另外制定整瓶酒的价格，但不管以何种方式定价，整瓶酒售价都要比零杯销售价低 10%～20%。为了防止调酒师和收款员联合作弊，对整瓶售出的酒可以用整瓶酒水销售日报表的形式进行控制。该表一式两份，每日由酒吧填写，并交主管签字后一联交财务部，一联由酒吧留存。

3）混合销售。混合销售又称为配制销售，主要是对各种混合饮料和鸡尾酒的销售控制。鸡尾酒在酒吧的销量很大，而且使用的酒水品种较多。

此外，国内很多饭店内部设有几个酒吧，而且每个酒吧都进行独立核算，在日常运转中难免有临时缺货现象，在这种情况下，为了减少盘点和核算上出现差错，任何酒水的调拨都必须按规定进行，即填写酒吧内部调拨单。酒吧内部调拨单一式三联，第一联由调进酒吧留存，第二联交财务部，第三联由调出酒品的酒吧留存。每一笔调拨都应在盘点表上登记，以便检查。

总之，饮料酒水的控制工作有一定的难度，但是，只要管理者认真对待，悉心钻研，酒吧管理工作是一定能做好的。一方面，管理人员必须对酒水知识有深入了解；另一方面，还应具备一定的管理经验。同时，经常注意做好员工的思想工作，制定和建立一整套完整的管理和操作标准，并通过各种表格的正确使用，达到控制酒水成本、提高经济效益的目的。

三、自助餐厅经营成本核算

1. 自助餐成本控制的重要性

自助餐成本控制对其经营成败起着重要的作用，主要表现在以下几个方面。

（1）提高竞争能力的主要手段。随着餐饮竞争的不断加剧，自助餐的经营者必须不断提高自身素质，挖掘内部潜力，真正让利于顾客，在同行业竞争中吸引更多顾客。在同一地区、同一类型、类似规模、同档次的饭店，若能通过严密的管理切实降低自助餐成本，在产品销售价格上低于竞争对手，企业在获取更大利润的同时，顾客也能得到更多实惠。

（2）保护顾客利益的直接体现。自助餐经营必须对顾客负责。厨房成本控制准确，成本率符合国家规定的标准，与饭店星级、规格及档次相适应，顾客便可购买到物有所值的产品，享受到应有的服务。相反，若自助餐成本控制不力，漏洞、流失导致成本费用增大，这些都不可避免要转嫁到产品的售价上，结果便是对顾客利益的侵害。

（3）是体现管理水平的重要标志。自助餐成本控制是自助餐管理的核心内容之一，其工作量和难度相当大，对管理艺术的要求很高。因此，要真正发挥成本控制的作用，管理人员必须具备食用原料、烹饪工艺及销售、核算与分析等多项知识与技能，并结合本自助餐厅硬件条件、软件状况及硬软件配合情况，综合运用管理方法与技巧，才能收到应有的效果。这既是对管理人员提出的全面、复杂的要求，其结果也是管理技巧和水平的综合体现。

2. 自助餐产品成本构成

自助餐成本由自助餐厨房成本和自助餐餐厅成本两部分构成。自助餐厨房成本主要由生产菜肴的原料、生产劳动力成本和管理费用等组成。自助餐餐厅成本主要由劳动力成本、餐厅的环境设计费用、各种自助餐盛器、餐具，管理费用以及销售广告宣传费用等组成。具体包括自助餐餐具的费用、家具及装饰费用，以及劳动力成本和管理费用等。

（1）自助餐餐具费用

自助餐餐具费用包括自助餐保温设备及就餐餐具的费用等。由于自助餐餐厅档次的不同，其花费的成本也有明显的差异。档次高的饭店所使用的保温设备和用餐餐具所花费的成本就高，有金器、银器、高档白锈钢以及进口瓷器、玻璃器皿等；反之，成本则较低。这也是自助餐餐厅成本构成的主要方面。

（2）家具及装饰费用

家具及装饰费用包括自助餐餐桌、椅，以及自助餐餐厅环境布置所花的费用。这也与餐厅的档次有直接关系，档次高的餐厅其成本就明显高于档次低的餐厅。有的餐厅为了能更

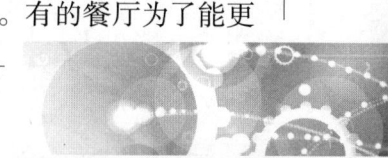

有效地吸引顾客，专门制作了自助餐中心台，设计带有主题的、特色的自助餐展示台。

（3）劳动力成本和管理费用

自助餐餐厅的劳动力成本和管理费用与自助餐厨房劳动力成本相比，其费用要低一些，因为服务人员的工资水平普遍低于厨房的工作人员。

3. 自助餐成本控制

根据自助餐运转流程，可将其划分为生产前、生产中和生产后三个阶段。针对三个阶段的不同特点，强化成本控制意识，建立完善的控制系统，则可将生产成本控制落实到每个业务环节之中。

（1）自助餐生产前的成本控制。自助餐生产前的控制包括采购控制、验收控制、储存控制、发料控制以及成本预算控制等。

1）采购控制。生产与服务原料采购的目的在于以合理的价格，在适当的时间，从安全可靠的渠道，按规格标准和预定数量采购自助餐生产和销售所需的多种原料，以保证加工生产和服务的正常、顺利进行。从成本控制的角度，采购工作成本控制主要集中在物品的质量、数量和价格三个方面。

①坚持使用原料采购规格标准书。在自助餐厨房，应根据烹制菜肴的实际情况，制定各类原料的采购规格标准书，在自助餐前台，应根据餐厅的具体要求，同样制定各类物品、器具的采购规格标准书，并在采购工作中坚持使用。这不仅是保证自助餐质量的有效措施，也是最经济地使用多种原料、物品的必要手段。因为并非所有自助餐菜肴非得使用相同等级或质量的原料或物品不可。

②严格控制采购数量。过多地采购原料或物品，必然会导致过多储存，而储存过多的原料，不仅占用资金，增加管理费用，而且还容易引起偷盗、原料变质、物品损耗等问题。因此，应根据营业量的具体情况、资金状况、仓库条件、现有库存量、市场供应状况等因素对采购数量作出规定，采购近期内所需要的原料与物品数量。

③采购价格必须合理。在确保原料与物品质量符合采购规格标准的前提下，采购人员应尽量争取最低的价格。为此，在采购同一种原料与物品时，至少应取得三家供应商的报价，以作比较选择。采购价格是否与产品质量相称是检验采购工作效益的主要标准。在国外，有不少饭店企业就以质量与价格之比来评估采购效益。

2）验收控制。验收控制的目的除了检查原料与物品的质量是否符合饭店的采购规格标准外，还要检查交货数量与订购数量、价格与报价是否一致。同时，还包括尽快妥善收藏处理各类原料与物品。

3）储存控制。为了保证库存原料与物品的质量，延长其有效使用期，减少和避免因原料腐败变质而引起食品成本增高、或储存时间过长而引起的自然耗费，为此，在储存时应注重以下几个方面的控制。

①人员控制。储存工作应有专职人员负责，任何人未经许可不得进入库区。管理人员有权巡视仓库，但也应尽量控制有权出入库区的人数。库门钥匙需由专人保管，门锁应定期更换。

②环境控制。根据原料和物品的不同，应有不同的储存环境。如干货库、冷冻库、冷藏库、酒水库等，一般原料与物品和贵重原料与物品也要分别保管。库房设计建造必须符合安全卫生要求，以杜绝鼠害和虫害，并避免偷盗。

③日常管理。储存保管工作应有严格的规程，各类原料、各种物品都需有其固定的储存

地方，经验收后，应尽量恰当地存放到位，以避免因耽搁而引起不必要的损失。各种原料和物品入库时应注明进货日期，并按照先进先出的原则调整其位置，以保证原料与物品的质量。

4）发料控制。发料控制是日常成本控制中的一个重要环节。发料数量直接影响每天的营业成本额。相关部门必须建立合理的领发制度，既要满足使用需要，又要有效地控制发料数量。发料控制的基本原则是只准领用所需实际数量的原料与物品，且未经批准，不得领用。发料控制要抓好以下几方面工作。

①使用领料单。任何物品和食品原料的发放，必须有已经审批的货物领料单，以保证正确计算各领料部门的成本。

②规定领料次数和时间。应根据具体情况，规定仓库每天发料的次数和时间，以保证自助餐厨房和前台各点做出周密的用料计划，避免随便领料，减少浪费。

③正确核算成本。领用食品原料和物品的成本是自助餐厨房与餐厅成本的重要组成部分，因此，仓库管理人员每天需及时、准确地计算领料单上各种物料的成本以及全天的领料成本总额。

5）成本预算控制。这主要是根据自助餐餐厅积累的往年资料，同时参照当地当年物价变动情况等信息制定有关详细的成本及其他预算指标。依据这些指标，结合自助餐餐厅的接待能力，厨房的生产情况，逐步分解为每月、每日的成本控制指标，以便管理人员随时对照，以期改进工作。这样便可从宏观上入手到微观上把握，使生产和经营成本控制做到有的放矢，有规可循。

（2）自助餐销售过程中的成本控制。在自助餐销售过程中的成本控制应注意以下几方面。

1）杜绝顾客的浪费现象。自助餐为自己取食自我服务的就餐形式。第一次享用自助餐的顾客，往往会一次取很多食品，吃不完却又不能放回去，这样就造成了食物的浪费。为了避免这种现象的发生，有的自助餐厅在桌上放置一些提醒顾客的告示牌；有时服务人员可主动帮助顾客，特别是在取用高档菜肴时，在数量上加以控制（如采取厨师直接面对顾客服务的方式），这样也起到控制成本的作用。

2）与厨房密切配合，减少不应有的浪费。自助餐餐厅在销售过程中要和厨房保持密切联系，这样才能保证菜肴的及时供应。在自助餐销售的后半期，服务人员应根据餐厅的人数，通知厨房适当添加菜肴，避免盲目添加。另外，如果某种菜肴已被吃完，而厨房又备得不足，这时可使用质量接近的菜肴来代替，在添加高档菜肴时数量上应更加注意。

3）有效使用订单控制营业收入。在接受顾客点菜时，服务员必须使用圆珠笔或无法擦掉字迹的笔将自助餐标准填写在订单上，如果填写错误，应当划去，而不能擦掉。同时，订单必须编号，以便出现问题后，立即查明原因，并采取措施，防止问题再次发生。

4）抓好收款控制。防止漏记或少记菜肴价值，在账单上准确填写价格，结账时核算正确，防止漏记账或逃账，严防收款员或其他工作人员的贪污、舞弊行为。

5）防止或减少由职工贪污、盗窃而造成的损失。表现为服务人员领用食品，订单上却不做记录；服务人员用同一份订单两次从厨房领菜将其中一次的现金收入自己的腰包；服务人员偷吃食物；服务人员少算亲朋好友账单的金额或从亲友的账单上划去某些菜肴。

6）有效地控制酒水成本。要实行用量的标准化、载杯的标准化、配方的标准化、酒牌标准化以及操作程序标准化。杜绝服务人员的贪污、舞弊行为，这种现象也颇为常见，特

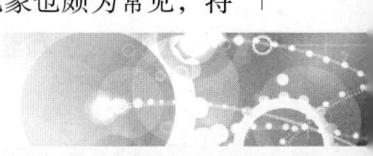

别是在调酒师兼收款员的酒吧尤其容易发生。禁止服务人员销售个人酒水，服务人员在营业时间利用饭店的餐饮设施销售自己的酒水，有时还盗用餐饮部的各种辅料，这种情况也直接造成了酒水成本的增加。要避免在团体包餐等酒水费用固定的情况下，服务人员乱开、乱倒酒水而直接引起酒水的大量浪费。要杜绝因库存不当而引起的酒水变质造成酒水成本的大幅增加。

（3）自助餐生产后的成本控制。自助餐菜肴生产后的成本控制主要体现在成本发生后，与预算当月、当周、当日成本指标进行比较、分析，如有偏差，及时找出原因，再做适当调整，以便最终顺利实现预算目标。这里面的工作，既有赖于成本控制部门的配合，将有关信息、资料及时加以整理并反馈，还需要生产管理人员发扬严格认真的工作作风，如随时检查库房，及时全面进行盘存等，这样才能使成本控制落在实处。

1）实际成本控制。如果发现实际成本高于目标成本，应采取相应的补救措施使其接近目标成本率。如果成本较高是因为菜单中大部分或销售中占很大比重的菜肴引起的，则应考虑如下措施。

①考虑通过增加成本不变的菜肴的销售量，来抵消部分菜肴成本的上升。

②考虑如果采用减少供应量或分量的方法是否会引起顾客的反感。如果顾客并未感到量的变化，维持原价也是可行的。

③考虑通过促销手段，以大量生产获得的效益来抵消成本的增加。

④如果发现成本上升是因为少数几种菜肴引起的，且在整个菜单的销售中只占很小比例，则可采取维持原价而适当减少菜肴分量的办法。

⑤如果是因为在一段时间内顾客减少而引起的成本增加，可变一天一次购进鲜活原料为半天一次购进，以减少库存，防止鲜活食材死亡和损耗。

2）比较成本控制法。自助餐厨房通常采取标准成本的方法对原料成本进行控制。通过实际成本与标准成本的比较，找出生产经营中各种不正常的、低效能的及超标准用量的浪费等问题，采取相应的措施，以对原料成本进行有效的控制。

第7章

饮食业相关标准与法律法规

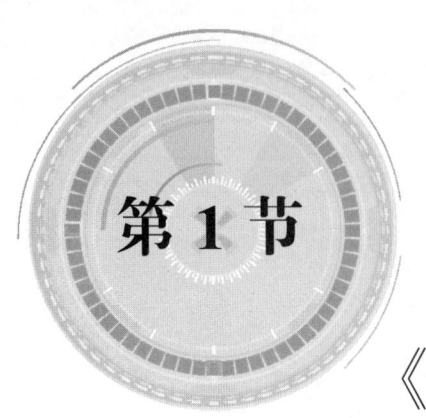

第 1 节 《中华人民共和国劳动法》

《中华人民共和国劳动法》(以下简称《劳动法》)是国家为了保护劳动者的合法权益,调整劳动关系,建立和维护适应社会主义市场经济的劳动制度,促进经济发展和社会进步,根据宪法而制定颁布的法律。从狭义上讲,《劳动法》是指 1994 年 7 月 5 日八届人大通过,1995 年 1 月 1 日起施行的《中华人民共和国劳动法》于 2009 年 8 月 27 日在第十一届全国人民代表大会常务委员会第十次会议进行了第一次修订;于 2018 年 12 月 29 日在第十三届全国人民代表大会常务委员会第七次会议进行了第二次修订。从广义上讲,《劳动法》是调整劳动关系的法律法规,以及调整与劳动关系密切相关的其他社会关系的法律规范的总称。

以下对《劳动法》中的劳动合同、工作时间和休息休假、工资、劳动安全卫生、女职工和未成年工特殊保护等进行了简单解析和说明,并配有部分案例以供学习参考。

一、劳动合同

1. 劳动合同的订立

劳动合同是劳动关系建立、变更、解除和终止的一种法律形式,劳动合同法律制度是劳动法的重要组成部分。劳动合同的订立必须遵循以下原则:平等自愿原则、协商一致原则、合法原则。

劳动合同的必备条款涉及劳动合同期限、工作内容、劳动保护和劳动条件、劳动报酬、劳动纪律、劳动合同终止的条件、违反劳动合同的责任。

2. 劳动合同的变更

劳动合同的变更是指劳动合同依法订立后,在合同尚未履行或者尚未履行完毕以前,双发当事人依法对劳动合同约定的内容进行修改或者补充的法律行为。

(1)只要用人单位和劳动者协商一致,即可变更劳动合同的内容。劳动合同是双方当事人协商一致而订立的,当然经协商一致可以予以变更。一方当事人未经对方当事人同意擅自更改合同内容的,变更后的内容对另一方没有约束力。

(2)劳动者患病或者非因公负伤,在规定的医疗期满后不能从事原工作,用人单位可以与劳动者协商变更劳动合同,调整劳动者的工作岗位。

(3)劳动者不能胜任工作,用人单位可以与劳动者协商变更劳动合同,调整劳动者的工作岗位。

(4)劳动合同订立时所依据的客观情况发生重大变化,致使劳动合同无法履行,用人单位可以与劳动者协商变更劳动合同。

（5）劳动者患职业病或者因工负伤并被确认丧失或者部分丧失劳动能力的；劳动者患病或者负伤，在规定的医疗期内的；女职工在孕期、产假、哺乳期内的；法律、行政法规规定的其他情形。在这四种情形下，用人单位不得依据劳动法解除劳动合同。

【案例】工程师王某与 A 公司签订了 5 年的劳动合同。合同执行到第 3 年时，王某提出涨薪要求，A 公司以"乙方的要求超出合同约定及公司支付能力"为由拒绝。王某在接到拒绝通知的第二天即跳槽到 B 公司，获得比原来高的薪酬。王某在跳槽前未向 A 公司提出解除劳动合同申请。

问题：王某这么做是否合法？

分析：

王某与 A 公司签订的劳动合同为有效合同。A 公司没有出现违反劳动法的行为。《劳动法》中规定用人单位与劳动者协商一致，可以解除劳动合同；劳动者提前 30 天以书面形式通知用人单位，可以解除劳动合同。

王某在未与合同甲方协商一致、未提前 30 天书面通知甲方的情况下，单方终止劳动合同，属违法行为。王某应按照合同约定向甲方赔偿相应的损失。

二、工作时间和休息休假

1. 工作时间

工作时间是指劳动者根据国家的法律规定，在一个昼夜或一周之内从事本职工作的时间。《劳动法》规定的劳动者每日工作时间不超过 8 h，平均每周工作时间不超过 44 h。

2. 休息休假时间

休息时间指劳动者工作日内的休息时间、工作日间的休息时间和工作周之间的休息时间；法定节假日休息时间、探亲假休息时间和年休假休息时间则称为休假。《劳动法》规定用人单位在元旦、春节、国家劳动节、国庆节以及法律法规规定的其他休假节日中进行休假。用人单位应当保证劳动者每周至少休息一日。

3. 延长工作时间

延长工作时间是指根据法律的规定，在标准工作时间之外延长劳动者的工作时间，一般分为加班和加点。《劳动法》对于延长工作时间的劳动者范围、延长工作时间的长度、延长工作时间的条件都有具体的限制。延长工作时间的劳动者有权获得相应的报酬。

三、工资

1. 工资分配的原则

工资分配必须遵循以下原则：按劳分配、同工同酬的原则，工资水平在经济发展的基础上逐步提高的原则，工资总量宏观调控的原则，用人单位自主决定工资分配方式和工资水平原则。

2. 最低工资

最低工资是指劳动者在法定工作时间或依法签订的劳动合同约定的工作实践内提供了正常工作的前提下，用人单位依法应支付的最低劳动报酬。在劳动合同中，双方当事人约定的劳动者在未完成劳动定额或承包任务的情况下，用人单位可低于最低工资标准支付劳动

者工资的条款不具有法律效力。

【案例】孙某为河北省某县农民，在某市打工。2000年12月经人介绍，孙某到某搬家公司做搬运工人，公司每月支付孙某工资300元，并安排孙某在公司的集体宿舍居住。2001年2月，某市在公共场所宣传劳动法，孙某听到宣传，得知当地的最低工资标准为每月412元，遂找到公司徐经理，要求增加工资。徐经理不同意，说：公司给孙某提供住处不是免费的，而是每月从工资中扣除100元，发到孙某手里300元，而且公司为工人提供免费午餐，并给工人统一购买服装，遇到加班加点还按法律规定付给加班加点费，这些费用加起来孙某的每月收入早已超过412元，公司没有违反当地最低工资的规定。如果孙某不愿意在这儿干，可以到别处去干。

问题：

（1）徐经理对公司没有违反最低工资规定的表述是否正确？为什么？

（2）若公司的行为不符合法律规定，应承担哪些法律责任？

分析：

（1）徐经理对公司没有违反最低工资规定的表述不正确。最低工资，是指用人单位对单位时间劳动必须按法定最低标准支付的工资。对最低工资应正确计算，根据《企业最低工资规定》加班加点工资、劳动保护待遇、福利待遇等不得作为最低工资组成部分。徐经理将工作午餐、劳动保护费用、福利待遇计算在最低工资范畴内是错误的。本案中孙某每月只得到300元工资，没有达到当地月工资412元的最低工资标准，搬家公司的行为已违反了法律规定。

（2）用人单位应承担的责任有：用人单位支付劳动者的工资报酬低于当地最低工资标准的，要在补足标准部分的同时另外支付相当于低于部分25%的经济补偿。

四、劳动安全卫生

劳动安全卫生主要是指劳动保护，是指规定劳动者的生产条件和工作环境状况，保护劳动者在劳动中的生命安全和身体健康的各项法律规范，有利于保护劳动者的生命权和健康权，有利于促进生产力的发展和劳动生产率的不断提高。

劳动者的权利包括获得各项保护条件和保护待遇的权利，知情权，提出批评、检举、控告的权利，拒绝执行的权利，获得工伤保险和民事赔偿的权利。劳动者的义务包括在劳动过程中必须严格遵守安全操作规程，接受安全生产教育和培训，报告义务。

五、女职工和未成年工特殊保护

1. 女职工特殊保护

由于女性的身体结构和生理机能与男性不同，有些工作会给女性的身体健康带来危害，从保护女职工生命安全、身体健康的角度出发，法律规定了女职工禁止从事的劳动范围，这不属于对女职工的性别歧视，而是对女职工的保护。同时，对女职工特殊生理期间的保护知识对女职工在经期、孕期、产期、哺乳期的保护，也称为女职工的"四期"保护。

2. 未成年工特殊保护

未成年工指年满十六周岁未满十八周岁的劳动者。未成年工劳动过程中的保护包括：用人单位不得安排未成年工从事的劳动范围；未成年工患有某种疾病或具有某种生理缺陷

（非残疾型）用人单位不得安排其从事的劳动范围；用人单位应对未成年工定期进行健康检查；用人单位招收使用未成年工登记制度；未成年工上岗前的安全卫生教育。

【案例】李某与某宾馆签订了为期5年的劳动合同，其中有一条款："鉴于宾馆服务行业本身的特殊要求，凡在本宾馆工作的女性服务员，合同期内不得怀孕。否则企业有权解除劳动合同。"合同履行约1年后，李某的男友单位筹建家属楼，为能分到住房，李某与男友结婚，不久怀孕。宾馆得知后，以李某违反合同条款为由作出与李某解除劳动合同的决定。

问题：某宾馆能否单方解除劳动合同？

分析：

某宾馆不能单方解除与李某的劳动合同。为保护女职工的合法权益，我国劳动法明确规定女职工在孕期、产期、哺乳期内的，用人单位不得解除劳动合同。合同应继续履行。

除以上内容之外，《劳动法》还对促进就业、集体合同、职业培训、社会保险和福利、劳动争议监督检查、法律责任等都作了具体规定。该法律的发布和施行，对保护劳动者的合法权益、调整劳动关系、建立和维护适应社会主义市场经济的劳动制度意义重大。

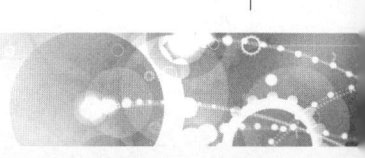

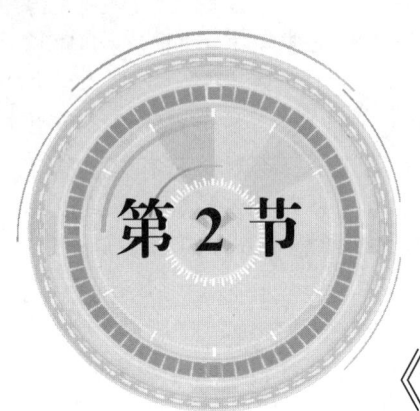

第 2 节 《中华人民共和国劳动合同法》

一、《中华人民共和国劳动合同法》简介

1.《中华人民共和国劳动合同法》概述

自1998年劳动和社会保障部成立后,便将劳动合同立法列入21世纪头十年中期的劳动保障立法规划。在2005年10月28日,国务院原则通过了《中华人民共和国劳动合同法(草案)》,并于2005年11月26日正式提请全国人大常委会审议。经过为期两年的讨论修改,《中华人民共和国劳动合同法》于2007年6月29日第十届全国人民代表大会常务委员会第二十八次会议四审通过,于2012年12月28日第十一届全国人民代表大会常务委员会第三十次会议修订,自2013年7月1日起施行。

《中华人民共和国劳动合同法》(以下简称《劳动合同法》)共8章98项条款,涉及劳动合同的订立、劳动合同的履行和变更、劳动合同的解除和终止等内容。

2.《劳动合同法》的立法目的

《劳动合同法》的制定充分考虑了我国劳动关系双方当事人的情况,针对"强资本、弱劳工"的现实,内容侧重于对劳动者权益的维护,使劳动者能够与用人单位的地位达到一个相对平衡的水平。与此同时,《劳动合同法》并没有忽视用人单位权益的维护,它既规定了劳动者的权利义务,也规定了用人单位的权利义务;既规定用人单位违法应承担的法律责任,也规定了劳动者违法应承担的法律责任。通过这种权利与义务的对应性,构建与发展和谐稳定的劳动关系。

二、《劳动合同法》的要点解析

1. 劳动合同要用书面形式

劳动合同不仅是明确双方权利和义务的法律文书,也是今后双方产生劳动争议时主张权利的重要依据,员工进单位工作,首先应该考虑与单位签订书面劳动合同。

《劳动合同法》中将劳动合同分为固定期限、无固定期限和以完成一定工作任务为期限的劳动合同,还规定了劳务派遣和非全日制用工两种用工形式。其中,除了非全日制用工外，其他用工形式均需订立书面合同。

针对未订立书面劳动合同的情况，《劳动合同法》作出了相应的罚则，该法规定，用人单位自用工之日起超过一个月不满一年未与劳动者签订劳动合同的，应当向劳动者每月支付两倍工资作为赔偿；当应签订而未签订劳动合同的情况满一年后，将视为"用人单位与该劳动者间已订立无固定期限劳动合同"。

2. 用人单位不得向员工收取押金

酒店、餐饮等服务行业普遍存在这样一种现象，员工一般都要统一着装上岗，而单位却以此为由向员工收取几百元不等的服装押金。《劳动合同法》对用人单位的这种行为做出明确规定，用人单位招用劳动者，不得要求劳动者提供担保或以其他名义向劳动者收取财物。

在用工过程中，如果工作服是必须穿着的，应当视为企业给员工提供的劳动条件之一，用人单位没有理由向员工收取押金。对于用人单位违法收取押金的行为，《劳动合同法》做了明确规定，用人单位违反本法规定，以担保或其他名义向劳动者收取财物的，由劳动行政部门责令限期退还劳动者本人，并以每人五百元以上两千元以下的标准处以罚款；给劳动者造成损害的，应当承担赔偿责任。

3. 试用期

有的用人单位通过与员工约定较长的试用期或者多次约定试用期，来规避对员工应尽的法律责任。《劳动合同法》对劳动者试用期限和工资都做了详细的规定，使企业滥用试用期的行为得到有效遏制。

《劳动合同法》规定，同一用人单位与同一劳动者只能约定一次试用期，试用期包含在劳动合同期限内。其中劳动合同期限三个月以上不满一年的，试用期不得超过一个月；劳动合同期限一年以上不满三年的，试用期不得超过两个月；三年以上固定期限和无固定期限的劳动合同，试用期不得超过六个月。用人单位违法约定试用期的，将由劳动保障行政部门责令改正，如果违法约定的试用期已经履行的，劳动者还可以向用人单位按规定要求其支付赔偿金。

除了试用期有明确规定外，《劳动合同法》对试用期间工资也给出了明确标准，即不得低于本单位相同岗位最低档工资或者劳动合同约定工资的百分之八十，并不得低于用人单位所在地的最低工资标准。

【案例】2017年12月，王某经体检、考核合格，与某单位签订了两年期的劳动合同。合同规定试用期为六个月。2018年1月，王某患急性肺炎住院两个月，共花费医疗费5000余元。出院后，单位以王某在试用期内患病，不符合录用条件为由，作出了解除劳动合同的决定。王某遂向当地的劳动争议仲裁委员会提出申诉。

【评析】这是一宗违反劳动合同法规的案件，用人单位的违法行为具有一定的隐蔽性。本案中的单位以王某患病、不符合录用条件为由，在试用期内解除了与王某所签订的劳动合同，从表面上看是对的，但实际上是不正确的。首先，单位约定的试用期违反规定；其次，王某在签订劳动合同时，是经体检合格的，其所患疾病不是原来就有的，而是由于感冒等原因导致的急性肺炎；最后，急性肺炎是可以治愈的，且本案中的王某已治愈，治愈后对其所从事的工作没有影响。因此，单位不应该以试用期内患病为由而解除其劳动合同。

4. 劳动合同必备条款

《劳动合同法》规定了劳动合同必须具备的必备条款，与《劳动法》相比，增加了工作地点、工作时间和休息休假、社会保险、职业危害防护等重要内容，更加有利于维护劳动

者的合法权益。

5. 违约金

以前，一些用人单位与员工签订劳动合同，往往以设定高额的违约金来限制员工流动，现《劳动合同法》对违约金的设定有了新规定，除两种特殊情况外，用人单位不得与劳动者约定由劳动者承担违约金。这两种情况分别是：第一，用人单位为劳动者提供专项培训费用，对其进行专业技术培训并约定了服务期后，员工违反服务期约定的，应当按照约定向用人单位支付违约金；第二，负有保密义务的劳动者违反竞业限制责任或保密协议时，员工也应承担违约金责任。

【案例】小刘是某建筑公司的农民工，与建筑公司签订了为期10年的合同，合同虽然仅几十条，却规定了10多项违约金条款，有一项是如果小刘跳槽，需一次性支付10万元违约金。工作半年后，小刘发现了另一家建筑公司招人，开出的条件和待遇都比现在的单位好很多。他想跳槽，但面对巨额违约金，又陷入了深深的苦恼之中。

【解析】为防止劳动者跳槽，不少用人单位都规定了高额违约金。按照《劳动合同法》对违约金的相关规定。除两种特殊情况外，其余一切情况包括劳动者跳槽都不再需要向用人单位支付高额违约金。不过，劳动者跳槽仍需支付一定代价，因为《劳动合同法》第九十条规定，劳动者违反法律规定解除劳动合同，给用人单位造成损失的，应当承担赔偿责任。因此，依据《劳动合同法》的规定，该建筑公司约定的高额跳槽违约金是无效的，小刘只要在赔偿对该公司造成的损失后就可跳槽去另一家建筑公司。

6. 无固定期限劳动合同

一些劳动者认为签了无固定期限就等于捧上了"铁饭碗"，一些企业则认为与员工签订无固定期限就不能与员工解除劳动合同了，其实这些都是对"无固定期限劳动合同"的误解。

实际上，在解除条件上，无固定期限劳动合同除了不能以合同到期为由解除外，与固定期限劳动合同并无其他区别，同样可以通过双方协商或依法律规定而解除。根据《劳动合同法》规定，若员工出现严重违反用人单位的规章制度等情况时，用人单位仍可解除劳动合同。

7. 劳务派遣用工成本提高

劳务派遣近年来因其成本低、用工灵活、便于管理的优势在我国迅速发展，劳务派遣用工形式非常普遍。但长期以来劳务派遣工的权益得不到保护，被随意克扣工资、同工不同酬等现象屡屡发生。

为了让劳务派遣工享受与正式员工的同等待遇，《劳动合同法》对规范劳务派遣工作了一系列的规定，大大提高了劳务派遣的成本，值得用工单位和被劳务派遣者注意。第一，在选择劳务派遣单位时，应与具有合法资质，注册资本不少于50万元的公司进行合作；第二，劳务派遣单位与派遣员工签订的劳动合同，期限不能少于两年，派遣员工没有工作时，派遣单位也要以所在地最低工资标准按月支付报酬；第三，派遣员工不用向劳务派遣单位、实际用工单位支付任何派遣费用；第四，被跨地区派遣的员工，其劳动报酬和劳动条件，按用工单位所在地标准执行；第五，本着同工同酬的原则，实际用工单位应当向派遣员工支付加班费、绩效奖金，提供与工作岗位相关的福利待遇；第六，派遣员工在实际用工单位连续工作的，同样适用该单位的工资调整机制；第七，实际用工单位不得使用派遣员工向本单位或所属单位进行再次派遣。

此外，《劳动合同法》实施后，很多用人单位为了逃避新法实施带来的高用工成本而青睐使用劳务派遣工。其实，随着国家对劳务派遣用工的不断规范，劳务派遣成本已经大大提升了。

三、工作中应注意的问题

1. 不签订劳动合同，对劳动者不利的地方很少，但对企业来说却有许多不利之处。
2. 用人单位最好使用劳动行政部门提供的劳动合同范本，如未使用劳动合同范本，则需注意自行设计劳动合同文本也应具备《劳动合同法》规定的必备条款，否则将由劳动行政部门责令改正，给劳动者造成损害的，还要承担赔偿责任。
3. 员工手册、企业制度最好要通过企业工会确认。

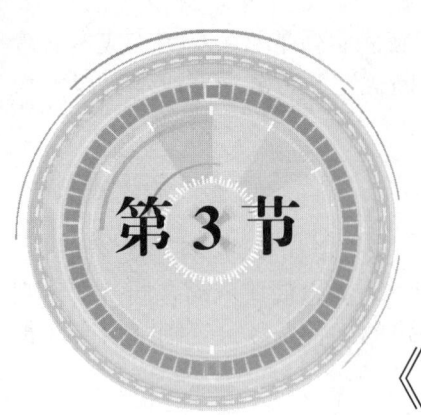

第3节 《中华人民共和国食品安全法》

一、概况

1. 立法背景

食品安全问题在国际上一直受到重视。1962年世界粮农组织与世界卫生组织联合组建了食品法委员会。该委员会在致力于保护消费者健康的同时，也保障食品贸易的公平运行，并已建立了一系列食品标准、导则和推荐指标。1974年11月联合国粮农组织在世界粮食大会上通过了《世界粮食安全国际约定》，第一次提出了"食品安全"的概念。

我国为保证食品安全、保障人民群众身体健康，于1995年10月30日起施行《中华人民共和国食品卫生法》（以下简称《食品卫生法》）。在十多年的实施过程中，取得了成绩，但是随着"苏丹红事件""金华敌敌畏火腿事件""三鹿奶粉三聚氰胺事件"等案例的出现，也暴露出《食品卫生法》的不足。

（1）食品标准不够科学，存在不完善、不统一的现象。

（2）缺乏有效的制度和机制，生产经营的质量、安全意识不高。食品安全第一责任人的责任不明，处罚力度不够。

（3）检验、检测机构不规范，责任不够明确。涉及的方法、程序不统一，导致结果不公正。

（4）信息不对称，使消费者无所适从，缺乏信任感，甚至造成消费者不必要的恐慌。

（5）监管部门监管不到位，执法不严格，部门间职责交叉、权责不明。所以2004年7月21日国务院第59次常务会议和2004年9月1日国务院发布的《国务院关于进一步加强食品安全工作的决定》（国发〔2004〕23号），要求加紧组织修改《食品卫生法》。

世界卫生组织发表的《加强国家级食品安全性计划指南》中，将食品的安全定义为："对食品按其原定用途进行制作和食用时不会使消费者受害的一种担保。"将食品卫生定义为："为确保食品安全性和适合性在食物链的所有阶段必须采取的一切条件和措施。"从概念比较上看，食品卫生无法涵盖食品源头的农产的种植、养殖等环节；从过程与结果的安全角度看，食品卫生偏向于过程安全，不如食品安全的概念更为全面。所以《食品安全法》的第二次修改审议稿经三次草案审议后，于2009年2月28日由十一届全国人大常委会第七次会议审议通过，并于同年6月1日起施行。2018年12月29日，第十三届全国人民代表大会常务委员会第七次会议再一次通过了对《食品安全法》的修正方案。

2.《食品安全法》基本知识

广义的食品安全法，是指国家调整人们在食品生产经营及其管理活动中所形成的特定的经济与管理关系的法律规范的总称，包括《食品安全法》《消费者权益保护法》《农产品质量安全法》《产品质量法》等。狭义的食品安全法，是指2018年12月29日起施行的《食品安全法》，该法共10章154条。《食品安全法》的法律特征主要如下。

（1）《食品安全法》属于经济法。按法律规范调整的社会关系不同，可以将一国法律划分为宪法、民法、刑法、行政法、经济法、诉讼法等不同的法律部门。经济法体现了以国家为代表的公权对社会经济活动的介入和规范，反映了国家调控社会经济活动的意志性。食品安全法所调整的法律关系中一方面涵盖食品的生产者、经营者的经济关系，另一方面涵盖国家政府及其职能部门对生产者、经营者的管理（监管）关系。这些关系在一定程度上体现了国家公权对食品安全的监督、控制和管理，符合经济法中的国家干预特性。此外，食品安全损害的对象往往涉及不特定的对象，即属于公共受损，符合经济法调整对象的性质。因此，《食品安全法》属于经济法。

（2）《食品安全法》具有实体法和程序法合一的属性。一般法学理论将法律规范按内容不同，划分为实体法和程序法。实体法是以具体的权利义务为内容或者法律保护的具体情况的法律，如刑法、民法、合同法、婚姻法、公司法等。程序法是为保障实体法所规定的权利义务的实现而制定的一系列步骤、方法的法律，如刑事诉讼法、民事诉讼法和行政诉讼法等。

《食品安全法》规定了食品安全监管者、生产者、经营者之间的权利义务，因此，该法属于实体法的范畴。同时，食品安全具有较多的行业属性，且具有特殊性，与其他行业相比不具有共同的程序规制。因此，针对行业的特殊管理需要，该法规定了专有的监管程序，例如食品生产经营许可、安全信息的公布、食品安全事故的处理等程序性规定，可见，《食品安全法》是实体法和程序法合一的法律。

（3）《食品安全法》兼具公法和私法的属性。按乌尔比安的划分方法，法律规范划分为公法和私法。公法着重强调国家权力，突出公权力的权威，最大限度地维护公共利益。私法则是以个人的平等、自决为基础，规定私权利之间的关系，国家不干预，最大限度地体现个人自由意志。《食品安全法》的内容涉及国家食品监管部门对食品的生产者、经营者的监管，制定食品安全标准，主导食品检验，对食品安全风险的监测评估，对食品安全事故处置等方面的监管职责；从调整机制上看，突出了权力的干预，属于公法范畴。同时，《食品安全法》有部分内容涉及平等的食品生产者、经营者之间的关系，规定了消费者的合法权益及其救济机制，规定了民事责任、经济责任等，具有私法的内容。因此，《食品安全法》兼具公法与私法的属性。

（4）《食品安全法》具有国际化发展趋势。食品工业的发展和人们消费方式的改变，跨国性的食品安全与国内的食品安全风险的存在，导致对食品安全的全程有效控制成为全世界共同关注的问题。一方面，各国的食品安全法具有人类安全共性的基础，从而互相借鉴形成共同的法律规则；另一方面，国际社会建立国际组织并制定了国际公约。我国《食品安全法》是在充分学习各国立法经验及国际公约的基础上，结合我国国情制定的。

二、相关主要内容

1. 食品安全风险监测和评估

食品安全风险监测和评估是我国《食品安全法》首次确立的重要制度，是食品安全保障的预防性制度。风险监测制度是对食源性疾病、食品污染以及食品中的有害因素进行监测。卫生行政部门制定、实施风险监测计划，具体分为国家风险监测计划和省级风险监测计划两种形式。监测和评估的产品包括食品的原料、辅料、添加剂及食品相关产品。风险监测计划在充分通报信息的基础上进行调整。风险评估是指对食品、食品添加剂中生物性、化学性和物理性危害对人体健康可能造成的不良影响所进行的科学评估，包括危害识别、危害特征描述、暴露评估、风险特征描述等。安全评估可以分为主动评估、建议评估、不予评估和应急评估四项。由国务院卫生行政部门负责组织评估工作，成立由医学、农业、食品等方面的专家组成的专家委员会，进行专业风险评估。对具有较高安全风险的食品，卫生行政部门应及时提出安全风险警示，并予以公布。

2. 食品安全标准

食品安全标准是强制执行的标准，是政府主管部门为保证食品安全，防止疫病的发生，对食品中安全、营养等与健康有关标准的科学规定，除食品安全标准外，不得制定其他的食品强制性标准。食品安全标准由国务院卫生行政部门制定、公布，国务院标准化行政部门提供国家标准编号。没有食品安全国家标准的，可以制定食品安全地方标准。没有国家标准和地方标准的，企业应当制定企业标准。国家鼓励食品生产企业制定严于食品安全国家标准或地方标准的企业标准。食品安全标准应当供公众免费查阅。

3. 食品生产经营

食品生产经营指食品的生产（不包括养殖业和种植业）、采集、收购、加工、储存、运输、陈列、供应、销售等活动。《食品安全法》采用列举的方式，食品生产经营应符合安全标准，达到列举的要求；同时，也采用列举的方式，规定了禁止生产经营的食品。食品生产经营法律制度主要包括如下制度。

（1）行政许可证制度。开办食品生产、经营的企业，应取得生产、经营有关的许可证。从事食品餐饮服务活动的单位和个人，在取得《餐饮服务许可证》后，方可营业；进行食品添加剂生产的企业在依法取得食品添加剂生产许可证后，方可生产。

（2）从业人员健康管理制度。食品生产经营者应当建立并执行从业人员健康管理制度，建立员工健康档案，定期对员工进行健康检查，员工生病应及时申报。患有有碍食品安全疾病的人员，不得从事接触直接入口食品的工作。

（3）食品生产经营信息记录备查制度。为保障食品的可溯性，应对食品、食品添加剂、食品相关产品等的来历、用法、用量、保质期等相关信息进行记录。该制度主要包括使用农产品生产记录制度、食品生产企业进货查验记录制度、食品生产企业出厂检验记录制度、食品经营企业进出货查验记录制度。相关记录保存期不得少于两年。

（4）标注、标签制度。食品、食品添加剂及食品相关产品的外包装上须注明食品的名称、生产日期、生产者、保质期、储存条件等基本信息。专供婴幼儿和其他特定人群的主辅食品，其标签还应标明主要营养成分及其含量。

（5）食品召回制度。食品生产者按规定的程序，对由于生产原因造成的某一批次或类别的食品不符合食品安全标准，通过换货、退货、补充或修正说明等方式召回食品，及时消除或减少食品安全危害的活动。

（6）食品广告制度。它是调整食品广告活动的相关制度。食品广告的内容应当真实合法，不得含有虚假、夸大的内容，不得涉及疾病预防、治疗功能。食品安全监管部门或承担食品检验职责的机构、食品行业协会、消费者协会，不得以广告或其他形式向消费者推荐食品。社会团体或者其他组织、个人在虚假广告中向消费者推荐食品，侵犯消费者合法权益的，与食品生产经营者承担连带责任。

4. 食品检验

食品检验是指依据物理、化学、生物化学的基本理论和相关技术，按照制定的技术标准，对食品原料、辅材料、成品的质量进行检验。食品检验的方法主要包括感官检验法、微生物检验法和理论检验法。食品检验机构在取得国家认可的资质后，方可从事食品检验活动。食品检验由食品检验机构指定的检验人独立进行。检验人应尊重科学，恪守职业道德，得出客观、公正的检验结论，不得出具虚假的检验报告。食品检验机构和检验人对出具的食品检验报告负责。

食品安全监管部门对食品不得实施免检，应当定期、不定期抽检。抽检的样品应当购买，不收取检验费和其他任何费用。

5. 食品进出口

随着国际贸易的频繁，食品安全也影响世界贸易和本国利益。进口食品、食品添加剂及其相关产品的要求如下。

（1）有国家标准的，应当符合我国食品安全国家标准。

（2）进口尚无国家标准的食品，或者首次进口的食品添加剂新品种、食品相关产品新品种，必须经过安全评估，获得准予许可的决定。

（3）出入境检验检疫机构检验合格。《食品安全法》对进口食品规定了预警机制：一种是境外发生的食品安全事件可能对我国造成影响的；另一种是在进口食品中发现严重食品安全问题，国家出入境检验检疫部门应当采取风险预警。同时，还规定了注册和备案制度、中文识别制度、信息记录制度等。

出口食品的管理由出入境检验检疫机构进行监督、抽检，海关凭检疫证明签发通关证明。出口食品生产企业和出口食品原料种植、养殖场地，应当向国家出入境检验检疫部门备案。

6. 食品安全事故处置

食品安全事故是指食物中毒、食源性疾病、食品污染等源于食品，对人体健康有危害或者可能有危害的事故。为有效预防、积极应对、及时控制食品安全事故，国务院组织制定国家食品安全事故应急预案。县级以上地方政府根据有关法律、法规的规定和上级人民政府的食品安全事故应急预案以及本地区的实际情况，制定本行政区域的食品安全事故应急预案，并报上一级人民政府备案。对发生食品安全事故的单位及其政府监管部门应立即予以处置，防止事故扩大，并向卫生行政部门报告或通报。对重大食品安全事故，接到报告的县级卫生行政部门应向本级人民政府和上级人民政府卫生行政部门报告。任何单位或者个人不得对食品安全事故隐瞒、谎报、缓报，不得毁灭有关证据。

对已发生的食品安全事故：一是组织救治事故中受伤害的人员；二是封存食品源、被污染的食品及用具并消毒；三是做好信息发布工作，对可能产生的危害加以解释、说明。对食品安全事故，卫生行政部门应会同有关部门进行事故责任调查，除查明事故单位的责任外，还应当查明负有监督管理和认证职责的监管部门、认证机构的工作人员失职、渎职情况。

7. 监督管理

食品安全监督管理，是指依法享有食品安全监管职权的主体，依法对食品生产、流通、消费环节进行监督管理的活动。从权能上看，可以分为监督权能和管理权能。就监督权能而言，主要分为政府监督、行业协会监督、社会监督；从内容上讲，表现为检查权、批评权、知情权、建议权等。从管理权能上看，只能由政府及其职能部门统一行使，具体包括：国务院设立的食品安全委员会负责统筹协调工作；县级以上人民政府；县级人民政府的职能部门，即本级卫生行政、农业行政、质量监督、工商行政管理、食品药品监督管理部门。按《食品安全法》规定，这些监督管理部门有权采取下列措施。

（1）现场检查。

（2）抽样检验。

（3）查阅、复制有关资料。

（4）查封、扣押有关物品。

（5）查封有关场所。

同时，监督管理部门对食品生产经营者建立安全信用档案制度，对社会建立信息统一公布制度。

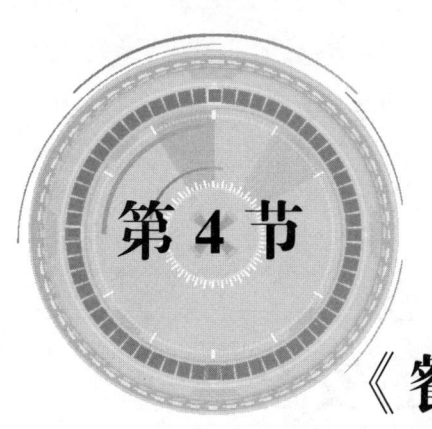

第 4 节

《餐饮业和集体用餐配送单位卫生规范》

一、概况

卫生部颁布的《餐饮业和集体用餐配送单位卫生规范》于 2005 年 10 月 1 日起施行。该规范属于部门行政规章，是技术性规范，对餐饮业和集体用餐配送单位涉及的相关术语进行标准化规定。它为《食品安全法》等相关食品类法律、法规提供法律技术上的支持。规章的目的是对餐饮业和集体用餐配送单位的生产经营行为进行规范，保障消费者身体健康。对餐饮业经营者和集体用餐配送单位生产经营行为有约束力，但不适用无固定加工和就餐场所的食品摊贩。该规章共 6 章 43 条和 7 个附件。

二、相关主要内容

1. 加工经营场所的卫生条件

对加工经营场所的选址、建筑结构、场所设置、布局、分隔、面积，设施、设备与工具都规定了严格的卫生要求。

2. 加工操作卫生要求

对食品的加工操作规程进行了规定，包括影响食品卫生的采购、运输、储存、粗加工及切配、烹调环节。按食品制作方法的不同，规定了凉菜、鲜榨果蔬汁及水果拼盘、点心、烧烤、生食海产品的加工卫生要求。对影响食品加工卫生的备餐及供餐、食品再加热、用具方面也作了详细的规定。

3. 卫生管理

要求卫生管理的机构与人员达到规定要求，设置专门的卫生管理职责部门和管理员，实行岗位责任制。尤其是对环境卫生、场所及设施卫生、设备及工具卫生、清洗和消毒卫生有了明确的管理规定。明确了留样要求，建立了投诉管理制度。对管理过程中的问题及采取的措施实行记录备查制度，有关记录至少应保存 12 个月。

4. 从业人员卫生要求

要求从业人员建立健康档案制度、卫生培训制度，明确从业人员个人卫生及工作服的管理要求。

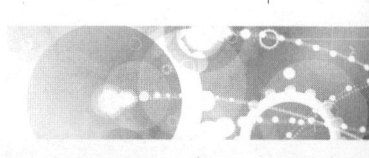

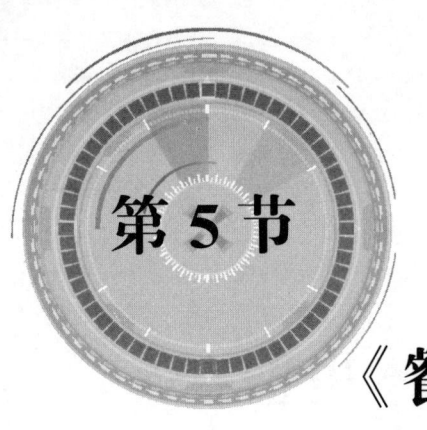

第 5 节 《餐饮服务食品安全监督管理办法》

一、概况

食品安全是我国社会发展亟待解决的一个问题。2009年2月28日第十一届全国人大常委会第七次会议通过了《食品安全法》,同年6月1日开始实施。与此同时,2009年7月8日国务院第73次常务会议通过,7月20日颁布实施了《中华人民共和国食品安全法实施条例》(以下简称《食品安全法实施条例》)。这些法律法规的出台和实施,一方面规范了食品生产经营活动,另一方面有利于防范食品安全事故,标志着我国食品安全法律制度建设迈入了新的历史阶段。为了加强食品卫生行政监管,2010年2月8日经卫生部部务会议审议通过并发布的《餐饮服务食品安全监督管理办法》(以下简称《办法》),自2010年5月1日起施行,共6章53条。《办法》属于行政部门规章,依法理而言,效力低于《食品安全法》《食品安全法实施条例》,因为后两者属于法律、行政法规的范畴。《办法》第一条也阐明了本《办法》是根据《食品安全法》《食品安全法实施条例》而制定的。

二、相关主要内容

1. 餐饮服务基本要求

餐饮服务业实行许可证准入制度。对曾经吊销《餐饮服务许可证》的,直接负责的主管人员自处罚决定作出之日起五年内不得从事餐饮服务管理工作。为保障食品卫生安全,建立每年健康检查制度,实行从业人员安全培训,提高食品安全知识水平。对餐饮服务的原材料采购票证及记录保存不少于两年。对食品安全操作的要求更加细致,更加规范。

2. 食品安全事故处理

对食品安全事故应急预案实施细则的制定主体,确定了主要是由各级食品药品监督管理部门负责。同时,也强调了餐饮服务提供者有责任制定食品安全事故处置方案,并在事故发生两个小时之内向县级人民政府卫生行政部门和食品药品监督管理部门报告,以便对事故进行有效控制。

3. 监督管理

《办法》落实了对餐饮服务食品安全监督管理实行量化分级、分类管理制度。对安全监督的立案、管辖等问题较为明晰，明确了重点检查的对象，对检查权的行使、救济等程序作出了详细的操作规定。

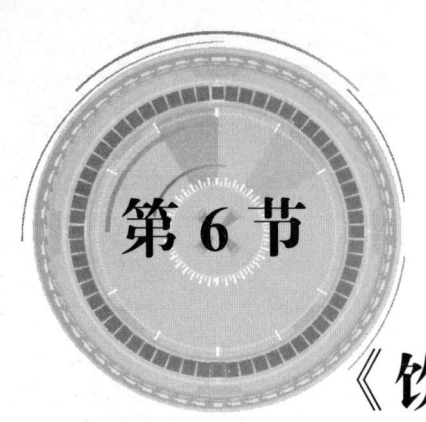

第6节 《饮食业环境保护技术规范》

一、适用范围

《饮食业环境保护技术规范》（以下简称《规范》）规定了饮食业单位选址与总平面布置、环境保护设计的总体要求、油烟净化与排放、排水与隔油、噪声与振动控制、固体废物控制要求等。

《规范》适用于城镇区域内新、改、扩建饮食业单位的污染防治与环境保护。非营业性的食堂可参照本标准执行。

二、选址和总平面布置

1. 选址

饮食业单位选址应符合城镇规划、环境功能、饮食卫生和环境保护的要求，同时与周边自然和人文环境相协调。

新建住宅楼内不宜设置饮食业单位，现有住宅楼内不宜新设置产生油烟污染的饮食业单位。

饮食业单位宜集中设置，规划配套的饮食业单位宜设在商业服务区域内。

博物馆、图书馆、档案馆等的主体建筑内不宜设置产生油烟污染的饮食业单位。

2. 总平面布置

饮食业单位平面布置应满足建筑功能、烹饪加工工艺及卫生防疫的要求，合理组织各种流线，减少污染影响。

饮食业单位人流、物流出入口应分开设置，商住楼内新建饮食业单位出入口应独立设置。

新建产生油烟的饮食业单位边界与环境敏感目标边界水平间距不宜小于 9 m。

设有饮食业单位的建筑与保护建筑间的距离应按批准的环境影响评价文件要求确定。

三、总体要求

1. 新建产生油烟污染的饮食业单位，厨房净高应符合 JGJ 64 的有关要求。
2. 饮食业单位燃料宜为天然气、液化石油气、人工煤气或其他清洁能源。

3. 饮食业单位应设有或预留下列设备、设施的专用配套空间：送、排风机，油烟净化设备，隔油设施，固体废物临时存放场地，专用井道。

4. 饮食中心的油烟气排风管道宜分区并相对集中设置，并置于专用井道内。

5. 饮食业单位排放的污染物应达到国家或地方的污染物排放（控制）标准。

四、油烟净化与排放要求

1. 油烟净化

厨房的炉灶、蒸箱、烤炉（箱）等加工设施上方应设置集气罩，油烟气与热蒸汽的排风管道宜分别设置。

油烟集气罩罩口投影面应大于灶台面，罩口下沿离地高度宜取 1.8～1.9 m，罩口面风速应不小于 0.6 m/s。

油烟气排风水平管道宜设坡度，坡向集油、放油或排凝结水处，且与楼板的间距不应小于 0.1 m，管道应密封无渗漏。

饮食业单位的油烟排风量以及设备配套空间应与其规模相适应。

放置油烟净化设备的专用空间净高不宜低于 1.5 m，设备需要维护的一侧与其相邻的设备、墙壁、柱、板顶间的距离不应小于 0.45 m。

油烟净化装置应置于油烟排风机之前。

2. 油烟排放

饮食业单位应按 GB/T 16157 的要求设置油烟排放监测口及监测平台，油烟排放应符合 GB 18483 的要求。

经油烟净化后的油烟排放口与周边环境敏感目标距离不应小于 20 m，经油烟净化和除异味处理后的油烟排放口与周边环境敏感目标的距离不应小于 10 m。

饮食业单位所在建筑物高度小于等于 15 m 时，油烟排放口应高出屋顶；建筑物高度大于 15 m 时，油烟排放口高度应大于 15 m。

五、排水与隔油要求

1. 饮食业单位的排水设计应符合 GB 50015 的规定，含油污水应与其他排水分流设计。

2. 当就餐人数不确定时，排水量可参照餐厅建筑面积进行计算，每平方米餐厅建筑面积每天排水量可按 0.040～0.120 m^3 计算。

3. 饮食业单位含油污水水质，可参照表 7—1 确定。

表 7—1　　　　　　　　　　饮食业单位含油污水水质　　　　　　　　　单位：mg/L

污染物	生化需氧量（BOD_5）	化学需氧量（COD_{Cr}）	动植物油	悬浮物（SS）	阴离子表面活性剂（LAS）	氨氮（NH_3-N）
平均浓度	400～600	800～1 200	100～200	300～500	0～10	0～20

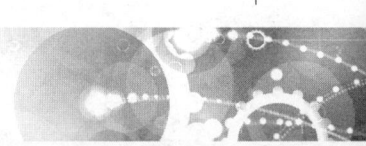

《餐饮服务食品安全监督管理办法》中规定的行政处罚一览表

序号	违法行为	违法条款	处罚条款	处罚内容	备注
1.1	擅自改变餐饮服务经营地址、许可类别、备注项目的	《法》第二十九条第一款、《办法》第三十七条第（一）项	《法》第八十四条	第八十四条 违反本法规定，未经许可从事食品生产经营活动，或者未经许可生产食品添加剂的，由有关主管部门按照各自职责分工，没收违法所得、违法生产经营的食品、食品添加剂和用于违法生产经营的工具、设备、原料等物品；违法生产经营的食品、食品添加剂货值金额不足一万元的，并处二千元以上五万元以下罚款；货值金额一万元以上的，并处货值金额五倍以上十倍以下罚款	
1.2	《餐饮服务许可证》超过有效期限仍从事餐饮服务的	《法》第二十九条第一款、《办法》第三十七条第（二）项			
1.3	使用经转让、涂改、出借、倒卖、出租的《餐饮服务许可证》，或者使用以其他形式非法取得的《餐饮服务许可证》从事餐饮服务的	《法》第二十九条第一款、《办法》第三十七条第（三）项			

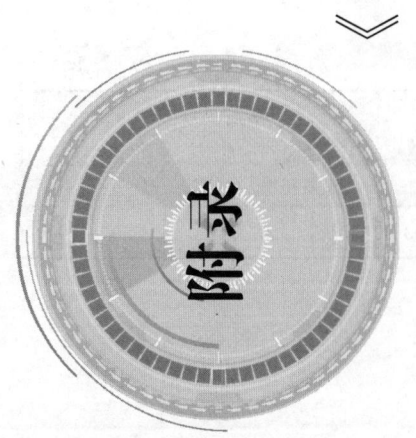

附录

续表

序号	违法行为	违法条款	处罚条款	处罚内容	备注
2.1	用非食品原料制作加工食品或者添加食品添加剂以外的化学物质和其他可能危害人体健康的物质，或者用回收食品作为原料制作加工食品	《办法》第三十八条第（一）项	《法》第八十五条第（二）项	第八十五条 违反本法规定，有下列情形之一的，由有关主管部门按照各自职责分工，没收违法所得、违法生产经营的食品和用于违法生产经营的工具、设备、原料等物品；违法生产经营的食品货值金额不足一万元的，并处二千元以上五万元以下罚款；货值金额一万元以上的，并处货值金额五倍以上十倍以下罚款；情节严重的，吊销许可证	将《法》中的"生产"改为"制作加工"
2.2	经营致病性微生物、农药残留、兽药残留、重金属、污染物质以及其他危害人体健康的物质含量超过食品安全标准限量的食品	《法》第二十八条、《办法》第三十八条第（二）项	《法》第八十五条第（二）项		将《法》中的"生产经营"改为"经营"
2.3	经营营养成分不符合食品安全标准的专供婴幼儿和其他特定人群的主辅食品	《法》第二十八条、《办法》第三十八条第（三）项	《法》第八十五条第（三）项		将《法》中的"生产经营"改为"经营"
2.4	经营腐败变质、油脂酸败、霉变生虫、污秽不洁、混有异物、掺假掺杂或者感官性状异常的食品	《法》第二十八条、《办法》第三十八条第（四）项	《法》第八十五条第（四）项		
2.5	经营病死、毒死或者死因不明的禽、畜、兽、水产动物肉类及其制品	《法》第二十八条、《办法》第三十八条第（五）项	《法》第八十五条第（五）项		将《法》中的"生产经营"改为"经营"
2.6	经营未经动物卫生监督机构检疫或者检疫不合格的肉类，或者未经检验或者检验不合格的肉类制品	《法》第二十八条、《办法》第三十八条第（六）项	《法》第八十五条第（六）项		将《法》中的"生产经营"改为"经营"
2.7	经营超过保质期的食品	《法》第二十八条、《办法》第三十八条第（七）项	《法》第八十五条第（七）项		
2.8	经营国家为防病等特殊需要明令禁止经营的食品	《法》第二十八条、《办法》第三十八条第（八）项	《法》第八十五条第（八）项		将《法》中的"生产经营"改为"经营"

续表

序号	违法行为	违法条款	处罚条款	处罚内容	备注
2.9	有关部门责令召回或者停止经营不符合食品安全标准的食品,仍拒不召回或者停止经营的	《法》第五十三条第四款,《办法》第三十八条第(九)项	《法》第八十五条第(十)项		将《法》中的"生产经营"改为"经营"
2.10	餐饮服务提供者违反变更经营条件造成严重后果的	《条例》第二十一条第一款,《办法》第三十八条第(十)项	《法》第八十五条、《条例》第五十五条		将《条例》中的"食品生产经营者"改为"餐饮服务提供者"
3.1	经营者使用被包装材料、容器、运输工具等污染的食品	《法》第二十八条第(七)项、《办法》第三十九条第(一)项	《法》第八十六条第(一)项	第八十六条 违反本法规定,有下列情形之一的,由有关主管部门按照各自职责分工,没收违法所得、违法生产经营的食品和用于违法生产经营的工具、设备、原料等物品;违法生产经营的食品货值金额不足一万元的,并处二千元以上五万元以下罚款;货值金额一万元以上的,并处货值金额二倍以上五倍以下罚款;情节严重的,责令停产停业,直至吊销许可证	《法》中增加"或者使用"
3.2	经营者或《食品安全法》《食品安全法实施条例》有关禁止生产经营食品、食品添加剂、食品相关产品的规定	《法》第二十八条第(九)项、第四十条或第四十八条,《办法》第三十九条第(二)项	《法》第八十六条第(二)项		
3.3	经营添加药品的食品	《法》第三十九条,《办法》第三十条第(三)项	《法》第八十六条或《办法》第八十六条第(四)项		将《法》中的"生产经营"改为"经营"
4	违反《办法》第十条第一款规定的:餐饮服务提供者应当按照《食品安全法》第三十四条规定,建立并执行从业人员健康管理制度,建立从业人员健康档案。餐饮服务从业人员应当依照《食品安全法》第三十四条第二款的规定每年进行健康检查,取得健康合格证明后方可参加工作)	《法》第三十四条第二款,《办法》第十条第一款	《法》第八十七条,《办法》第四十条	第八十七条 违反本法规定,有下列情形之一的,由有关主管部门按照各自职责分工,责令改正,给予警告;拒不改正的,处二千元以上二万元以下罚款;情节严重的,责令停产停业,直至吊销许可证	需先"责令改正和警告"

续表

序号	违法行为	违法条款	处罚条款	处罚内容	备注
5	违反本《办法》第十二条规定的（第十二条 餐饮服务提供者应当建立食品、食品原料、食品添加剂和食品相关产品的采购查验和索证索票制度。餐饮服务提供者从食品生产单位、批发市场等采购的，应当查验并留存供货者的相关许可证和产品合格证明文件；从固定供货商或者供货基地采购的，应当查验并留存供货商或供货基地的资质证明、每笔供货清单等；从超市、农贸市场、个体经营户等采购的，应当索取并留存采购凭据。餐饮服务企业应当建立食品、食品原料、食品添加剂和食品相关产品的采购记录制度。采购记录应当如实记录产品名称、规格、数量、生产批号、保质期、供货者名称及联系方式、进货日期等内容，或者保留载有上述信息的进货票据。餐饮服务提供者应当按照产品品种、进货时间先后次序有序整理采购记录及相关资料，妥善保存备查。记录、票据的保存期限不得少于两年）	《办法》第十二条	《法》第八十七条、《办法》第四十条	第八十七条 违反本法规定，有下列情形之一的，由有关主管部门按照各自职责分工，责令改正，给予警告；拒不改正的，处二千元以上二万元以下罚款；情节严重的，责令停产停业，直至吊销许可证	需先"责令改正"和"警告"

续表

序号	违法行为	违法条款	处罚条款	处罚内容	备注
6	违反本《办法》第十三条第二款规定（《办法》第十三条第二款：实行统一配送经营方式的，企业各门店应当建立总部统一配送单据台账。门店自行采购的产品，应当遵照本办法第十二条的规定）	《办法》第十三条第二款	《法》第八十七条、《办法》第四十条	第八十七条 违反本法规定，有下列情形之一的，由有关主管部门按照各自职责分工，责令改正，给予警告；拒不改正的，处二千元以上二万元以下罚款；情节严重的，责令停产停业，直至吊销许可证	需先"责令改正和警告"
7.1	违反《办法》第十六条第（二）项规定的（《办法》第十六条第（二）项：储存食品原料的场所、设备应当保持清洁，禁止存放有毒、有害物品及个人生活物品，应当分类、分架、离地存放食品原料，并定期检查，处理变质或者超过保质期限的食品）	《办法》第十六条第（二）项	《法》第八十七条、《办法》第四十条		需先"责令改正和警告"
7.2	违反《办法》第十六条第（三）项规定的（《办法》第十六条第（三）项：应当保持食品加工经营场所的内外环境整洁，消除老鼠、蟑螂、苍蝇和其他有害昆虫及其滋生条件）	《办法》第十六条第（三）项	《法》第八十七条、《办法》第四十条	第八十七条 违反本法规定，有下列情形之一的，由有关主管部门按照各自职责分工，责令改正，给予警告；拒不改正的，处二千元以上二万元以下罚款；情节严重的，责令停产停业，直至吊销许可证	需先"责令改正和警告"
7.3	违反《办法》第十六条第（四）项规定的（《办法》第十六条第（四）项：应当定期维护食品加工、储存、陈列、冷藏、冷冻等设备与设施，校验计量器具，及时清理清洗，确保正常运转和使用）	《办法》第十六条第（四）项	《法》第八十七条、《办法》第四十条		需先"责令改正和警告"

续表

序号	违法行为	违法条款	处罚条款	处罚内容	备注
7.4	违反《办法》第十六条第（八）项规定的（《办法》第十六条（八）项：用于餐饮加工操作的工具、设备必须无毒无害，标志或者分区分明显，并做到分开使用、定位存放，用后洗净、保持清洁；接触直接入口食品的工具、设备应当在使用前进行消毒）	《办法》第十六条第（八）项	《法》第八十七条、《办法》第四十条		需先"责令改正和警告"
7.5	违反《办法》第十六条第（九）项规定的（《办法》第十六条（九）项：应当按照要求对餐具、饮具进行清洗、消毒，并在专用保洁设施内备用，不得使用未经清洗和消毒的餐具、饮具，购置餐具、饮具，使用集中消毒企业供应的餐具、饮具，应当查验其经营资质，索取消毒合格凭证）	《办法》第十六条第（九）项	《法》第八十七条、《办法》第四十条		需先"责令改正和警告"
8	违反《办法》第二十二条第一款规定的（《办法》第二十二条第一款：餐饮服务提供者发生食品安全事故，应当立即封存导致或者可能导致食品安全事故的食品及其原料、工具及用具、设备设施和现场，在两个小时之内向所在地县级人民政府卫生部门和食品药品相关监管部门报告，并按照相关监管部门的要求采取控制措施）	《法》第七十一条、《办法》第二十二条第一款	《法》第八十八条、《办法》第四十一条	第八十八条 违反本法规定，事故单位在发生食品安全事故后未进行处置、报告的，由有关主管部门责令改正，给予警告；隐匿、伪造、毁灭有关证据的，责令停产停业，并处二千元以上十万元以下罚款；造成严重后果的，由原发证部门吊销许可证	需先"责令改正和警告"

续表

序号	违法行为	违法条款	处罚条款	处罚内容	备注
9	违反《办法》第十六条第（十）项的（《办法》第十六条第（十）项：应当保持运输食品原料的工具与设备设施的清洁，必要时应当消毒。运输温度、冷藏（冻）食品应当具有必要的数量相适应的保温、冷藏（冻）设备设施）	《法》第二十七条第（六）项，《办法》第十六条第（十）项	《法》第九十一条，《办法》第四十三条	第九十一条 违反本法规定，未按照要求进行食品运输的，由有关主管部门按照各自职责分工，责令改正，给予警告；拒不改正的，责令停产停业，并处二千元以上五万元以下罚款；情节严重的，由原发证部门吊销许可证	需先"责令改正"和警告
10	违反《办法》第九条第三款规定的（《办法》第九条第三款：餐饮服务提供者不得聘用本条款规定的禁止从业人员从事管理工作。	《办法》第九条第三款	《法》第九十二条第二款，《办法》第四十三条	第九十二条 第二款：食品生产经营者聘用不得从事食品生产经营管理工作的人员从事管理工作的，由原发证部门吊销许可证	

注：表中《中华人民共和国食品安全法》简称为《法》，《中华人民共和国食品安全法实施条例》简称为《条例》，《餐饮服务食品安全监督管理办法》简称《办法》。

参 考 文 献

1　人力资源和社会保障部教材办公室.饮食业基础知识（第三版）.北京：中国劳动社会保障出版社，2015

2　中国就业培训技术指导中心.中式烹调师（技师 高级技师）.北京：中国劳动社会保障出版社，2007

3　中国就业培训技术指导中心.餐厅服务员（技师 高级技师）（第2版）.北京：中国劳动社会保障出版社，2011

4　中国就业培训技术指导中心.餐厅服务员（基础知识）（第2版）.北京：中国劳动社会保障出版社，2010

5　中国就业培训技术指导中心.厨政管理师（基础知识）.北京：中国劳动社会保障出版社，2012